Markus Unternährer
Momente der Datafizierung

Digitale Soziologie | Band 3

Editorial

Die Digitalisierung der Gesellschaft eröffnet neue soziologische Forschungsfelder, beeinflusst aber auch klassische Phänomene wie Infrastrukturen, Vergemeinschaftungen und soziale Praktiken grundlegend. Die Reihe **Digitale Soziologie** bietet sowohl theoretisch-konzeptionellen als auch empirischen Untersuchungen hierzu eine gemeinsame editorische Plattform. Insbesondere versammelt sie Arbeiten, die neue, auch unorthodoxe Zugriffe auf substanzielle Fragestellungen der Soziologie anbieten, die aktuelle methodische und konzeptionelle Entwicklungen aufgreifen oder innovative Methodenkombinationen nutzen. Dabei legt sie besonderen Wert auf die Diskussion der Rolle der Soziologie angesichts der digitalisierten Gesellschaft und auf die Reflexion der daraus folgenden Implikationen bspw. für Infrastrukturen und die wissenschaftliche Praxis. Die Reihe schließt deutsch- und englischsprachige Monografien und Sammelbände ebenso ein wie herausragende Qualifikationsarbeiten.
Die Reihe wird herausgegeben von Roger Häußling, Katharina Kinder-Kurlanda, Sophie Mützel, Jan-Hendrik Passoth und Andreas Schmitz.
Bei Interesse an der Publikation in dieser Reihe können die Herausgeber*innen kontaktiert werden.

Markus Unternährer lehrt und forscht in den Bereichen Technik- und Wirtschaftssoziologie, Quantifizierung, Digitale Ökonomie und Soziologie des Geldes. Er promovierte an der Universität Luzern, wo seine Dissertation mit dem Preis der Kultur- und Sozialwissenschaftlichen Fakultät ausgezeichnet wurde. Sein Forschungsschwerpunkt liegt auf »Digital Payments«.

Markus Unternährer

Momente der Datafizierung

Zur Produktionsweise von Personendaten in der Datenökonomie

[transcript]

Die Open-Access-Ausgabe wird publiziert mit Unterstützung des Schweizerischen Nationalfonds zur Förderung der wissenschaftlichen Forschung.
Die Publikation wurde zudem unterstützt durch das Prorektorat Forschung der Universität Luzern.

Die vorliegende Arbeit wurde 2022 vom Soziologischen Seminar der Kultur- und Sozialwissenschaftlichen Fakultät der Universität Luzern als Dissertation angenommen.

Gutachterinnen: Prof. Dr. Sophie Mützel (Universität Luzern) und Prof. em. Dr. Bettina Heintz (Universität Luzern)

Bibliografische Information der Deutschen Nationalbibliothek
Die Deutsche Nationalbibliothek verzeichnet diese Publikation in der Deutschen Nationalbibliografie; detaillierte bibliografische Daten sind im Internet über https://dnb.dnb.de abrufbar.

Umschlaggestaltung: Maria Arndt, Bielefeld
Umschlagabbildung: KI-generiert (Markus Unternährer unter Verwendung von Midjourney)
Korrektorat: Florian Wüstholz
Satz: Sebastian Schlerka, Bielefeld
Druck: Majuskel Medienproduktion GmbH, Wetzlar
Print-ISBN 978-3-8376-7059-2
PDF-ISBN 978-3-8394-7059-6
https://doi.org/10.14361/9783839470596
Buchreihen-ISSN: 2751-3149
Buchreihen-eISSN: 2751-3157

Gedruckt auf alterungsbeständigem Papier mit chlorfrei gebleichtem Zellstoff.

Inhaltsverzeichnis

1 Einleitung

Vor nicht allzu langer Zeit war Web-Surfing die zentrale Metapher, die die Anwendung und Erfahrung des frühen Internets bezeichnete. Noch ohne Lotsen, aber mithilfe der Web-Browser Netscape Navigator und Microsoft Explorer, erschlossen sich abenteuerlustige Web-Surferinnen dieses neue Reich. Die Erfahrung des frühen Webs war geprägt von Vielheit, Überfluss, Irrwegen, zufälligen Entdeckungen und zielloser, aber doch manchmal zur Ankunft führenden, Navigation. Evgeny Morozov beschreibt diesen Moment der Netzgeschichte – als man Internet im Englischen noch groß schrieb – als (kurze) Renaissance des Flanierens: Neugier, Exploration und Offenheit für glückliche Zufallsentdeckungen zeichneten den »Cyberflâneur« aus, der durch die Straßen des Netzes schlenderte:

> The idea of exploring cyberspace as virgin territory, not yet colonized by governments and corporations, was romantic [...] Online communities like GeoCities and Tripod were the true digital arcades of that period, trading in the most obscure and the most peculiar, without any sort of hierarchy ranking them by popularity or commercial value [...] For a brief moment in the mid-1990s, it did seem that the Internet might trigger an unexpected renaissance of flânerie. (Morozov, 2012)

Einen anschaulichen Bericht über das Flanieren im Web liefert der Anthropologe Daniel Miller in einer seiner Arbeiten zum Webgebrauch der Einwohnerinnen von Trinidad. Er beschreibt eingehend, wie er sich diesen digitalen Raum erschließt – als Rhythmik des Suchens und Findens, von Ablenkung, Aufmerksamkeit und Verführung (siehe auch Paasonen 2016). Miller wird nicht absichtlich zum Flaneur. Die Linkstruktur und die ästhetische Gestaltung der Webseiten machen ihn erst dazu.

> Even as a researcher I found that almost on a daily basis I would start with the intention of following one particular route of investigation and then find myself seduced by the aesthetics of one of the websites visited and moved

> by the simplicity of clicking to follow a link proffered by that site. A few more clicks would send me hurtling down some channels carved out of cyberspace by the sculptured links of these website creators, often to such a degree that it was hard to retrieve the original place from which this diversion had began, but often grateful that my lack of determination had in fact led me to view some unexpected vistas and delight in some other creations than those I would otherwise have encountered. (Miller, 2000, S. 18)

Obwohl der Browser auch heute noch eine zentrale Rolle spielt (zumindest auf Desktop-Computern), hat Web-Surfing als zentraler Begriff zur Beschreibung der Nutzungs- und Erfahrungsmodi des Netzes an Stellenwert eingebüßt: Metaphern werden alt und »uncool«, wie Dewey (2015) nahelegt. »Hardly anyone ›surfs‹ the Web anymore« (Morozov, 2012). Doch sind nicht nur andere Metaphern an die Stelle des Web-Surfings getreten, sondern auch neue Ordnungsformen, die mit neuen Erfahrungsmodi verbunden sind. Morozov führt den Niedergang des Pariser Flaneurs auf architektonische und technologische Veränderungen im Paris der zweiten Hälfte des 19. Jahrhunderts zurück: Das kleinräumige mittelalterliche Paris musste offenen Boulevards, künstlicher Beleuchtung, Verkehr und großen Warenhäusern weichen. Gleichermaßen gilt für das Web, dass technologische und soziale Veränderungen die Web-Surferin – beziehungsweise den »Cyberflâneur« – zu einer immer unwahrscheinlicheren Figur werden lassen. Das zeigt sich an der zunehmenden Irrelevanz des Browsers zugunsten von Apps (siehe zum Beispiel Morris & Murray 2018) und Plattformen (zum Beispiel Van Dijck et al. 2018; Bucher & Helmond 2017), aber auch wegen der Ökonomisierung und Monopolisierung (Srnicek, 2017; Doctorow, 2020) des Netzes. Die architektonischen beziehungsweise technologischen Veränderungen des Webs bestehen vor allem in einer weitgehenden Vorstrukturierung möglicher Verhaltensweisen (click, like, share) und der algorithmischen Vorsortierung von »Content« für spezifische Nutzerinnen oder Kategorien von Nutzerinnen.

Knapp 20 Jahre nach Miller schreibt Jia Tolentino (2019) im *New Yorker* über die App TikTok, die aufgrund ihrer unzimperlichen Fokussierung auf algorithmische Empfehlungen als wegweisend gilt (siehe zum Beispiel Herrman 2019) – wenn auch nicht unbedingt in einem positiven Sinn. Ich zitiere hier als Gegenüberstellung zu Daniel Millers autoethnografischer Beschreibung relativ ausführlich drei Abschnitte, in denen Tolentino ihre Nutzung der App beschreibt:

> I opened the app, and saw a three-foot-tall woman making her microwave door squeak to the melody of ›Yeah‹, by Usher, and then a dental hygienist and her patient dancing to ›Baby Shark‹. A teen-age girl blew up a bunch of balloons that spelled ›pussy‹ to the tune of a jazz song from the beloved soundtrack of the anime series ›Cowboy Bebop‹. Young white people lip-synched to audio of nonwhite people in ways that ranged from innocently racist to overtly racist. A kid sprayed shaving cream into a Croc and stepped into it so that shaving cream squirted out of the holes in the Croc. In five minutes, the app had sandblasted my cognitive matter with twenty TikToks that had the legibility and logic of a narcoleptic dream. [...] After I had watched TikTok on and off for a couple of days, the racist lip-synchs disappeared from my feed. I started to see a lot of videos of fat dogs, teen-agers playing pranks on their teachers, retail workers making lemonade from the lemons of being bored and underpaid. I still sometimes saw things I didn't like: people in horror masks popping into the frame, or fourteen-year-old girls trying to be sexy, or rich kids showing off the McMansions where they lived. But I often found myself barking with laughter, in thrall to the unhinged cadences of the app. [...] I found it both freeing and disturbing to spend time on a platform that didn't ask me to pretend that I was on the Internet for a good reason. I was not giving TikTok my attention because I wanted to keep up with the news, or because I was trying to soothe and irritate myself by looking at photos of my friends on vacation. I was giving TikTok my attention because it was serving me what would retain my attention, and it could do that because it had been designed to perform algorithmic pyrotechnics that were capable of making a half hour pass before I remembered to look away. (Tolentino, 2019, k.S.)

TikTok erfordert kein Login. Die App generiert einen zufälligen Nutzernamen. Man muss sich mit niemandem befreunden und man braucht keine Angaben über Interessen und Vorlieben zu machen. Die App startet schon beim ersten Mal automatisch im »For You«-Modus und die Nutzerin wird direkt mitten in einen unendlichen Strom von Videos versetzt.

Millers Beispiel des Web-Surfings und Tolentinos Bericht über ihre Erfahrung mit TikTok scheinen vordergründig ähnlich zu sein. Beide beschreiben eine digitale Welt, welche die Nutzerin immer weiter in den Kaninchenbau hineinzieht. Doch unterscheiden sie sich auf grundlegende Weise.

Daniel Miller traversierte eine emergente und zufällige Ordnung anhand von Hyperlinks auf Webseiten: Die unüberschaubare Menge an Inhalten des frühen Netzes mit all seinen persönlichen Webseiten und obskuren Onlinegemeinschaften bedingt gerade das Versprechen erlebnisreicher Exploration.[1] Überfluss und Chaos wird zunehmend zum Problem erklärt, vor dem die Nutzerinnen bewahrt werden sollen. Miller war konfrontiert mit der relativ zufälligen, ungeordneten Welt der privaten Homepages der 90er-Jahre, die für die zeitgenössischen Surferinnen eine aus heutiger Sicht möglicherweise erstaunliche Faszination ausübten. Auch Tolentino ist einer kuriosen Welt ausgesetzt: Sie befindet sich aber in der (relativ) geschlossenen Welt einer App, welche die Nutzerinnen möglichst lange unterhalten beziehungsweise ihr »Engagement« erhalten will und dabei nichts dem Zufall überlässt. Obwohl die TikTok-Videos nur so auf die Nutzerin einzuprasseln scheinen, ist doch Millers Surfen im Netz »direkter«. Er springt von Seite zu Seite und nutzt dabei die von den Seitenbetreibern angebotenen Links. Sein Ausflug ins Netz ist von den vielen unterschiedlichen persönlichen Webseiten kuratiert, welche die Links zu anderen Seiten nach eigenen Kriterien der Relevanz auswählen. Tolentinos TikTok-»Binge« ist hingegen kuratiert von automatisierten Empfehlungssystemen. Der zentrale Unterschied liegt nicht so sehr darin, *was* der Web-Surfer Miller oder die App-Nutzerin Tolentino »navigieren«, sondern in der Ordnungsweise dieser Dinge. Eine (relativ) zufällige Ordnung der Hyperlinks bei Miller. Oder eine nach spezifischen, wenn auch nicht weniger opaken, Kriterien geordnete Liste von Inhalten bei Tolentino.

Daniel Miller surfte in einem Web, das noch weitgehend auf die Beobachtung von Nutzerverhalten verzichtete. Jia Tolentinos Erfahrung ist dagegen in eine datafizierte und datafizierende Infrastruktur eingelassen, die zahlreiche ihrer Verhaltensweisen registriert und in Beziehung setzt zu vergangenem Verhalten und zu den Verhaltensweisen anderer Nutzerinnen. Tolentino hat nicht nur explizite »Interaktionsmöglichkeiten« wie »like«, »follow«, »share« oder »comment«. Auch die Art und Weise, wie sie den nie endenden Strom von Videos navigiert, erzeugt Nutzungsdaten. Wie oft sie sich ein Video anschaut und ob sie ein Video zu Ende schaut oder schon vorher weiterscrollt,

---

1 Obwohl dieses Versprechen womöglich von bestimmten stillschweigenden Annahmen abhängig ist, deren Bewährung je länger je mehr in Zweifel gezogen werden kann, falls sie überhaupt einmal gegolten haben sollten: Dass die stetige Expansion des Webs nicht als Problem erscheint, ist auch abgängig von einem Vertrauen in eine Wissenschaftskultur, in der man sich »implizit darauf verlassen [kann], dass nur sinnvolle und richtige Informationen eingegeben werden« (Schröter, 2004, S. 127).

dürfte ebenso im Hintergrund von TikTok registriert und ausgewertet werden. Zu Beginn wirkt es so, als würden die verschiedenen Videos willkürlich in Tolentinos Feed erscheinen. Unpassende, irrelevante oder uninteressante Videos werden ihr jedoch immer seltener angezeigt. Dank »[A]lgorithmic pyrotechnics« kann TikTok seinen Nutzerinnen genau das vorsetzen, was sie mögen: »All you have to do is watch, engage with what you like, skip what you don't, and you'll find an endless stream of short videos that feel personalized just for you«, wie TikTok in seiner Beschreibung im App Store verlautet. Und bevor man es merkt, ist eine halbe Stunde vergangen. Tolentino navigiert durch eine gefilterte Ordnung von Videos, die auf Vorhersagen beruht, wie Tolentino – qua Verhaltensweisen – mit bestimmten Videos »zusammenpasst«. Wenn Web-Surfen die Metapher ist, welche die dominante Erfahrungsform des frühen Netzes beschreibt, stehen »binging« oder »gorking out« (McKelvey & Hunt, 2019, S. 5) für aktuelle Erfahrungsmodi digitaler Inhalte. Der Begriff »binge« steht zwar für den ununterbrochenen Konsum von TV-Serien. Er kann aber leicht adaptiert werden, um einen zeitgenössischen Konsummodus zu kennzeichnen, in dem ohne großes Zutun der Konsumentin nach dem Konsum einer Einheit sogleich die nächste, von Empfehlungssystemen vorselektierte, Einheit erscheint und sich zum Konsum oder zum Kauf anbietet. Die Nutzerin soll dabei weniger Zeit mit Suchen verbringen müssen: Verschiedene Formen von Technologieunternehmen und ihre Algorithmen explorieren das Angebot für uns, so dass das Navigieren durch unbekannte Gewässer eine Erfahrung der Vergangenheit wird. Wir müssen nicht mehr selbst nach interessanten, relevanten oder uns unterhaltenden Dingen suchen. Sie sollen wie von selbst zu uns kommen. Wie Bucher nahelegt, drehen sich die Verhältnisse von Suchen und Finden um: »[U]sers do not merely browse the content that they find interesting; the ›interesting‹ content increasingly finds them« (Bucher, 2012, S. 12).

In den zwanzig Jahren zwischen Miller und Tolentino hat sich das Internet grundlegend gewandelt. Seit der ersten Bannerwerbung 1994 hat sich eine digitale Ökonomie entwickelt, die maßgeblich auf Personalisierung und der Kommodifizierung von Nutzerdaten basiert (Crain, 2018; West, 2017). Tech-Unternehmen wählen für uns das nächste Video, »Produkte, die dich auch interessieren könnten« oder »Songs extra für dich« aus. Sie sprechen uns oftmals als einzigartige Individuen an und offerieren uns einen Spiegel auf die eigene Identität: Weshalb denkt TikTok, dass ich Videos mag, in denen sich Menschen gegenseitig Streiche spielen? Was habe ich in der Vergangenheit angeklickt, dass mir im Webshop eine aufblasbare Badewanne empfohlen wird? Und: Würde ich mich eigentlich auch für Anleitungen von Fitnessübungen interessieren, wenn mir Instagram nie solche Posts angezeigt hätte? Empfehlungssysteme ziehen uns als Nutzerinnen in ihre Rückkopplungsschlaufen und versuchen, unsere Aufmerksamkeit – unser »engagement« in der Sprache des Marketings aber auch der Computerwissenschaften (Seaver, 2018) – möglichst lange aufrechtzuerhalten.

Miller und Tolentino beschreiben, wie ihnen digitale »Inhalte« auf der Vorderbühne präsentiert werden. In diesem Buch werfe ich einen Blick auf die Hinterbühne der digitalen Ökonomie. Ich gehe dabei insbesondere zwei Fragen nach. Erstens die *Frage der Datafizierung*: Wie entstehen Personendaten beziehungsweise wie produzieren und verarbeiten Unternehmen Personendaten? Wie kommt es, dass Personendaten in der digitalen Ökonomie zu einer wertvollen »commodity« werden? Aus meiner Feldforschung drängte sich daran anschließend die zweite *Frage nach Empfehlungssystemen* auf, die in der digitalen Ökonomie eine zentrale Funktion einnehmen: Was ist die Funktion, die Empfehlungssysteme in der digitalen Ökonomie erfüllen und wie operieren sie?

Datafizierung

Was wir im Internet tun, ist vermeintlich immer schon datenförmig: »Everything is made of data these days« (zitiert in: Sadowski 2019). Alles, was in der Welt des Internets passiert, findet im Medium des Digitalen statt: Bits und Bytes, die zwischen Computern hin- und hergesendet, gespeichert und wieder abgerufen werden können. Aber nur weil etwas digital ist, heißt das nicht, dass wir es mit verrechenbaren Daten zu tun haben. Daniel Miller verweist auf ein beinahe schon historisches Beispiel eines Internetnutzers, dessen Verhaltensweisen (noch) nicht Gegenstand einer weitgehenden Beobachtung und Datafizierung waren. Es musste erst jemand auf die Idee kommen, dass die auf den ersten Blick trivialen und unbedeutenden Klicks zu Daten gemacht, ausgewertet und möglicherweise sogar »motiviert« werden können. »[C]oming to think of something as ›data‹ in the first place« (Dourish & Gómez Cruz, 2018, S. 2), ist nicht so selbstverständlich, wie es uns im Zeitalter von Big Data und Algorithmen erscheinen mag.

Datenunternehmer (Beauvisage & Mellet, 2020) wie Nik von Earlybird Digital verdienen ihr Geld damit, anderen Unternehmen das Potenzial von Personendaten zu offenbaren. Obwohl viele Unternehmen Daten über ihre

Verkäufe und Kunden registrieren und aufbewahren, sei nicht allen bewusst, auf was für einem »Datenschatz« sie sitzen würden. Nik sieht es als seine Aufgabe an, solchen Unternehmen dabei zu helfen, ein »data mindset« zu entwickeln, in ihren Datenbanken die Datenschätze zu heben und dadurch möglich zu machen, »was mit Daten möglich ist« (siehe Kapitel 2). Er knüpft dabei an ein verbreitetes Deutungsmuster an, demgemäß Big Data (zum Beispiel Mayer-Schönberger & Cukier 2013) und Personendaten (wichtig: Schwab 2011) zu einer wertvollen neuen Ressource werden, um Profite zu generieren. Doch obwohl mit Daten im Sinne eines absoluten Mittels vieles möglich zu sein scheint, ist in der Praxis klar, dass es ein schwieriges Unterfangen ist, Personendaten für Firmen produktiv zu machen.

Um zu untersuchen, wie Verhaltensweisen zu wertvollen und produktiven Personendaten werden, verfolge ich ein zweigleisig komplementäres Forschungsdesign (siehe Kapitel 3): Einerseits hatte ich die Gelegenheit, im schweizweit bekannten Kundentreue-Unternehmen Earlybird und in dessen Tochterfirma Earlybird Digital ethnografische Feldforschung zu betreiben. Dabei konnte ich untersuchen, wie sie im Rahmen ihrer Digitalisierungsstrategie die Verhaltensweisen, Interessen und Vorlieben ihrer Nutzerinnen als eine wertvolle und profitgenerierende Ressource mobilisieren.[2] Earlybird hat sich im Rahmen eines strategischen Digitalisierungsprojekts zum Ziel gesetzt, möglichst viele Daten über ihre »Member« zu sammeln und ihr Businessmodell an diesen Daten auszurichten. Die Tochterfirma Earlybird Digital unterstützt Earlybird (und andere Unternehmen) in diesem Prozess.

Andererseits ergab sich aus dieser Feldforschung eine weitere empirische »fieldsite«: Der Onlinekurs »Introduction to Recommender Systems«, der von der University of Minnesota auf der e-Learning-Webseite Coursera (2017) angeboten wurde. Dieser Kurs vermittelt die technische Funktionsweise und die grundsätzliche Logik verschiedener Empfehlungssysteme. Diese beiden empirischen Fieldsites ermöglichen einen komplementären Zugang zur unternehmerischen Praxis und zur computerwissenschaftlichen Theorie von Empfehlungssystemen.[3]

---

2 Die Namen der Unternehmen sowie alle Namen der Mitarbeitenden wurden anonymisiert.

3 Der komplementäre Einbezug von Bildungsmaterialien zu Empfehlungssystemen drängte sich auch deshalb auf, weil Earlybird zum Zeitpunkt der Forschung noch nicht über ein produktives Empfehlungssystem verfügte.

Auf dieser empirischen Basis beantworte ich zwei Fragen: Wie entstehen Personendaten? Und: Wozu dienen sie? Etwas abstrakter formuliert: Über welche sozialen und technischen Prozesse werden individuelle Verhaltensweisen in ökonomisch verwertbare Daten transformiert?

Die kurze Antwort: Personendaten werden aus relationalen Verwicklungen von Unternehmen und Nutzerinnen erzeugt und genutzt, um Unternehmen, Nutzerinnen und eventuell Dritte weiter miteinander zu verwickeln. Dazwischen wird formalisiert, quantifiziert, kategorisiert, geputzt, gerechnet, verglichen und sortiert.

In Kapitel 4 gebe ich einen Überblick über drei Momente der Datafizierung, indem ich eine Parallele zu Anna Tsings (2013; 2018) Arbeit über die Warenkette von Kiefernpilzen herstelle. Wie Tsing darlegt, transformieren verschiedene Akteure »Matsutake«-Pilze in ihrem Lebenszyklus von Geschenken zu Waren und wieder zu Geschenken. Die Pilze generieren gute Beziehungen zwischen untereinander bekannten Sammlerinnen und Aufkäufern. Diese Beziehungen werden in den Warenlagern von Großhändlerinnen entfernt, um die Pilze zu standardisierten und profitablen Waren zu machen. Sobald sie in Japan ankommen, beginnen die »relationalen Tentakel« der Pilze wieder zu wuchern: Traditionellerweise schenken sich Japanerinnen und Japaner die Pilze, um ihre guten Beziehungen zu erhalten und zu vertiefen.

Der Lebens- und Warenzyklus des Pilzes erweist sich als gute Metapher, um über Personendaten nachzudenken: Welche Rolle spielen *Relationen* zwischen Nutzerinnen, Unternehmen und Dingen bei der Erzeugung und In-Wert-Setzung von Personendaten? Der Wert von Personendaten geht aus der Spannung zwischen heterogenen Wertregimes von Gabe und Ware, zwischen echten, spurenhaften Verhaltensweisen der Nutzerinnen, der Entfernung dieser Spuren und Sinninvestitionen und der Erzeugung neuer, vielversprechender Relationen hervor.

In Kapitel 5 beschreibe ich diese Spannung anhand eines »Datenexperiments«, das ich bei Earlybird mitverfolgen konnte: Ein Versuch, Daten zu generieren und diese Daten für die Kategorisierung der Nutzerinnen zu verwenden. Dabei zeigten sich drei Probleme. Erstens erwies es sich keineswegs als einfach, überhaupt an Personendaten zu kommen. Es wurde für die Beteiligten bei Earlybird klar, dass sie den Nutzerinnen als Gegenleistung etwas bieten müssen, um sie in datengenerierende Beziehungen zu verwickeln. Zweitens stieß ich auf einen seltsamen Widerspruch: Earlybird war es doch gelungen, Personendaten zu generieren, die sie als »schöne Daten« bezeichneten. Die Daten galten vor allem deshalb als »schön«, weil die Nutzerinnen viel von sich preisgegeben hatten: ihre Wünsche, Vorlieben und Interessen. Diese Bedeutungen, welche die Nutzerinnen mit ihren Äußerungen und Handlungen verbinden, schienen zwar zentral für den Wert und die Schönheit der Daten, wurden in deren weiteren Lebensverlauf aber unter großem Aufwand »ignoriert«, um Nutzerinnen und ihre Verhaltensweisen vergleichbar und verrechenbar zu machen. Das *dritte* Problem bestand darin, neue Marketing-Kampagnen oder »Empfehlungen« für die Nutzerinnen des Systems aus den Daten abzuleiten, um die weitere Nutzung des Angebots zu motivieren. So weit kam es aber nicht ganz. Stattdessen wurde der entwickelte »Classifier« zu einem Geschenk, um neue, an Data-Science-Dienstleistungen interessierte, Businesskunden für Earlybird Digital zu gewinnen.

An meiner theoretischen Figur, die ich »Momente der Datafizierung« nenne, zeige ich anschliessend, dass die Datafizierung von Verhaltensweisen aus drei, in ihrer Logik sequentiellen, aber empirisch überlappenden, Momenten besteht, in denen Personendaten zwischen den verschiedenen Wertregimes von Gabe und Ware wabern (Kapitel 6 bis 8).

Personendaten sind nicht einfach gegeben – aber sie können auch nicht ohne Weiteres genommen werden. Während die Techgiganten vermeintlich immer schon über Nutzerdaten verfügen, müssen kleine oder neue digitale Unternehmen das Problem des Kaltstarts lösen: Ohne Nutzerdaten können sie den (neuen) Nutzerinnen keine passenden Empfehlungen aussprechen, um sie weiter an das Unternehmen zu binden. Im ersten Moment (siehe Kapitel 6) sollen »inducement gifts« (Elder-Vass, 2016) die Nutzerinnen dazu verlocken, digitale Dienstleistungen oder Plattformen zu nutzen und im Gegenzug den Unternehmen ihre Daten zu überlassen. Dieser Austausch ist gerahmt als »give-to-get« (Fourcade & Kluttz, 2020) und technisch so organisiert, dass die Annahme des Geschenks bereits das Gegengeschenk konstituiert. In Momenten des »clicks« oder des »taps« werden Geschenk und Gegengeschenk gleichzeitig ausgetauscht – und so die Produktion von Personendaten gestartet.

Das zweite Moment der Datafizierung (Kapitel 7) dreht sich um einen produktiven Widerspruch von Personendaten. Auf der einen Seite gelten sie als Spuren von echten, und für die Nutzerinnen bedeutungsvollen, Handlungen. Auf der anderen Seite müssen diese Sinnüberschüsse aber technisch unsichtbar gemacht oder weggearbeitet werden, damit Nutzerinnen und ihre Verhaltensweisen überhaupt vergleichbar und verrechenbar werden. Ich beschreibe zwei Varianten, wie Sinnüberschüsse operativ ignoriert werden: Durch *Encoding* stellen Unternehmen ihren Nutzerinnen bereits genuin digitale Verhaltensweisen wie beispielsweise »liking«, »friending« oder »retweet« zur Verfügung, die sich in der tatsächlichen Gebrauchsweise unterschiedlicher Nutzerinnen und Nutzergemeinschaften in ihrer Bedeutung maßgeblich unterscheiden können. In der Datenbank ist ein Like aber immer ein Like, unabhängig von den Sinninvestitionen der Nutzerinnen.

Die zweite Variante besteht darin, Äußerungen von Nutzerinnen ex post zu vergleichbaren und verrechenbaren Daten zu machen. Das Verfahren der *Vektorisierung* ermöglicht es beispielsweise, Texte oder Wörter in einen gemeinsamen geometrischen Raum zu projizieren, um sie in Bezug auf Ähnlichkeiten und Differenzen vermessen zu können. Einerseits sollen sich Nutzerinnen in digitalen Infrastrukturen (soziale Netzwerkplattformen, Streaming, Onlineshops, Suchmaschinen, etc.) auf authentische Weise ausdrücken und verhalten können; andererseits abstrahieren Prozesse der Datafizierung von den subjektiven Bedeutungen, welche die Nutzerinnen mit ihren Handlungen und Ausdrucksweisen verbinden, und von den sozialen Kontexten, in denen diese Handlungen stattfinden. Wenn ich schreibe, dass die Deutungsweisen der Nutzerinnen »ignoriert« werden, beabsichtige ich keine Methodenkritik. Damit Daten als Daten funktionieren können, *müssen* sie von den lokalen, situativen Bedeutungen, die sie mittragen, abstrahieren – erst so öffnet sich das Potenzial ihrer weiteren Verwertung.

Im dritten Moment der Datafizierung geht es darum, das latente Potenzial von Personendaten auszuschöpfen (Kapitel 8). Was im Normalfall »Auswertung« oder in der automatisierten Version »Algorithmus« heißt, besteht in einer Verdichtung von Relationen: Einerseits werden über Operationen des Faltens unterschiedliche Annahmen, Normalitäts- und Ordnungsvorstellungen eingefaltet und neue Sichtbarkeiten und Unsichtbarkeiten produziert. Andererseits werden über algorithmische Operationen der Relationierung die nun vergleichbaren Nutzerinnen zu anderen Nutzerinnen (bzw. zu deren Daten) in Beziehung gesetzt. Es kommt zu einer Verdichtung der Relationen von Nutzerinnen und Dingen, so dass daraus die »passendsten«, vielversprechendsten neuen Relationen abgeleitet werden können. Ziel dieser Art von Auswertung ist nicht die Produktion von Erkenntnis per se, sondern die Produktion von neuen, prospektiven Relationen und mehr Daten: »In the digital context, social relations are not treated as ›given‹, but as something that can be ›enhanced‹, or ›generated‹ and ›deployed‹ towards practical purposes« (Marres, 2017, S. 47). Der algorithmische Vergleich ist produktiv: Er stellt aus bestehenden (Daten-)Relationen neue Relationen zwischen Nutzerinnen und Dingen her. Welches TikTok-Video, welcher Earlybird-Deal oder welcher Song auf Spotify soll der Nutzerin als nächstes angezeigt werden? Diese neuen Relationen zwischen Nutzerinnen und Dingen sollen als »good matches« die Beziehung von Nutzerin und Unternehmen aufrecht erhalten.

Momente der Datafizierung funktionieren tendenziell zirkulär: Sobald die Datenproduktion in die Gänge kommt, treten prospektive Relationen in der Form von (personalisierten) Empfehlungen an die Stelle von digitalen Geschenken.

Empfehlungssysteme

Empfehlungssysteme verkörpern die drei Momente der Datafizierung und geben die Antwort auf die Frage, zu was Personendaten dienen bzw. worin ihr Wert besteht. Die automatisierte Empfehlung basiert auf (Personen-)Daten und generiert neue Verhaltensweisen und Personendaten (wenn sie funktioniert).

Empfehlungssysteme sind so gesehen eine zentrale Form der Digitalität: Eine Datafizierungs- und eine Relationierungsmaschine, die eine Brückenfunktion zwischen Unternehmen, Nutzerinnen, Dingen (z.B. »Deals« bei Earlybird, Filme, Songs, Produkte, etc. in anderen Fällen) und unter Umständen auch Drittparteien wie Werbekundinnen, Entwicklerinnen oder »content providers« (wie beispielsweise Musikerinnen im Fall von Spotify) einnimmt und dabei Verhaltensweisen und Daten produziert, die sie gleich weiter nutzt.

In der computerwissenschaftlichen Literatur gelten Empfehlungssysteme als Lösung für das Problem des »information overload«: Sie reduzieren im Namen der Nutzerin ein überbordendes Angebot an digitalen Inhalten auf eine »mundgerechte«, auf den Geschmack der Nutzerin abgestimmte Menge, die eine Auswahl erleichtert oder sogar unnötig macht. Empfehlungen verbessern das Nutzererlebnis – so das Versprechen. Im Gegenzug brauchen die Nutzerinnen bloß ihre Verhaltensdaten zur Verfügung zu stellen: Personalisierte Empfehlungen und Personendaten bilden Geschenk und Gegengeschenk, das die Beziehung erhält und vertieft.

Personalisierende Empfehlungssysteme verdichten die Relationen zwischen Nutzerinnen, Dingen und Unternehmen. Aufgrund bereits registrierter Verhaltensdaten prüfen sie alle möglichen, paarweisen Kombinationen von Nutzerinnen und Dingen, um diejenige auszuwählen, welche die Beziehung von Nutzerin und Unternehmen mit größter Wahrscheinlichkeit in die

Zukunft verlängert. Eine erfolgreiche Empfehlung generiert nicht nur »conversions« (zum Beispiel in Form von Verkäufen), sondern auch neue Verhaltensweisen – i.e. »engagement« –, die wiederum in die Berechnung neuer Empfehlungen eingehen. Empfehlungssysteme erweisen sich als Datafizierungsmaschinen und als Generatoren von »good matches« (Kapitel 9).

Anhand von verschiedenen theoretischen und praktischen Beispielen aus dem Onlinekurs »Introduction to Recommender Systems« lege ich vier Typen von Empfehlungssystemen dar und beschreibe, auf welche Weise sie die Brücke zwischen Nutzerinnen und Dingen schlagen (siehe Kapitel 10). Ich identifiziere drei unterschiedliche Weisen der Relationierung, d.h. wie aus bestehenden Relationen auf neue, prospektive Relationen geschlossen wird. *Popularitätsmetriken* relationieren pauschal: Sie unterstellen, dass dem Populären eine allgemeine, für alle gleichermaßen geltende, Relevanz zukommt. *Stereotypisierende Recommender* verwenden soziale Kategorien: Zeigen Nutzerinnen einer bestimmten Kategorie eine Vorliebe für bestimmte Dinge, wird die Kategorie zur Stellvertreterin für diese Vorliebe. *Inhaltsbasierte Empfehlungen* und *Collaborative Filtering* beruht auf paarweisen »matchings«: Jede Einheit wird zu jeder anderen Einheit in Beziehung gesetzt, um sie in Bezug auf ihre Ähnlichkeit mit der interessierenden Einheit vergleichen zu können. Während die inhaltsbasierte Empfehlung ein einfaches paarweises Matching von Dingen durchführt, besteht Collaborative Filtering aus einem doppelten Matching-Verfahren: Erst werden Nutzerinnen untereinander, dann Nutzerinnen und Dinge paarweise relationiert.

Anschlüsse

Dieses Buch ist ein Versuch, verschiedene Soziologien (und Ansätze aus der Anthropologie) zu verbinden, um etwas Licht in das Dickicht von Datafizierungsprozessen zu bringen. Von seinem Gegenstand her ist es ein Beitrag zu den »critical algorithm studies« (Gillespie & Seaver, 2015). Ich bediene mich aber einer Reihe von Konzepten aus verschiedenen Forschungs- und Theoriekontexten, zu denen ich einen Beitrag leiste.

Zu Beginn war meine Fragestellung vor allem aus einer Soziologie der Kategorisierung (Bowker & Star, 1999) und des Vergleichs (Heintz, 2010, 2016) motiviert: Wie kategorisieren und vergleichen Unternehmen ihre Nutzerinnen oder Kundinnen? Dem gehe ich vor allem in Kapitel 7 nach, wo ich beschreibe, wie Vergleichbarkeit von Verhaltensweisen ex-ante durch »encoding« oder ex-post durch »Vektorisierung« hergestellt wird. In den Kapiteln 8 und 10 erweitere ich den Vergleichsbegriff von Bettina Heintz, indem ich »matching« oder »Relationierung« als spezifische Operation eines algorithmischen Vergleichs definiere, welche die zu vergleichenden Nutzerinnen jeweils paarweise zueinander in Beziehung setzt und diese Relationen vergleicht. Wie ich an verschiedenen Stellen zeige, ist diese Art des algorithmischen Vergleichs in viel geringerem Maß auf klassische Kategorien der Demografie und der Identität angewiesen als traditionelle, statistische Formen der Beobachtung (Heintz, 2021). Wie ich insbesondere in Kapitel 10 darlege, geht es nicht darum, wer die Nutzerinnen *sind*. Viel wichtiger werden (temporäre) Ähnlichkeitsrelationen und prospektive Relationen zwischen Nutzerinnen und Dingen.

In der Feldarbeit stellte sich heraus, dass die Kategorisierungs- und Vergleichsweisen kaum in Isolation betrachtet werden können, sondern sich nur im Kontext der digitalen *Daten*ökonomie angemessen verstehen lassen. Zu Beginn ging ich davon aus, dass sich das primäre Interesse von Unternehmen darauf richtet, Wissen über ihre Nutzerinnen zu generieren. Natürlich stimmt es, wenn Earlybird sagt, es sei ihr Ziel, möglichst viel über die Nutzerinnen zu wissen. Das ist aber nur ein Teil des Bildes. Dieses Ziel ließe sich auch mit den Mitteln der traditionellen Marktforschung erreichen. Daten sollen nicht nur Erkenntnisse über Nutzerinnen, sondern immer auch weitere Daten generieren (Sadowski, 2019). Wie auch andere Unternehmen der digitalen Ökonomie versucht Earlybird, eine ganze Datafizierungsinfrastruktur in Stellung zu bringen, in der aus den Verhaltensweisen der Nutzerinnen Daten und aus Daten neue Verhaltensweisen generiert werden sollen (vgl. Zuboff 2018 zu »behavioral surplus«). Momente der Datafizierung sind in diesem Sinne nicht abgeschlossen. Sie zielen darauf, einen ewigen Kreislauf von Verhaltensweisen, Daten und neuen Verhaltensweisen aufrecht zu erhalten. Wenn der Kreislauf von datengenerierenden Verhaltensweisen und verhaltensgenerierenden Daten stoppt (oder gar nicht erst in Gang kommt), zerfällt auch der Wert der Daten (vgl. Hwang 2020 zur Überbewertung der Effektivität personalisierter Werbung).

Der Wert von Daten besteht also darin, dass sie sowohl »engagement« erhalten und steigern (Seaver, 2018) und gleichzeitig neue Daten erzeugen können. Wie gut sie das tatsächlich können, ist eine andere Frage. Personendaten und ihre Verarbeitung sind zentrale Bestandteile, um die ökonomische Zirkulation von Nutzerinnen, Daten und Content am Laufen zu halten. Wie dieser Wert der Daten in ihrer Zirkulation zustande kommt, dürfte für den jüngeren Forschungszweig der *Valuation Studies* (z.B. Vatin 2013) beziehungsweise der Soziologie der Bewertung (Meier et al., 2016) von Interesse sein. Wie ich zeige, verkörpern die drei Momente der Datafizierung eine mehrstufige, zirkuläre In-Wert-Setzung von Personendaten. Daten gehen aus einer reziproken Beziehung respektive aus einer Art Gabentausch zwischen Unternehmen und Nutzerinnen hervor und sie dienen dazu, diese Beziehungen zu gestalten (siehe Kapitel 6).

Damit die registrierten Verhaltensweisen ihren Dienst als Daten tun können, müssen sie aber von ihren Kontextbezügen und Sinninvestitionen befreit und in neuen, formalen Kontexten integriert und zu den datafizierten Verhaltensweisen anderer Nutzerinnen in Beziehung gesetzt werden. Um diese Vorgänge auszuformulieren greife ich auf theoretische Konzepte aus der Anthropologie (Mauss, 1923) und der Marktsoziologie (Fourcade & Healy, 2016, 2017b) zurück. Insbesondere die ethnografische Arbeit von Anna Tsing (2013; 2018) zur Warenkette der Matsutake-Pilze und der Aufsatz *A Maussian bargain: Accumulation by gift in the digital economy* von Marion Fourcade und Daniel Kluttz (2020) erweisen sich als produktiv: Personendaten werden wertvoll durch die Transformationen und Sortiervorgänge, die sie zwischen den verschiedenen Wertregimes von Gaben und Waren hin- und herschieben. Sie gelten als Spuren authentischer Verhaltensweisen. Es lässt sich aber auch mit ihnen rechnen: d.h. sie machen die Verhaltensweisen individueller und idiosynkratischer Nutzerinnen »vergleichbar« (Heintz, 2010) beziehungsweise »kommensurabel« (Espeland & Stevens, 1998).

Soziale Relationen zwischen Unternehmen und Nutzerin (oder auch zwischen Gemeinschaften von Nutzerinnen) sind der fruchtbare Boden, auf dem Personendaten als Datenrelationen gedeihen können (Kapitel 6). Diese Relationen – ihre Bedeutungen und die damit verbundenen Verpflichtungen – müssen aber ignoriert werden (Kapitel 7), damit neue, prospektive Relationen errechnet werden können (Kapitel 8). Hier ist eine spezifische Form der Bewertung (siehe zur Unterscheidung von Bewertung und In-Wert-Setzung: Vatin 2013) in das dritte Moment der Datafizierung eingefaltet. Im algorithmischen Vergleich werden Relationen von Nutzerinnen untereinander oder Nutzerinnen und Dingen (siehe Kapitel 8, 10.3 und 10.4) verglichen und in Bezug auf die Frage *bewertet*, welche *Relationen* von Nutzerinnen und Dingen am ehesten das »engagement« der Nutzerinnen erhält und steigert. Das heißt, es werden nicht Personen per se bewertet (wie beispielsweise in Marketing oder Credit-Scoring üblich), sondern Relationen von Nutzerinnen und Dingen.

Im Zentrum steht also nicht das Individuum, sondern Relationen zwischen Nutzerinnen untereinander, Relationen zwischen Nutzerinnen und Dingen und Relationen zwischen Nutzerinnen und Unternehmen. Momente der Datafizierung dezentrieren das Individuum und relokalisieren es in seinen Relationen zu anderen Nutzerinnen, Dingen, interessierten Drittparteien wie Werbekundinnen oder API-Entwicklerinnen. Damit biete ich eine marktsoziologische Perspektive an, die Datafizierung (und Empfehlungssysteme) als unternehmerische Versuche versteht, Beziehungen zu Nutzerinnen/Kundinnen aktiv zu gestalten (Cochoy et al., 2017). »Inducement gifts« (Elder-Vass, 2016) spielen eine zentrale Rolle, um soziale Beziehungen einzugehen, die in ökonomisch profitable Beziehungen transformiert werden können. In der digitalen Ökonomie handelt es sich dabei typischerweise um umsonst nutzbare Dienstleistungen, deren Nutzung Personendaten generiert (z.B. ein Facebook-Konto). Mithilfe dieser Personendaten sollen soziale Beziehungen in ökonomische transformiert werden (wenn z.B. eine kostenfreie Nutzungsperiode zu Ende geht) oder ökonomische Beziehungen durch die richtigen Angebote zur richtigen Zeit für die richtige Nutzerin erschaffen werden. Datenbasierte Empfehlungssysteme sind Technologien, die »good matches« erzeugen – d.h. Relationen zwischen Nutzerinnen und Dingen, welche die Beziehung zwischen Unternehmen und Nutzerin in die Zukunft verlängern.

Wie ich anhand der Untersuchung verschiedener Typen von Empfehlungssystemen darlege, gibt es verschiedene Arten, diese Verknüpfungen herzustellen. Historisch gesehen lässt sich die Tendenz beobachten, Kundinnen immer genauer zu beobachten und sie nicht nur als Teil eines abstrahierten, durchschnittlichen Publikums zu adressieren, sondern als individuell rückverfolgbare Nutzerin. »Personalisierung« ist aber nicht mit einem Interesse für das Individuum per se zu verwechseln. Es geht in Momenten der Datafizierung immer um Relationen. Deshalb ist es treffender, unter Personalisierung formale Verfahren zu verstehen, welche der »entpersonalisierten« Wirtschaft des 20. Jahrhunderts eine »Repersonalisierung« (Hart, 2001, 2005; Moor & Lury, 2018) ökonomischer Relationen entgegenhalten und so die (vermeintliche) Dichotomie von persönlichen und ökonomischen Beziehungen unterlaufen. Unpersönliche Verfahren sollen quasi-persönliche Beziehungen zwischen Nutzerinnen und Unternehmen erzeugen, welche die ökonomischen Beziehungen in Gang halten. In Momenten der Datafizierung werden Personendaten erzeugt und in Wert gesetzt: Aus Daten abgeleitete »good matches« bilden den Kitt, der Unternehmen und Nutzerinnen (und Dritte) zusammenhalten soll. Aus dieser Perspektive lässt sich Datafizierung und die damit verbundene Personalisierung als eine Verdichtung der Relationen zwischen Unternehmen, Nutzerinnen und Dingen (und möglicherweise Dritten) verstehen.

2 »Was mit Daten möglich ist«

Mit welchen Metaphern, Kategorien und Geschichten werden Daten beschrieben? Ein Blick auf populäre und feldspezifische Beschreibungen und Narrative sowie eine Konsultation sozialwissenschaftlicher Arbeiten zum Datenbegriff zeigen: Daten werden einerseits als universelles Mittel gefeiert, mit denen sich beliebige Zwecke erreichen lassen. Andererseits trifft diese rhetorische Übertreibung, dass mit Daten alles möglich sein soll, auf die unternehmerische Herausforderung, mit Daten etwas Konkretes möglich zu machen beziehungsweise herauszufinden, »was mit Daten möglich ist«.

Im zeitgenössischen Datenbegriff steckt eine Grundspannung: Auf der einen Seite gelten Daten als inhärent wertvoller Rohstoff, der für verschiedenste Anwendungen gebraucht werden kann. Auf der anderen Seite weisen Datenkritik – aber auch Datenpraktiker – darauf hin, dass Daten immer lokal situiert sind. Daten können niemals »roh« sein, weil sie immer auf etwas verweisen, das außerhalb von ihnen liegt. Diese Gleichzeitigkeit ist folgenreich und zieht sich durch die verschiedenen Inkarnationen von Personendaten während ihrer Imagination, Hervorbringung, Bearbeitung und Verarbeitung. Das wird in den anschließenden Kapiteln zu zeigen sein.

»Was mit Daten möglich ist«

Stellen Sie sich vor, Sie bummeln durch die Stadt. Sie gehen an verschiedenen Geschäften vorbei und erhalten vor einem Kosmetikgeschäft eine Nachricht auf Ihr Smartphone. Die Nachricht wurde von der installierten Earlybird App versendet und weist Sie darauf hin, dass eine Haarspülung gerade exklusiv für Sie als Earlybird Member um 20 Prozent heruntergesetzt ist – just in jenem Geschäft, vor dem Sie gerade stehen. Die Haarspülung ist zudem das neue Produkt einer Marke, die Sie bereits kennen und mögen.

So ähnliche Geschichten erzählt Nik, der Geschäftsführer von Earlybird Digital. Nik ist ein Datenunternehmer: Sein Business besteht darin, andere Unternehmen auf ihre brachliegenden Datenbestände aufmerksam zu machen und sie zu beraten, wie sie Daten gewinnbringend nutzen könnten. Die beschriebene Geschichte animiert ein Projekt, an dem Nik und das Mutterunternehmen Earlybird gerade arbeiteten, als ich dort meine Feldforschung betrieb. Andere Unternehmen in der Schweiz hatten diese Vision mittlerweile umgesetzt – wenn auch nicht mit jener Art der Personalisierung, die Nik vorschwebt. Beispielsweise hatten die Schweizerischen Bundesbahnen (SBB) die App MyStation im Angebot, welche die Bewegung von Pendlerinnen per Bluetooth-Verbindung im Bahnhof trackte, um ihnen den schnellsten Weg zum Zug oder zum gewünschten Geschäft zu zeigen. Die App konnte per Push-Nachricht auf Rabattangebote wie zum Beispiel einen Cappuccino mit Gipfeli hinweisen.

Um eine Pendlerin auf einen Cappuccino mit Gipfeli hinzuweisen, musste sich die SBB nicht allzu weit aus dem Fenster lehnen. Mit einer solch generischen Empfehlung kann nicht viel schief gehen. Denn: Pendler mögen morgens Gipfeli und Kaffee. Auch wenn Nik manchmal selber solche einfachen Beispiele macht, zählt immer das richtige Angebot zur richtigen Zeit am richtigen Ort für die richtige Person. Einem Minderjährigen morgens um neun Uhr einen Rabatt für einen Krug Bier in der lokalen Kneipe vorzuschlagen, sei kaum angebracht. Sie wollen ihre Member zum richtigen Zeitpunkt auf ein individuell passendes Angebot aufmerksam machen. Dazu braucht Earlybird Daten.

An Daten über ihre Member kommen, Daten über ihre Member erzeugen oder Daten über ihre Member aus bestehenden Daten ableiten. Mit anderen Worten: möglichst viel über ihre Member zu wissen. Das ist die zentrale Mission des Digitalisierungsprojekts von Earlybird. Sie folgen damit dem von Marion Fourcade und Kieran Healy (2016) konstatierten »data imperative«, ein digitales, datengetriebenes Unternehmen zu werden. Wie Earlybird aber aus Erfahrung lernen musste, ist dieses Unterfangen aber nicht so einfach umzusetzen. Verschiedene Versuche der Datenerhebung und -auswertung sind auch schon gescheitert oder wurden auf Eis gelegt.

Nik sieht es als seine unternehmerische Aufgabe, Earlybird und anderen Unternehmen aufzuzeigen, »was eigentlich mit Daten alles möglich ist«. Seine Herangehensweise besteht darin, mit Beispielanalysen zu demonstrieren, was sich konkret mit Daten machen lässt, wie man an (gute) Daten kommt und was gute Daten sind. Gleichzeitig zielen seine Bemühungen auch darauf ab, in Unternehmen ein »data mindset« zu etablieren, d.h. den Mitarbeitenden vor Augen zu führen, dass sie bei allem, was sie tun, immer auch an Daten denken sollen.

Daten sind für Nik und für Earlybird immer auch ein Zukunftsversprechen, das während meines Forschungsaufenthalts viele ihrer Tätigkeiten anleitet, aber gleichzeitig immer auch zu entgleiten droht. Sie wollen herausfinden, wie sie zu einem datengetriebenen Unternehmen werden können, wie sie an Daten kommen und was sie damit machen können. Earlybirds Digitalisierungsprojekt und Niks unternehmerische Tätigkeit schließt an einen breiten Digitalisierungsdiskurs an, der Daten als eine natürliche Ressource und als probates Mittel zur Lösung bekannter und auch unbekannter, zukünftiger Probleme sieht. »By calling upon a future that is imminent but always just beyond reach, what technologies can currently do is not as important as what they might yet do in the future« (Elish & boyd, 2018, S. 13). Pointiert ausgedrückt: In Niks Formulierung steckt das Versprechen, dass mit Daten alles Mögliche möglich ist. Das ist im Verhältnis zu seinen kleinen, anwendungsbezogenen Beispielen und Geschichten die große Story der Daten. Gleichzeitig ist bei Earlybird Digital aber auch klar, dass – auch wenn sich mit Daten viele verschiedene Zwecke erreichen lassen –, sie doch überzeugend demonstrieren müssen, was sich konkret mit Daten machen lässt, um Aufträge zu erhalten.

Klaus Schwab, der Begründer des World Economic Forum (WEF), hielt im WEF-Report »Personal Data: The Emergence of a New Asset Class« von 2011 fest, dass Personendaten[1] in naher Zukunft zu einer neuen Vermögensklasse werden würden:

> personal data is generating a new wave of opportunity for economic and societal value creation. (...) As some put it, personal data will be the new ›oil‹ – a valuable resource of the 21st century. It will emerge as a new asset class touching all aspects of society. (Schwab, 2011, S. 5)

Daten als das neue Öl, das neue Gold oder das neue Geld zu präsentieren, ist erst mal eine grandiose Behauptung. Sie unterstellt, dass Daten als universelles Mittel fungieren können, mit dem sich alle möglichen Zwecke und

1 Wenn im Weiteren von »Daten« die Rede ist, meine ich in der Regel Personendaten (wenn nicht anders vermerkt).

Ziele erreichen lassen und das in andere Formen von Kapital konvertierbar ist.[2]

Von Daten als dem neuen Öl oder dem neuen Gold zu sprechen, ist nur eine der prominenten Varianten, mithilfe von Naturmetaphern fremde, neue oder womöglich bedrohlich wirkende Technologien zu verstehen, zu »domestizieren« und sie in bestehende Weltsichten zu integrieren (Lupton, 2014, 2016, Kapitel 5).[3] Eine weitere metaphorische Umschreibung von Big Data bemüht Bilder von Wasser, Liquidität und »Flow« (Nelms, 2014): In Daten kann man schwimmen – oder ertrinken. Daten »fließen« durch »Ökosysteme« (Schwab, 2011) und füllen Flaschen oder ganze »data lakes«:

> If you think of a datamart as a store of bottled water – cleansed and packaged and structured for easy consumption – the data lake is a large body of water in a more natural state. The contents of the data lake stream in from a source to fill the lake, and various users of the lake can come to examine, dive in, or take samples. (Marr, 2018)

Gegenwärtige Metaphern, die das Wesen und den Umgang mit (Big) Data umschreiben, versprechen Potenziale und beschwören Gefahren. Die Vorstellung eines Meers an Daten verdeutlicht sowohl die Gefahr als auch das große Potenzial, jene Gefahr durch erfolgreiche Navigation zu meistern und der Daten mächtig zu werden: Entweder ertrinken oder schwimmen und »insights« gewinnen (Deloitte, 2018).

»Spear fishing«

Die Spannung zwischen dem großen Potenzial von Personendaten und der Frage, was konkret damit möglich ist, kommt bei Earlybird verdichtet in der Metapher des »spear fishing« zum Ausdruck.[4] Die »Datenleute« verfügen gemäß eigener Einschätzung nicht über das notwendige »Domänenwissen«[5] und müssten deshalb Datenanalysen »ins Blaue hinein« machen. Deshalb

2 Vgl. Deutschmann (2000) zu Geld als absolutem Mittel.

3 Die verbreitete Verwendung solcher Metaphern verweist auf die nicht abgeschlossenen Deutungsprozesse und die interpretative Flexibilität (Pinch & Bijker, 1984) der Big-Data-Technologie. Auch wenn Madeleine Elish und danah boyd (2018) konstatieren, wie das Schlagwort Big Data aufgrund einer Assoziation mit Überwachung und Privatsphäreverletzungen bereits anderen Begriffen wie Artificial Intelligence oder Machine Learning weichen muss.

sind sie auf diejenigen angewiesen, die über spezifisches Wissen über mögliche Problemlagen oder Datenanwendungsfälle verfügen, d.h. Wissen darüber, wonach sie in den Daten suchen sollen. Simon, der Senior Data Scientist bei Earlybird, und sein Team würden zwar über das technische Knowhow der Datenauswertung verfügen, aber das Wissen über die Domäne verortet er bei Earlybirds Marketingleuten. In einer Sitzung präsentiert er einige Kennzahlen aus der Trackingdatenbank der App. Er fügt dann aber an, dass »seine Jungs« nicht einfach Zahlen generieren sollten. Das Marketing müsse sagen, welche Zahlen sie für ihr »daily business« brauchen. Max, der strategische Geschäftsführer, schlägt vor, dass sie doch mal schauen könnten, was ihnen in den Daten »auffällt«, da das Marketing vielleicht gar nicht wisse, was interessant sein könnte. Und auch Nina, die für den Kontakt mit den Banken zuständig ist, hier aber als Vertreterin des Marketings spricht, möchte erst mal von Simon und seinem Team wissen, was es denn »alles gibt«. Simon erklärt, dass sie das schon machen könnten, dass das aber die »Luxusvariante« sei, die er als »spear fishing« bezeichnet: Dazu müsse man jemanden bezahlen, der explorativ die Daten auswerte und »einfach mal mit dem Speer ins Wasser sticht«. Max schlägt einen Experten für Datenanalysen vor, der Earlybird Anfang Oktober beraten hatte. Dieser verfüge über viel Erfahrung und könnte dadurch den »Teich« vielleicht etwas verkleinern.

Die vermeintlich nebenbei geäußerte Aussage »was mit den Daten möglich ist« erfasst die Komplexität der Problemlage nicht ganz. Es scheint alles oder zumindest vieles möglich zu sein, doch was soll damit konkret geschehen? Entgegen der großen Erzählung sind Daten nicht per se bedeutsam und wertvoll für Earlybird Digital: Um als Unternehmen erfolgreich zu sein, müssen sie zeigen, was mit ihnen *konkret* möglich ist.

---

4 Nicht zu verwechseln mit »spear phishing« als Praxis von Cyberkriminellen.

5 Auf den Begriff der »Domäne« macht mich erstmals Dani aufmerksam. Er studiert bei Simon an der Hochschule für Informatik und ist bei Earlybird Digital angestellt, um ein Empfehlungssystem für Earlybird zu entwickeln. Er erklärt mir einige Probleme, die sich bei der Entwicklung von Recommendern stellen. Eines dieser zentralen Probleme ist die »Domäne« oder auf Englisch »domain«. Er erklärt mir, dass verschiedene Domänen unterschiedlich funktionieren würden und unterschiedliche Zielsetzungen und Businessmodelle hätten. Er verdeutlicht die Differenz am Beispiel von Netflix und Blendle, einer Webseite, die Newsartikel verschiedenster Printmedien für Nutzerinnen personalisiert auswählt. Beide Webseiten geben ihren Nutzerinnen Empfehlun-

Cornelius Puschmann und Jean Burgess (2014) identifizierten in Online-Newsbeiträgen zum Thema Big Data zwei Grundmetaphern: Große Datenmengen als natürliche Kraft (Wasser, Flut), die es zu kontrollieren gilt, und Big Data als zu konsumierende Ressource (Öl, Gold). In ihrem Artikel kritisieren sie die Unzulänglichkeit dieser Metaphern. Einerseits verdecke die Vorstellung von *Big Data als natürlich vorkommender Ressource* die datenerzeugenden Akteure. Daten werden nicht entdeckt, sondern geschaffen. Andererseits sei der Wert von Daten nicht für alle Akteure derselbe. Wert ist den Daten nicht inhärent. Er wird erst im Prozess der Analyse eingeschrieben:

> Suggesting that the intrinsic meaning of data is, like nuggets of gold, already there, just waiting to be uncovered, means distancing the interpretation from the interpreter and her subjectivity. Data can be relied on as a driver of economic growth only if its value is both predictable and stable rather than the result of ongoing interpretation and negotiation, but the value of big data seems extremely difficult to predict. (Puschmann & Burgess, 2014, S. 1699)

Die Metapher von *Daten als zu konsumierender Ressource* unterschlage zudem die Interpretationsarbeit, die nötig ist, um Daten Sinn abzuringen. Was die Daten bedeuten, sei vermeintlich evident, »requiring no or very little conscious interpretation or reflection« (Puschmann & Burgess, 2014, S. 1700).

»Der Datenschatz«

Der zukünftige Erfolg oder Misserfolg von Earlybird Digital ist abhängig davon, ob sie Daten konkret nutzbar machen können. Dabei besteht die Annahme, dass Daten nicht nur den Erzeugern – die mit Wissen über den lokalen Kontext der Datenerzeugung ausgestattet sind –, sondern auch unbeteiligten Dritten wie Earlybird Digital Einblick in ihre Geheimnisse gewähren können. Earlybird Digital ist aber keineswegs naiv: Das Unternehmen weiß, dass es Daten erst angemessen verstehen kann, wenn es den Kontext ihrer Entstehung und die Bedürfnisse der Kundinnen versteht.

gen ab: Filme und Serien im Fall von Netflix; Nachrichtenartikel im Fall von Blendle. Die Domäne »Movie« unterscheide sich aber von der Domäne »News« insbesondere dadurch, dass Newsartikel im Gegensatz zu Filmen schneller »verfallen« würden. Um einen guten Recommender zu bauen, brauche es Wissen über die Domäne, in welcher der Recommender eingesetzt werden soll.

Nik erzählt mir, dass vielen Firmen nicht bewusst sei, auf welchem »Datenschatz« sie säßen, was eine große Chance für Earlybird Digital sei. Gerade KMU ohne eigene Datenabteilungen nehmen ihre Daten-Dienstleistungen in Anspruch oder sind zumindest daran interessiert. Ein Beispiel für ein solches Unternehmen ist Hofstetter, ein lokales Kleidergeschäft mit fünf Filialen. Hofstetter wendet sich an ein gehobenes Publikum, das sich gerne in einem persönlichen Gespräch beraten lässt. Das Geschäft setzt auf wiederkehrende Kundinnen, die sich für eine Verkaufsberatung bei ihren bevorzugten Verkäuferinnen anmelden können. Earlybird Digital erhielt den Auftrag, explorativ aufzuzeigen, welche Daten überhaupt vorhanden seien und was damit möglich sei.

Die Metapher des Datenschatzes verweist auf die Arbeit, die notwendig ist, um den Schatz zu heben und zu sichten. Im Januar 2016 fahren ein Verkäufer von Hofstetter, Nik, Mike und ich als Beobachter nach Uri zum Hersteller des Kassensystems von Hofstetter. Fünf Stunden lang erklärt uns Stefan anhand eines komplexen Schemas die Datenstruktur: Kundenprofile, Lagerbestände, Warenzu- und -abflüsse, Einkaufs- und Verkaufspreise, Farben, Grössen, Schnitte und wie alles zusammenhängt. Mike und Nik stellen Fragen zu den vielen verschiedenen Datenfeldern und Variablen. Stefan gibt mal mehr, mal weniger bereitwillig Antwort: Die Sitzung soll zwar einerseits Earlybird Digital helfen, die Datenstruktur und die Daten zu erschließen. Andererseits scheint Stefan aber auch abzuwägen, was er alles hergeben soll. Immer wieder kommt die Antwort, dass ein bestimmtes Feld für Earlybird Digital nicht relevant sei. Die Daten gehören zwar dem Kunden (d.h. Hofstetter), die Datenstruktur aber nicht: »Das geben wir eigentlich nicht raus«, meint Stefan. Den Datenschatz zu heben umfasst sowohl, die Daten und ihre Struktur zu verstehen, als auch deren Besitz- und Eigentumsverhältnisse zu verhandeln.

Die Metapher des Datenschatzes bezieht sich auf den Wert, der potenziell in den Daten steckt. Sie dient Nik als Marketingargument beziehungsweise als Versprechen an die Unternehmen, eine Ressource für sie nutzbar zu machen, die sie eigentlich bereits besitzen. Das Unternehmen selbst hat den Datenschatz angehäuft. Doch er blieb bisher unbemerkt und erschließt sich erst dem sachkundigen Blick der Experten.

Die Metapher des Datenschatzes suggeriert, dass Daten inhärent wertvoll seien. Im praktischen Verständnis von Earlybird Digital ist aber klar, dass der Wert der Daten nicht einfach so gegeben ist. Zuverlässig funktionierende

Infrastrukturen und Datenbanken, ein Blick für Daten sowie lokales Wissen sind notwendig, um den Schatz anzuhäufen, zu entdecken und schließlich als Ressource für weitere Anwendungen zu erschließen. Darin gerade besteht die Leistung von Earlybird Digital: den Unternehmen bei der In-Wert-Setzung von Daten behilflich zu sein.

Sowohl die Metapher der Datenflut als auch die Metapher von Daten als Ressource geben vor, Daten seien unveränderlich, kontextunabhängig und hätten einen inhärenten Wert. Daten (beziehungsweise Big Data in der Untersuchung von Puschmann und Burgess) erscheinen als generalisiertes Mittel, mit dem sich beliebige Zwecke erreichen lassen. Solche Metaphern übertreiben, was mit Daten möglich sei. Wären Daten unabhängig vom Kontext ihrer Entstehung, könnten sie auch in ganz anderen Kontexten gewinnbringend sein – ihr inhärenter Wert bliebe stabil, auch wenn die Daten reisen.

Daten gelten als ein Mittel mit dem sich beliebige Zwecke erreichen lassen. Daten/Algorithmen – verstanden als sozio-technisches Ensemble (Gillespie, 2016) – erscheinen als »universelle Mittel«, »um komplizierte Probleme zu lösen und objektive vertrauenswürdige Entscheidungen herbeizuführen« (Häussling 2019, S. 332; siehe auch: Beer 2017). Der konkrete Nutzungswert der Daten ist aber oftmals zweitrangig (Sadowski, 2019, S. 4f.):[6] Die Vision wertvoller Daten, kombiniert mit mächtigen Algorithmen, animiert ge-

6 Es ist keine neue Erkenntnis, dass sich der Nutzen von Daten erst in der Zukunft zeigen könnte. So heisst es beispielsweise in der verfassungsrechtlichen Überprüfung des deutschen Volkszählungsgesetzes von 1983: »Bei der Datenerhebung für statistische Zwecke kann eine enge und konkrete Zweckbindung der Daten nicht verlangt werden. Es gehört zum Wesen der Statistik, daß die Daten nach ihrer statistischen Aufbereitung für die verschiedensten, nicht von vornherein bestimmbaren Aufgaben verwendet werden sollen; demgemäß besteht auch ein Bedürfnis nach Vorratsspeicherung. Das Gebot einer konkreten Zweckumschreibung und das strikte Verbot der Sammlung personenbezogener Daten auf Vorrat kann nur für Datenerhebungen zu nichtstatistischen Zwecken gelten, nicht jedoch bei einer Volkszählung, die eine gesicherte Datenbasis für weitere statistische Untersuchungen ebenso wie für den politischen Planungsprozeß durch eine verläßliche Feststellung der Zahl und der Sozialstruktur der Bevölkerung vermitteln soll. Die Volkszählung muß Mehrzweckerhebung und -verarbeitung, also Datensammlung und -speicherung auf Vorrat sein, wenn der Staat den Entwicklungen der industriellen Gesellschaft nicht unvorbereitet begegnen soll. Auch wären Weitergabe- und Verwertungsverbote für statistisch aufbereitete Daten zweckwidrig.« (Bundesverfassungsgericht, 1983)

genwärtige und zukünftige Projekte der Datensammlung und der Digitalisierung (Elish & boyd, 2018).[7] Marion Fourcade und Kieran Healy diagnostizieren einen »data imperative«, ein institutionalisierter, organisatorischer Mythos, welcher Organisationen motiviert, Daten zu sammeln, selbst wenn weitgehend unklar ist, ob und wie diese Daten genutzt werden könnten.

> It does not matter that the amounts [of data] collected may vastly exceed a firm's imaginative reach or analytic grasp. The assumption is that it will eventually be useful, i.e. valuable. (Fourcade & Healy, 2016, S. 13)

Daten werden trotz fehlender konkreter Vorstellungen, Projekte oder Anwendungen erst mal »gesammelt« – in der vagen Voraussicht, dass sie sich später als nützlich erweisen werden.

Daten entstehen nicht in einem Vakuum, sondern in verschiedenen sozialen Kontexten (boyd & Crawford, 2012). Diese Kontextgebundenheit wird als eine De-Essenzialisierung von Daten verstanden. Kitchin (2014) erklärt – trotz einer Aufzählung verschiedener relativ kontextunabhängiger Typologien von Daten –, dass Daten immer gerahmt sind und diese Rahmungen für eine soziologische Analyse unbedingt miteinbezogen werden müssen (siehe auch Borgman 2015, S. 18):

> While many analysts may accept data at face value, and treat them as if they are neutral, objective, and pre-analytic in nature, data are in fact framed technically, economically, ethically, temporally, spatially and philosophically. Data do not exist independently of the ideas, instruments, practices, contexts and knowledges used to generate, process and analyse them. (Kitchin, 2014, S. 28)

Gegen die Sichtweise von »data before the fact« lancieren Lisa Gitelman und Virginia Jackson (2013) ihre viel zitierte Kritik an der scheinbaren Rohheit von Daten als Widerspruch in sich (Gitelman, 2013). Die Metapher der Rohdaten harmoniert mit der von Daniel Rosenberg (2013) beschriebenen rhetorischen Funktion von Daten und linearen Vorstellungen von Wissenserzeugung:

> At first glance data are apparently before the fact: they are the starting point for what we know, who we are, and how we communicate. This shared sense

7 Nick Couldry und Joseph Turow (2014) weisen darauf hin, dass die epochale Rede von Big Data auch eine Zumutung sein kann. Proponenten von Big Data würden sogar Organisationen und Branchen wie Werbung und Marktforschung »belehren« wollen, in denen Big Data schon längst ein wesentlicher Bestandteil ist.

> of starting with data often leads to an unnoticed assumption that data are transparent, that information is self-evident, the fundamental stuff of truth itself. If we're not careful, in other words, our zeal for more and more data can become a faith in their neutrality and autonomy, their objectivity. (Gitelman & Jackson, 2013, S. 2f.)

Auf der einen Seite scheinen Daten als rohe und universell anwendbare Ressource (Anderson, 2008), einen objektiven »view from nowhere« (Haraway, 1988; Elish & boyd, 2018) zu ermöglichen. Andererseits erscheinen Daten niemals roh (Gitelman, 2013), sondern immer »gekocht« (Biruk, 2018; Bowker, 2013; Boellstorff, 2015), lokal (Loukissas, 2019) oder situiert (Elish & boyd, 2018).

Anstatt die Rede von der Rohheit der Daten als Übertreibung abzutun, zeigt sich im Feld, dass die damit verbundene Potenzialität der Daten, d.h. ihre potenzielle Formbarkeit zu vielen verschiedenen Anwendungsfällen wichtig und folgenreich ist. Mit Daten scheint alles Mögliche möglich zu sein. Andererseits erweist es sich für Earlybird und Earlybird Digital als praktisches Problem, etwas Konkretes mit Daten möglich zu machen. Wie deren Herangehensweise zeigt, sind auch sie – ähnlich wie Ethnografen – darauf angewiesen, sich Kontext- und Domänenwissen anzueignen, um die Daten und ihr Potenzial für Anwendungsfälle zu verstehen. Den Praktikern im Feld ist (zumindest im Fall von Earlybird) im konkreten Fall bewusst, dass die Daten erst einmal gebändigt werden müssen, damit sie ihren Dienst als Daten tun können.

Ethnografische Arbeiten zeigen, welche Reibungen während der Datenproduktion und -auswertung entstehen können: Dawn Nafus (2014) kritisiert prominente Datenmetaphern, um aufzuzeigen, dass Daten im Prozess ihrer Erzeugung und Auswertung um einiges widerspenstiger sind, als prominente Beschreibungen nahelegen. Sarah Pink et al. (2018) benutzen den Begriff der »broken data«, um diese Widerspenstigkeit und Eigensinnigkeit von Daten (in ihrem Beispiel Daten der Selbstquantifizierung) zu benennen. Sie wollen mit ihrer konzeptuellen Metapher der »broken data« die Aufmerksamkeit darauf lenken, dass Daten und ihre Infrastrukturen in einem permanenten Prozess der Beschädigung (»data as ongoingly being broken« (2018, S. 10)) stehen. Es geht ihnen aber nicht so sehr darum, den Datenbegriff zu demystifizieren, sondern vor allem den Fokus auf die Reparatur und den Unterhalt sowie die Kontingenzen von Daten und Infrastrukturen zu lenken (siehe z.B. Ensmenger (2014) für den Fall von Software im Allgemeinen). Anissa Tanweer et al. (2016) beschreiben die Arbeit mit Daten als einen Prozess von »breakdown und repair«. Diese ethnografischen, die Datenrhetorik kritisierenden, Arbeiten verdeutlichen, dass Daten im Alltag von Praktikerinnen um einiges widerspenstiger sein können. Sie verweisen auf die Hinterbühne der Datenpraktiken und damit auch auf das bei Earlybird und Earlybird Digital identifizierte Problem, aus den vielversprechenden Daten überhaupt etwas machen zu können. Das Potenzial von Daten ist im Alltag von der Schwierigkeit der tatsächlichen Anwendung beziehungsweise dem Widerstand der Daten geprägt, sich produktiv zu zeigen. Die Metapher der rohen Daten ist aus methodologischer Hinsicht sicherlich zu kritisieren. Für die Anwenderinnen ist es aber vor allem ein praktisches Problem, aus Daten Rohdaten zu machen, die sich für weitere und womöglich unvorhergesehene Zwecke produktiv machen lassen.

Trotz der Erkenntnis der radikalen Situiertheit und Widerspenstigkeit von Daten ist nicht von der Hand zu weisen, dass digitale Personendaten in der Praxis oftmals tatsächlich als »immutable mobiles« funktionieren und ihre Situiertheit transzendieren. Bruno Latour weist darauf hin, dass Daten als Objekte fungieren, »which have the properties of being mobile but also immutable, presentable, readable and combinable with one another« (2011, S. 26).[8] In Bezug auf digitale Daten machen diese Eigenschaften gerade ihre Datenhaftigkeit aus: Oftmals *lassen* sie sich von ihren lokalen Kontexten der Erzeugung ablösen und mit anderen Datensätzen kombinieren, so dass sie zumindest potenziell auch in ganz anderen Kontexten angewendet werden können. Der soziologischen/ethnografischen Ablehnung einer übersteigerten Rhetorik von Rohdaten steht gegenüber, dass genau darin deren Stärke besteht: Sie können von lokalen Kontexten abstrahieren. Daten *sind* in der

8 Siehe auch Madeleine Akrich (1992, S. 425f.): »Wenn technische Objekte einmal stabilisiert sind, werden sie Instrumente des Wissens. Wenn also eine Elektrizitätsgesellschaft unterschiedliche Tarife für viel und wenig verbrauchende private Benutzer, für Werkstätten und für Industrieverbraucher ansetzt, findet sie Wege, verschiedene soziale Schichten zu charakterisieren und zu identifizieren. Wenn sie auch Kategorien wählt, die in anderen sozioökonomisch-politischen Netzwerken verwendet werden, kann das von ihr produzierte Wissen ›exportiert‹ werden. ›Daten‹ können also aus dem Netzwerk gezogen und an einen anderen Ort übermittelt werden, z.B. zu Ökonomen, die an einer Beziehung zwischen den Energiekosten oder dem Bruttosozialprodukt und dem Konsum interessiert sind. Die Konversion soziotechnischer in reine und einfache Fakten hängt jedoch von der Fähigkeit ab, technische Objekte in Black Boxes umzuwandeln.«

Praxis mobil: Sie werden an anderen Orten, zu anderen Zeiten und von anderen Akteuren neuen Zwecken zugeführt. Das scheint Daten überhaupt zu Daten zu machen. Wie auch Zahlen (Heintz, 2010; Porter, 2001) scheinen Daten einfacher als Sprache zwischen verschiedenen lokalen Kontexten reisen zu können.

Einen entscheidenden Punkt von Gitelman/Jackson (2013) sehe ich in einer Formulierung in der Einleitung zu ihrem Band:

> the seemingly indispensable misperception that data are ever raw seems to be one way in which data are forever contextualized—that is, framed—according to a mythology of their own supposed decontextualization. (Gitelman & Jackson, 2013, S. 5f.)

Das Rätsel der Daten liegt in dieser Kontextualisierung als dekontextualisiert. Die Datenkritik verweist auf diesen Widerspruch: Daten sind immer gleichzeitig zu wenig und zu viel. Zu wenig, weil Daten (genauso wie auch Zahlen) die Kontinuitäten des Alltags auf diskrete Einheiten reduzieren und alles, was nicht in dieses Schema passt, ignorieren und unsichtbar machen. Daten sind aber auch immer zu viel, weil sie vor überschüssigen Sinngehalten triefen. Sie verweisen immer auch auf individuelle, soziale, technische, ökonomische und historische Kontexte ihrer Erzeugung. Gerade weil diese Kontexte der Datenerzeugung verschleiert werden, können Daten überhaupt als Daten funktionieren und zu anderen, neuen und nicht ursprünglich vorgesehenen Zwecken eingesetzt werden.

Daten – insbesondere Personendaten – verweisen immer auf »mehr«: Auf soziale Kontexte, in denen sie entstanden sind, auf vergangene und zukünftige Verhaltensweisen von Individuen oder auf Geheimnisse und Erkenntnisse, die in den Daten stecken. Gerade in diesen Sinnüberschüssen besteht ihre Faszination, die sich der Datenunternehmer Nik zu Nutze macht. Gleichzeitig wird dieser Sinnüberschuss aber auch von seinen Data Scientists weggearbeitet. Die Ambivalenz von Daten erweist sich praktisch gesehen als produktiver Widerspruch, an den die unternehmerischen Bemühungen der Erzeugung und In-Wert-Setzung von Personendaten anschließen können.

3 Methode

3.1 Die Untersuchung von Datafizierung und Algorithmen

Wie ich bei Earlybird beobachten konnte, gelten Daten immer schon als inhärent wertvoll. In der Praxis zeigt sich aber, dass diese Annahme sich eher als eine notwendige produktive Fiktion erweist: Daten sind keineswegs einfach so gegeben, sie müssen in Kooperation mit Nutzerinnen erzeugt werden. Zudem braucht es zahlreiche Bearbeitungs- und Verarbeitungsschritte, um den Daten ihre Geheimnisse zu entlocken, aus Daten produktive Ressourcen zu machen und sie in Geschäftsprozesse zu integrieren.

In meiner Arbeit frage ich, wie Unternehmen überhaupt an Daten kommen – d.h. wie sie Nutzerinnen dazu motivieren, sich innerhalb von Datafizierungsinfrastrukturen zu »verhalten«, um daraus Daten zu gewinnen. Zudem ergründe ich, durch welche Prozesse der Quantifizierung, Kategorisierung, Formalisierung und des Vergleichs aus diesen Daten profitgenerierende Ressourcen gemacht werden. Was braucht es, um mit Daten möglich zu machen, was sie versprechen? Welche Probleme sollen Daten und Algorithmen lösen? Wie werden diese Probleme benannt und reformuliert? Wie werden bestehende Algorithmen ausgewählt, angepasst und verworfen? Wie wird ein algorithmisches System zu einem Algorithmus, der als vermeintlich unzweifelhaftes, technisch-rationales Orakel in einer Blackbox verschwindet? Wie gewinnen findige Unternehmen aus den Verhaltensweisen ihrer Nutzerinnen Daten? Und wie machen sie aus diesen Daten wertvolle und (automatisch) umsetzbare Einsichten?

In der empirischen Untersuchung dieser Fragen stütze ich mich auf qualitative, ethnografische Methoden (O'Reilly, 2005; Mason, 2002; Emerson et al., 2011; Hine, 2017; Pink et al., 2016). Um zu verstehen, wie Daten entstehen und wie sie ihren Wert entfalten, kombiniere ich zwei Ansätze der »critical algorithm studies« (siehe Kitchin 2016 für einen Überblick verschiedener Ansätze), die an die Wissenschafts- und Technikforschung anschließen (Seaver, 2019). Zum einen ein »unpacking« soziotechnischer Assemblagen der Datafizierung/Algorithmen, das durch informelle Interviews und teilnehmende Beobachtung in einem Unternehmen ermöglicht wurde. Und zweitens eine Untersuchung von Bildungsmaterial hinsichtlich der Frage, wie Empfehlungssysteme quantifizieren, kategorisieren, vergleichen und Relationen zwischen Nutzerinnen und Dingen herstellen.

Die Untersuchung von Datafizierungsprozessen und Algorithmen ist mit verschiedenen Zugangsproblemen konfrontiert (Kitchin, 2016). Datenbanken und Algorithmen sind oftmals in den Händen privater Unternehmen, die Algorithmen als proprietäre Güter betrachten, die es vor neugierigen Blicken der Konkurrenz oder der Öffentlichkeit zu schützen gilt. Dateninfrastrukturen sind Blackboxes: Was im Hintergrund passiert, während wir im Web shoppen oder uns von TikTok ablenken lassen, ist unserem Blick unzugänglich. Selbst wenn die Operationen der Datenbanken und Empfehlungsalgorithmen sichtbar wären, bräuchte es eine Menge an technischer Expertise, um zu verstehen, was vor sich geht. Es braucht also spezifische Berechtigungen und Kenntnisse, um Zugang zu erhalten (siehe auch: Burrell 2016). Dieses »blackboxing« fußt auf der problematischen Annahme, dass es sich bei Algorithmen um singuläre, technische Dinge handle, die von Expertinnen vollständig überblickt und beherrscht werden. Das ist gemäß Nick Seaver nur bedingt der Fall. Algorithmen sind in ihrem Kontext zu untersuchen: Er schlägt vor, Algorithmen als soziotechnische Systeme, »composed of collective human practices« zu konzeptualisieren (Seaver 2017, S. 5, auch: Seaver 2019).

> If we care about the logic of these systems, we need to pay attention to more than the logic and control associated with singular algorithms. We need to examine the logic that guides the hands, picking certain algorithms rather than others, choosing particular representations of data, and translating ideas into code [...] My point is that when our object of interest is the algorithmic system, ›cultural‹ details *are* technical details – the tendencies of an enigineering team are as significant as the tendencies of a sorting algorithm. (Seaver, 2019, S. 419, Hervorhebung im Original)

Algorithmen sind Teil von weitaus komplexeren, heterogenen soziotechnischen »Assemblagen« und in soziale wie technische Kontexte eingebettet (Kitchin, 2016). »Algorithmus« bezeichnet in diesem Sinne nicht nur eine technische Prozedur, sondern steht als Stellvertreter für ein ganzes soziotechnisches System (Gillespie, 2016), das in der Praxis viel »messier« (Ziewitz, 2016) ist als die Mythologisierung einer »power of the algorithm« (Beer, 2017) erahnen lässt. Algorithmische Systeme als soziotechnische Assemblagen bestehen aus zahlreichen, unterschiedlichen, ineinander gefalteten Verfahren, Datenquellen, Standards, Kategorien, etc. Die Folge ist, dass in vielen Fällen nicht einmal ihre Erzeugerinnen überblicken oder komplett verstehen können, wie bestimmte Resultate zustande kommen (Burrell, 2016).

> Algorithms cannot be adequately studied as stand-alone processes if we are to start understanding the roles they now play. But they are also more than technical infrastructures – algorithms also need to be recognised more broadly as both situated artefacts and generative processes that engage in complex ways with their surrounding ecosystems. This is an ecosystem that involves technical – software, code, platforms and infrastructure – and human designs, intents, audiences and uses more broadly. (Willson, 2017, S. 141)

Für das »unpacking« dieser soziotechnischen Arrangements ist das Hauptproblem nicht, dass Algorithmen in Blackboxes verschwinden. Es geht ebenso um das allgemeinere Problem der Unsichtbarkeit und der fehlenden »Transparenz« einer Infrastruktur, die sich als vermeintliche Selbstverständlichkeit der Wahrnehmung weitgehend entzieht (Star, 1999). Krisen und Störungen, aber auch eine »methodische Befremdung« (Amann & Hirschauer, 1997), können zu einer »infrastructural inversion« beitragen, d.h. zu einer Aufmerksamkeit für die Arbeit, welche die Infrastruktur erzeugt und erhält (Bowker & Star 1999, siehe auch: Hine 2017, S. 23f.). Auch die in Infrastrukturen eingelassenen Praktiken der Quantifizierung, Kategorisierung, Formalisierung, Bewertung und Vergleiche zeichnen sich dadurch aus, dass sie bestimmte Dinge unsichtbar und andere dafür sichtbarer machen (Bowker & Star, 1999): Unsicherheiten, »messiness« (siehe Mützel et al. 2018), Selbstverständlichkeiten und Annahmen (Law, 2009) verschwinden hinter »pristine numerical output[s]« wie beispielsweise Credit-Scores (Fourcade & Healy, 2017a, S. 289).

Susan Leigh Star und Martha Lampland (2009) fordern dazu auf, auf die »Infrastruktur zu hören«. Für mich bedeutet das, den Daten während ihrer verschiedenen Transformationsschritte zu folgen und diesen Weg durch die Infrastruktur zu beschreiben. Welchen Akteuren begegnen die Daten, wie verändern sie sich in diesen Begegnungen, wie nehmen sie auf andere Einfluss und vermehren sich?

In den Kapiteln 5 sowie 6 bis 8 versuche ich Prozesse der Datafizierung zu rekonstruieren, indem ich Operationen der Quantifizierung, Kategorisierung, Formalisierung, Bewertung und des (algorithmischen) Vergleichs in ihren technischen, sozialen, ökonomischen und unternehmerisch-praktischen Kontexten berücksichtige. Daraufhin untersuche ich, wie dies zur In-Wert-Setzung von Personendaten beiträgt. Es geht dabei um die alltäglichen und banalen Tätigkeiten, welche das vermeintlich magische Funktionieren algorithmischer Systeme ermöglichen. Darüber hinaus geht es um die Selbstverständlichkeiten, die (unhinterfragten) Annahmen und die manchmal dubiosen[1] Praktiken, welche in Datafizierungsinfrastrukturen eingefaltet werden. Wie bereits in Kapitel 2 angedeutet, sind Daten und Algorithmen nicht nur in verschiedene Kontexte eingebettet. Diese Einbettung ist auch dafür wichtig, wie Daten generiert werden und ihren Wert in der weiteren Anwendung entfalten können.

Ein solcher Fokus geht davon aus, dass Algorithmen nicht einfach auf »die Realität« angesetzt werden können, sondern dass Realität und algorithmische Funktionserfordernisse aufeinander abgestimmt werden müssen (Ziewitz, 2017). Daten und Algorithmen repräsentieren die Welt nicht einfach. Sie öffnen kein Fenster auf die soziale Welt. Daten und Algorithmen sind Teil soziotechnischer Arrangements, die soziales Handeln strukturieren (Marres 2017, S. 22). Algorithmische Technologien sind »interaktiv« (vgl. Hacking 2001 zum Verhältnis von Sozialforschung und sozialen Kategorien der Beobachtung; MacKenzie 2006 zum Verhältnis von Ökonomie und ökonomischer Theorie bzw. Modellierung): »When the monitoring and analysis of everyday activities is used as a basis for intervention into these activities, a complex set of exchanges between knowledge and behaviour is set in motion« (Marres, 2017, S. 9).

Datafizierung und Algorithmen sind produktiv: Sie produzieren Einheiten wie zum Beispiel »Konsumentinnen« (siehe Cluley & Brown 2015; Zwick & Denegri Knott 2009), mögliche Verhaltensweisen (Alaimo & Kallinikos, 2017) oder Dinge wie »Interessen« (Degeling, 2017). Zudem machen sie »latente« Relationen sichtbar und produzieren neue prospektive Relationen (siehe Kapitel 8). In Bezug auf diese Produktivität von Datafizierungsprozessen und Algorithmen verfolge ich eine zweite empirische Strategie. Darin geht es darum, die technisch-abstrakte Logik von Empfehlungssystemen zu erfassen (Kitchin, 2016; Burrell, 2016). Die Frage, wie Standard-Algorithmen wie Collaborative Filtering idealtypisch funktionieren, fußt auf der Untersuchung von Ausbildungsmaterial (ein Massive Open Online Course, Handbücher sowie

1 Siehe zum Beispiel Crawford & Paglen (2019) zu Trainingsdatensätzen, die für Bilderkennungssoftware verwendet werden.

Übersichtsartikel zu Empfehlungssystemen) und einem theoretisch geleiteten Nachvollzug von »pseudo-code«. Das Ziel besteht darin, die technische Funktionsweise anhand des analytischen Vokabulars der Quantifizierungs-, Kategorisierungs- und Vergleichssoziologie aufzuschlüsseln, um zu zeigen, wie verschiedene Empfehlungssysteme (formale) Relationen zwischen Nutzerinnen und Dingen (Filme, Artikel, Produkte, etc.) herstellen.

3.2 Feldzugänge

Wie oben beschrieben ist die soziologische Untersuchung von Algorithmen durch mehrere »opacities« (Burrell, 2016) erschwert. Einerseits sind Algorithmen technische Konstrukte privater Unternehmen, welche die Funktionsweisen als Geschäftsgeheimnisse betrachten, die es vor den Blicken der Konkurrenz und möglicherweise auch vor Kritik zu schützen gilt (Kitchin, 2014). Andererseits braucht es zum Verständnis von Algorithmen eine »technical literacy« (Burrell, 2016), über die normalerweise nur Fachpersonen verfügen. Diese Art der Unzugänglichkeit wird durch Heterogenität und Verteiltheit verschärft: Algorithmische Systeme bestehen aus Konglomeraten verschiedener Algorithmen und anderer technischer Komponenten, welche von verschiedenen Akteuren erzeugt, betreut und betrieben werden (Seaver, 2019; Kitchin, 2016).

Mein Forschungsdesign ist dementsprechend als »multisited« (Burrell, 2009), digitale (Pink et al., 2016; Hine, 2017) Ethnografie konzipiert. Wie Marcus (2010) hervorhebt, kann sich die zeitgenössische Ethnografie kaum mehr um »das Ganze« kümmern, sondern muss strategisch aus den verschiedenen Teilen des Feldes selektieren. Angesichts der »Privatheit« und der technischen Unzugänglichkeit von Algorithmen, entschied ich mich für den Fokus auf zwei »fieldsites«. Der erste Zugang besteht darin, Daten und Algorithmen in der unternehmerischen Praxis zu untersuchen. Der zweite befasst sich mit einem dazu komplementären Zugang, welcher die gängigsten algorithmischen Empfehlungssysteme durch die pädagogische Vermittlung computerwissenschaftlicher Theorie und praktischer Anwendungsfälle erschließt. Angesichts der im Feld angetroffenen Praxis, Computerwissenschaftler in Ausbildung für algorithmische Projekte zu rekrutieren, ist dieser zweite Zugang angebracht.[2]

Earlybird und Earlybird Digital

Earlybird wurde 2005 gegründet. Das Geschäftsmodell basierte schon damals darauf, die Zielgruppe der Jugendlichen mit verschiedenen Partnerunternehmen zusammenzubringen, d.h. Jugendlichen gegen eine kleine Mitgliedschaftsgebühr Rabatte bei diesen Unternehmen zu verschaffen. Einige Jahre später ging Earlybird Partnerschaften mit mehreren Banken ein und wurde damit zum Beziehungsbroker zwischen Jugendlichen, Banken und Partnerunternehmen. Die Banken erhalten ein attraktives Programm, um Neukundinnen zu akquirieren. Die Partnerunternehmen erhalten Zugang zur Zielgruppe der Jugendlichen. Die Jugendlichen erhalten Vergünstigungen. Seither konnte Earlybird noch mehr Banken als Kundinnen gewinnen und seinen »Membern« attraktive »Deals« bei über 600 Partnerunternehmen sichern. Zum Zeitpunkt meiner Feldforschung waren mehr als 200 000 aktive Member bei Earlybird registriert und 15 Angestellte arbeiteten im Unternehmen.

Earlybird ist mit mehreren anderen Firmen verbunden. Am wichtigsten ist die 2015 gegründete Tochterfirma Earlybird Digital, die mit der Programmierung des administrativen Systems, der Internetseite und der Mobile App beautragt ist. Zum Zeitpunkt meiner Forschung waren dort 14 Personen beschäftigt (8 davon als Programmierer und Programmiererinnen in Kosovo). Der wichtigste Kunde von Earlybird Digital ist Earlybird. Die Tochterfirma offeriert ihre Dienstleistungen (Frontend- und Backendprogrammierung, Data-Science-Dienstleistungen) aber auch anderen Kundinnen.

Zwischen Oktober 2016 und April 2017 war ich als bezahlter »Forschungspraktikant« bei Earlybird und Earlybird Digital angestellt.[3] Bei der Aushandlung des Zugangs war es für den operativen Geschäftsführer von Earlybird wichtig, dass ich meine soziologische Expertise im Unternehmen einbringe,

2 Eine dritte empirische »fieldsite« war der Besuch von vier Konferenzen der Organisation »Swiss Cognitive«. Diese versucht, Technologien der künstlichen Intelligenz in Unternehmen zu etablieren. Dieses Material habe ich nicht ausgewertet.

3 Nach Abschluss der Feldforschung im engen Sinn folgten weitere Treffen, informelle Gespräche und der gemeinsame Besuch einer Data-Science-Konferenz.

so wie auch andere Praktikanten und Mitarbeiter ihre unterschiedlichen Fähigkeiten einbringen sollen (fast zeitgleich mit mir begann eine Psychologiestudentin mit Interesse für Neuropsychologie ein Praktikum). Im digitalen Tochterunternehmen waren zwei Absolventen der Fachhochschule Informatik angestellt, die sich mit der Datenanalyse und der Programmierung der App beschäftigen sollten. Beide wurden von ihrem Professor für Informatik mit Schwerpunkt künstliche Intelligenz und Informationssicherheit vermittelt. Dieser sitzt als Miteigentümer im Verwaltungsrat des Tochterunternehmens und steuert strategische Beratung bei.

In meiner Rolle als Forschungspraktikant arbeitete ich an verschiedenen Projekten mit. Insbesondere an der Planung, Durchführung und Auswertung eines »Marktforschungstags«, an welchem 25 Jugendliche in Fokusgruppen zu verschiedenen Themen befragt wurden. Als Forschungspraktikant genoss ich aber auch die Möglichkeit, an zahlreichen Sitzungen und Treffen teilzunehmen, welche nicht unmittelbar mit meinen eigenen Aufgaben zu tun hatten. Das Hauptmaterial meiner Forschung besteht aus Sitzungs- und Gesprächsprotokollen. Die Beobachtung der individuellen Arbeit steht im Hintergrund. Mein wichtigster Informant war Nik, der Geschäftsführer von Earlybird Digital, den ich an verschiedene Sitzungen begleiten konnte und der mir in unzähligen informellen Gesprächen geduldig Auskunft gab.

Die Auswahl von Earlybird und Earlybird Digital war zum einen eine Frage des Zugangs: Nur wenige Firmen sind gewillt, ihre Tätigkeiten von externen Personen beobachten zu lassen. Earlybird eignete sich zum anderen aber auch deshalb, weil sich das Unternehmen zum Zeitpunkt meiner Forschung in einem Entwicklungsprozess befand, in dem es eine weitreichende »Digitalisierungsstrategie« verfolgte, um das Geschäftsmodell für die Zukunft abzusichern. Andere Firmen, in denen ich explorative Interviews durchgeführt hatte (eine Versicherung und ein grosser Retailer), waren diesbezüglich bereits weiter fortgeschritten, in ihren Datafizierungspraktiken zudem unzugänglicher und hielten sich bedeckter.[4] Earlybird befand sich in einem Prozess der Aushandlung, Etablierung und Institutionalisierung von Datafizierungspraktiken, der in den anderen Firmen bereits weiter

4 Siehe auch die Studie von Sami Coll (2015) zu Kundentreueprogrammen der großen Schweizer Retailer. Darin beobachtet er, dass die Möglichkeiten der Datenanalyse größer wären als die tatsächlichen, und für die Kundinnen sichtbaren, Anwendungsfälle. Gemäß Coll wolle keines dieser Unternehmen vorpreschen und negative Öffentlichkeit auf ihre Beobachtungs- und Datafizierungspraktiken lenken.

fortgeschritten war. Das eröffnet für den ethnografischen Zugang die Chance, Aushandlungs- und Institutionalisierungsprozesse sowie das Ausmerzen von Kontingenz in situ mitzuverfolgen.

Vorgehen und Analyse

Beobachtungs- und Gesprächsprotokolle, handschriftliche Notizen, analytische Memos, Dokumente und Fotos bilden mein Datenkorpus (Emerson et al., 2011). Eine Schwierigkeit der ethnografischen Vorgehensweise besteht darin, dass im Feld immer mehr vor sich geht als sich beobachten und beschreiben lässt – so auch in meiner Feldforschung bei Earlybird. Die vielen verschiedenen Projekte und Teilprojekte, die gleichzeitig von verschiedenen Personen verfolgt wurden, erforderten es, schon während der Feldforschung analytische, aus meinem Forschungsinteresse begründete, Fokuspunkte zu setzen: Praktiken der Datafizierung, der Kategorisierung von Personen und der Auswertung von Personendaten. Im Sinne eines »iterativ-induktiven« Vorgehens – d.h. einer wechselseitigen Beeinflussung und Abwechslung der Forschungsphasen von Datensammlung, Analyse und ethnografischem »writing up« (O'Reilly, 2005) – legte ich schon während der Feldforschung die beobachterische und analytische Aufmerksamkeit auf einen Komplex von Ereignissen rund um das sogenannte »Datenexperiment« (siehe Kapitel 5). Dieser Fokus rechtfertigte sich aus dem Forschungsinteresse für Datafizierungspraktiken und aus den Relevanzen des Feldes selbst (O'Reilly, 2005).[5]

Eine entscheidende Einsicht, die sich bereits während der Feldforschung einstellte, war, dass Earlybird gemäß eigener Einschätzung nicht über ausreichend Personendaten verfügte und damit kämpfte, solche Daten zu erzeugen. Das »Datenexperiment« erwies sich als thematischer Kristallisationspunkt, der verschiedene Bemühungen, Daten zu erzeugen, Member zu datengenerierenden Verhaltensweisen zu motivieren und diese Daten irgend-

---

5 Ein solches Vorgehen kann sich als übereilt herausstellen, wenn ein solcher Fokus nicht den Relevanzen der Teilnehmerinnen im Feld entspricht. Ein für mich ausschlaggebener Punkt, der diese Entscheidung rechtfertigte, war eine Entscheidung der Geschäftsleitung, die nach einer Sitzung zum Thema Datenanalyse gefällt wurde. Darin wurde die strategische und praktische Relevanz von Daten diskutiert. Im Anschluss beschloss die Geschäftsleitung, die Sitzung für abwesende Mitarbeiterinnen zu wiederholen, um bei allen ein strategisches Bewusstsein für die Relevanz von Personendaten zu verankern.

wie nutzbar zu machen, für mich, aber vor allem auch für Earlybird, sichtbar machte.

Nach Abschluss der Erhebungsphase erfolgte eine thematisch orientierte Selektion des Materials (Emerson et al., 2011) rund um das Datenexperiment. Dies umfasste Materialien, welche das Datenexperiment beschreiben, aber auch solche, die das Experiment im Kontext von Earlybirds Businessmodell und Datafizierungspraktiken verständlich machen. Daraus resultierte ein stark reduziertes und übersichtlicheres Korpus, das mithilfe theoretischer Begrifflichkeiten und emischer Konzepte und Metaphern aufgeschlüsselt wurde. Im Zentrum stand dabei die beschreibende Rekonstruktion des Datenexperiments in seinem unternehmerischen Kontext über die Zeit. Das resultierende Narrativ findet sich kondensiert in Kapitel 5 und bildet den Ausgangspunkt für eine analytisch-theoretische Aufarbeitung in den Kapiteln 2 sowie 6 bis 8.

In der Darstellung der Ergebnisse aus der Feldforschung versuchte ich, Beschreibung und Analyse so gut wie möglich auseinanderzuhalten. Da Beschreibung und Analyse aber keine trennscharfen Konzepte sind (O'Reilly, 2005) gelingt das nicht immer gleich gut. Die eher beschreibenden, für die Leserin aufbereiteten Passagen sind jeweils umrahmt und die Fussnoten dazu befinden sich am Ende der Box.

Generalisierung und Limitationen

Es ist klar, dass die Datenpraktiken eines verhältnismäßig kleinen und lokal-gebundenen Unternehmens wie Earlybird nur begrenzt generalisierungsfähig sind. Der stetige Vergleich mit größeren und bedeutenderen Unternehmen der globalen digitalen Ökonomie mag deshalb stellenweise unangebracht wirken. Die von mir entwickelte theoretische Figur der »Momente der Datafizierung« beansprucht nicht, ein allgemeingültiges Modell der Datafizierung zu sein. Es ist ein analytisches Werkzeug, mit dem sich Fragen an die Phänomene der digitalen Ökonomie sowie deren Generierung und In-Wert-Setzung von Daten stellen lassen. Zum Beispiel: Wie motivieren digitale Unternehmen Nutzerinnen dazu, ihre Dienstleistungen zu verwenden (Kapitel 6)?[6] Wie machen Unternehmen Nutzerinnen und ihre ei-

6 Auch wenn »fehlende Daten« für Unternehmen wie Google vermeintlich kein Problem darstellen, lässt sich trotzdem die Frage stellen (und auch tatsächlich empirisch beobachten), wie Google Nutzerinnen zu motivieren versucht, mehr Daten zu hinterlassen: Zum Beispiel durch Aufforderungen, Apps zu bewerten, auf Google Maps Fragen zu

genwilligen Verhaltensweisen kommensurabel (siehe zum Beispiel Paßmann & Gerlitz 2014 zu Twitter) beziehungsweise zu verrechenbaren und vergleichbaren Einheiten (Kapitel 7)? Oder: Welche Prämissen und Weltvorstellungen werden bei der Verwertung von Personendaten algorithmisch eingefaltet? Wie werden Nutzerinnen und Dinge zueinander in Beziehung gesetzt, um neue, profitable Relationen zwischen diesen Einheiten abzuleiten (Kapitel 8)?

»Introduction to Recommender Systems«

An Earlybirds Datafizierungspraktiken wird deutlich, dass das Unternehmen sich immer auch auf autoritatives Wissen und Praktiken der computerwissenschaftlichen Gemeinschaft bezieht. Der Senior Data Scientist sowie die beiden Junior Data Scientists waren während meiner Feldforschungsphase selbst in wissenschaftlicher und Lehrfunktion an der lokalen Fachhochschule tätig. Ein komplementärer empirischer Zugang entstand aus der Feldforschung bei Earlybird Digital (und auch aus meiner »technical illiteracy«). Dani, Junior Data Scientist bei Earlybird Digital, befasste sich in seiner Abschlussarbeit mit der Entwicklung eines Empfehlungssystems für Earlybird. Da es bei Earlybird noch kein produktives Empfehlungssystem gab – aber die Logik ihrer Arbeit um die Entwicklung und Implementierung solcher Systeme kreiste –, verwies mich Dani auf computerwissenschaftliche Literatur und den Kurs »Introduction to Recommender Systems« der University of Minnesota, den er selbst auch besuchte. Dieser wird auf der Lernplattform Coursera angeboten und von Michael Ekstrand und Joseph Konstan durchgeführt. Er vermittelt ein Grundverständnis der technischen Funktionsweise von Empfehlungssystemen und wurde von den Computerwissenschaftlern John Riedl und Joseph Konstan entwickelt. Beide sind für ihre wissenschaftliche und unternehmerische Pionierarbeit zu Empfehlungssystemen bekannt – insbesondere im Bereich des Collaborative Filtering (Cohn,

»locations« zu beantworten oder dem Google Newsfeed schlechte Empfehlungen zurückzumelden. Oder: Weshalb schickt uns Facebook Emails mit dem Hinweis, dass ich eine Nachricht erhalten habe, ohne mir die Nachricht direkt anzuzeigen? Oder stärker auf Geschenke bezogen: Weshalb versuchte Facebook, Partnerschaften mit indischen Mobilfunkbetreibern einzugehen und Kundinnen ohne »mobile data« Zugang zu Facebook zu verschaffen (Bhatia, 2016)?

2019). In verschiedenen Kursmodulen demonstrieren sie die Funktionsweisen und Hintergrundannahmen unterschiedlicher Empfehlungssysteme. In dazugehörigen Aufgaben werden die Teilnehmerinnen dazu aufgefordert, die jeweiligen Berechnungen und algorithmischen Operationen »von Hand«, d.h. mithilfe von Tabellenkalkulationsprogrammen selbst durchzuführen.

Jenna Burrell (2016) zeigt in ihrer Arbeit zu Machine-Learning-Algorithmen, dass Bildungsangebote wie Massive Open Online Courses, Handbücher und computerwissenschaftliche Artikel zwar keinen Zugang zu den komplexen Algorithmen von Google und anderen erlauben, aber einen Einblick in die grundsätzliche Logik der technischen Funktionsweise von Algorithmen geben (siehe auch: Kitchin 2016). Wie Mirko Schäfer und Karin Van Es (2017) hervorheben, geht es nicht darum, Algorithmen und deren mathematische Grundlagen bis ins letzte Detail zu verstehen, sondern darum, deren grundlegende Logik zu verstehen, um neue analytische (und kritische) Perspektiven auf algorithmische Phänomene zu ermöglichen.

Hier geht es mir darum, die algorithmischen Funktionsweisen zu verstehen, um die Logiken der Relationierung der unterschiedenen Empfehlungssysteme sichtbar zu machen: Wie setzen verschiedene Typen von Empfehlungssystemen Nutzerinnen und Dinge zueinander in Beziehung, um in Form von Empfehlungen neue Relationen zwischen Nutzerinnen und Dingen herzustellen?

In einem ersten Schritt arbeitete ich die verschiedenen Kursmodule aus einer immanenten Teilnehmerperspektive durch. Danach sammelte und ordnete ich die Materialien des Kurses und seines nahen Verweisungshorizonts (i.e. computerwissenschaftliche Literatur). In einem dritten Schritt ging ich mit Hilfe eines analytischen Rasters des Vergleichs (Heintz, 2010, 2016) durch die Materialien: Wie wird die Vergleichbarkeit von Nutzerinnen oder von Dingen hergestellt? Wie und wo wird kategorisiert und bewertet? Was sind die (rechnerischen) Operationen des Vergleichs? Wie werden die Resultate dargestellt?

Daraus erstellte ich eine Typologie von Empfehlungssystemen, welche die beschriebenen Systeme hinsichtlich ihrer Kategorisierungs-, Bewertungs- und Vergleichsweisen ordnet. So lässt sich idealtypisch aufzeigen, wie die Systeme Relationen zwischen Dingen, Nutzerinnen und Unternehmen generieren.

Ethnografie ist eine explorative und Theorien generierende Herangehensweise. Auch wenn die genaue Beschreibung, was im Feld vor sich geht, an und für sich schon einen Wert hat, stellt sich immer auch die Frage, wie sich anhand der ethnografischen Empirie etwas zeigen lässt, das über das spezifische Feld hinaus Relevanz hat. Dies versuche ich in den folgenden Kapiteln zu tun, in denen ich mithilfe verschiedener Ansätze die theoretische Figur der »Momente der Datafizierung« entwickle und an meinem empirischen Material illustriere.

Die ethnografische Analyse von Daten und Algorithmen (und des Digitalen) betont die Notwendigkeit, Technologie zu dezentrieren und ihre Einbettung und Kontextualisierung ernst zu nehmen (Pink et al., 2016, S. 9). Wie ich bereits in Kapitel 2 angedeutet habe, stellen Ethnografinnen immer wieder fest, dass Daten trotz gegenteiliger Behauptung immer Reste solcher Kontexte anhaften, die sich für die Datenproduktion oder die Datenverwertung als problematisch erweisen. Der Kontext der Datenerzeugung und -anwendung ist auch im Feld ein Thema (siehe: Seaver 2015) und als Verweisungshorizont für die In-Wert-Setzung von Daten von zentraler Bedeutung: Dieser Kontext besteht insbesondere in den *datengenerierenden Beziehungen* zwischen Nutzerinnen und Unternehmen, welche für die Verarbeitung der Daten entfernt und unsichtbar gemacht werden müssen – damit sie dann in der Anwendung wieder wuchern können. Wie das geschieht, zeige ich in den folgenden Kapiteln.

4 Momente der Datafizierung

4.1 Was uns Pilze über Datafizierung lehren können

Matsutake Pilze gelten in Japan als Delikatesse. Ihre soziale Bedeutung geht aber weit über das Kulinarische hinaus. Es kommt nur selten vor, dass Japanerinnen Matsutake für sich selbst kaufen. Sie schenken sich die Pilze gegenseitig, um ihren Beziehungen zu Freunden, Familie oder Geschäftspartnerinnen Ausdruck und Bedeutung zu verleihen. Da die Pilze schnell verderben, müssen die Beschenkten diese schnell verbrauchen. Sie können deshalb auch nicht einfach weiter verschenkt werden.

> [T]here is almost a coercion to accept the relationship it brings. It is impossible to refuse it without wasting it entirely. That is one reason matsutake is sometimes described as a bribe: it forces the receiver to accept the relationship. (Tsing, 2013, S. 37)

Der Akt des Verschenkens begründet und erhält gute Beziehungen zwischen Beschenkten und Schenkenden.

Werden die Pilze in Japan verschenkt, sind sie elementarer Teil einer Gabenökonomie. Wie die Anthropologin Anna Lowenhaupt Tsing in ihrer Studie zur Warenkette von Matsutake anschaulich darlegt, durchlaufen die Fruchtkörper des Matsutake in ein paar Tagen mehrere fundamentale Transformationen: von Geschenken zu Waren und wieder zurück. Wie kann es sein, dass der Status von Matsutake in so kurzer Zeit zwischen diesen beiden entgegengesetzten Wertregimen hin- und herpendeln kann? Wie werden sie zu gewöhnlichen, kapitalistischen Gütern, denen keinerlei soziale Beziehungen mehr anhaften? Und wie werden sie wieder zu symbolisch aufgeladenen, gute Beziehung begründenden, Geschenken?

Viele der Matsutake, die Japanerinnen und Japaner verschenken und konsumieren, wachsen in den Kiefernwäldern von Oregon und der chinesischen Provinz Yunnan. Diese bieten den Pilzen einen sandigen und von Kiefernstreu bedeckten Nährboden, in dem die Pilze in Symbiose mit den Wurzeln der Bäume gedeihen können. Der Pilz lässt sich nicht züchten. Aber er gedeiht vor allem dort, wo kaum Humus liegt und der Aufbau von Humus durch kommunale Waldnutzung verhindert wird. In solchen menschgemachten oder anderweitig gestörten Kulturlandschaften siedeln sich Kiefern als Pionierpflanzen an. Gerade auf nährstoffarmen Böden ist die Partnerschaft von Matsutake und Kiefern vorteilhaft, da der Pilz starke Säuren ausstößt, die steinigen oder sandigen Untergrund auflösen und dadurch wichtige Nährstoffe für die Bäume freisetzen.

Die Pilze wachsen in Symbiose mit den Kiefern in Wäldern, die von der Öffentlichkeit relativ frei genutzt werden dürfen. Der Wald gehört niemandem beziehungsweise allen:

> Non-timber forest products are notoriously difficult to control as private property, because it is impossible to guard every potentially harvestable forest space. Whether or not they are legislated that way, there is more than a whiff of the commons in any non-timber forest product. (Tsing, 2013, S. 26)

Für Anna Tsing stellt sich hier die Frage, wie natürliche und öffentlich zugängliche Dinge wie Matsutake »privatisiert« werden: Wie werden wild wachsende Pilze zu entfremdeten Waren? Normalerweise, so Tsing, werde in Analysen der kapitalistischen Produktionsweise die Existenz von Rohmaterialien unproblematisch vorausgesetzt. Sie hält dem entgegen, dass Kapitalistinnen viele ihrer verwendeten Ressourcen nicht selbst herstellen können:

> Consider oil and coal, those formerly living products whose formation has required so much more time than capitalists can imagine. Capitalists use them, but they cannot manufacture them. This is not just true for ancient things. Capitalism makes use of animal digestion and plant photosynthesis without having any clue how to shape these processes, despite the sophisticated engineering of plants and animals. In agribusiness, milk and grain created in these non-capitalist processes are translated into capitalist value. (Tsing, 2015)

Tsing bezeichnet solche Prozesse, in denen »stuff with other histories of social relations (human and not human)« (Tsing, 2015) in Wert gesetzt beziehungsweise zu kapitalischen Waren gemacht werden, als »salvage accumulation« – oder in der deutschen Übersetzung: »Verwertungskapitalismus«

(Tsing, 2018, S. 85).[1] Es handelt sich um eine Anhäufung von Kapital oder Wert über die Aneignung und In-Wert-Setzung von Dingen, die der Kapitalismus nicht selbst produzieren kann.[2] »Salvage accumulation« ist der Prozess, durch den Unternehmen Kapital anhäufen, ohne dabei die Bedingungen, unter denen die Güter produziert werden, vollständig kontrollieren zu können. Damit ein kapitalistisches Wirtschaftssystem funktionieren kann, so Tsing, brauche es ökonomische Vielfalt, d.h. die Gleichzeitigkeit von kapitalistischen und nicht-kapitalistischen Wertformen. In ihrer Analyse der Matsutake Lieferketten betont sie dabei die Zentralität der *Übersetzung*: unterschiedliche Wertformen von Geschenken und Waren werden jeweils von der einen in die andere transformiert.

Auf ihrem Weg nach Japan werden die Pilze von Sammlerinnen, Aufkäuferinnen, Zwischenhändlerinnen und Endabnehmerinnen mehrmals sortiert, ohne dass sich an der Materialität der Pilze etwas Grundlegendes verändern würde. Weshalb also müssen die Pilze mehrmals statt nur einmal sortiert werden? »[V]alue moves in and out of the commodity form«, wie Tsing (2013, S. 26) beschreibt: Der Wald und die Arbeit der Sammlerinnen müssen von

1 Der Begriff beruht auf Marx' Begriff der »ursprünglichen Akkumulation« (2018). Marx bezeichnete mit dem Begriff der ursprünglichen Akkumulation die Basis, auf welcher die kapitalistische Ökonomie gedeihen konnte. Er setzte sein Augenmerk insbesondere auf die Einhegung – sprich: Privatisierung – von öffentlichem, kommunal genutzten Land, aber auch auf Kolonialismus und Sklaverei, die erst die Funktionsbedingungen für ein kapitalistisches Wirtschaftssystem geschaffen haben. Die feministisch-marxistische Kritik hat in den 1970er-Jahren darauf hingewiesen, dass diese Art der Akkumulation über Enteignung keineswegs vorbei ist (siehe Bennholdt-Thomsen et al. (1992) zum Begriff der »Hausfrauisierung«). Auch neuere Ansätze – wie beispielsweise Klaus Dörres (2013) Konzept der Landnahme – rückten die Fragilität des Kapitalismus ins Zentrum: Der Kapitalismus ist auf ein nicht-kapitalistisches Aussen angewiesen, das durch ständige Landnahmen kolonisiert werden kann. Indem neue Ressourcen einverleibt werden, kann sich der Kapitalismus erhalten und neue Möglichkeiten der Profiterzeugung generieren. David Harvey (2003) spricht hier von »accumulation by disposession«.
Tsing grenzt sich vom marxistischen Verständnis ab, weil sie sich auf eine aktuelle Instanziierung des Kapitalismus fokussiert, die nicht durch die Rationalisierung industrieller Produktion (i.e. Arbeit und Rohstoffe) gekennzeichnet ist, sondern durch Lieferketten und Übersetzungsprozesse zwischen den verschiedenen Räumen. Tsing betont zudem die Unabgeschlossenheit von »salvage accumulation« gegenüber der ursprünglichen Akkumulation, die Marx nicht als anhaltenden Prozess definiert.

2 Ich versuche zu vermeiden, Abstraktionen als Akteure zu bezeichnen, übernehme hier aber die Formulierung von Tsing.

den Pilzen entfernt werden, um sie zu Waren zu machen. Sobald die Pilze in Japan ankommen, sind sie vollständig kommodifizierte Waren, die aber wieder in Geschenke transformiert werden. Sowohl die erste Transformation von Geschenk zu Ware als auch die zweite Transformation von Ware zu Geschenk geschieht über Prozesse des »Sortierens«.

Bevor die Matsutake sich auf den Weg nach Japan machen, werden sie zwei mal sortiert: einmal von den Aufkäuferinnen und einmal von den Großhändlerinnen. Weshalb müssen die Pilze zweimal sortiert werden? Es liegt nicht daran, dass die Käuferinnen schlecht sortieren würden. Sie kennen die Pilze sicherlich besser als die Hilfsarbeiterinnen, welche die zweite Sortierung vornehmen.

Die Sammlerinnen von Matsutake beschreiben ihre Tätigkeit nicht als Arbeit, sondern als Varianten der »Freiheit« – je nachdem, ob es sich bei den Sammlerinnen um laotische Khmer, vietnamesische Hmong oder amerikanische Vietnamveteranen handelt. Tatsächlich ist »Freiheit« für diese unterschiedlichen Sammlerinnen in Kalifornien sehr stark mit der Erfahrung des indochinesischen Kriegs verbunden. Diese semantische Aufladung verbindet sich spätestens dann mit der US-amerikanischen Kultur und Spielart des Kapitalismus, wenn Sammlerinnen und Aufkäuferinnen zusammentreffen:

> Freedom means different things to participants with different communal agendas. It can be freedom of war or freedom from war. It can be freedom to remember or freedom to forget. Mushroom hunters comb the forests, following these forms of freedom. But they come together as a public in the buying tents, where hunters of every ethnic background arrive to sell their mushrooms. In the buyers' tents, freedom takes on new border-crossing meanings for everyone. At the moment of a buyer's performance, it is also the freedom of money, competition, and the market economy. It is the freedom promised by the intersection of US political culture and capitalism. The freedom to live out one's trauma in the forest is united with the freedom of dollar bills. (Tsing, 2013, S. 29f.)

In den Verkaufszelten spielen die Beziehungen zwischen Aufkäuferinnen, Sammlerinnen und Pilzen: Der Akt des Kaufens und Verkaufens ist kein reiner Tauschakt, sondern mit bestehenden Vertrauens- und Konkurrenzbeziehungen verquickt. Erfolgreiche Sammlerinnen aber auch Käuferinnen erweisen sich als geschickte Strateginnen – vor allem, wenn die Pilze einer Sammlerin von der prospektiven Käuferin sortiert werden. Die erste Sortierung ist eine Zelebrierung und eine Aufführung der Freiheit, in welcher der Verkauf und Kauf von Pilzen bloß einen Nebenschauplatz einnimmt:

> Mushroom hunters are independent and come to the hunt for their own purposes. When they sell the mushrooms to buyers, they offer a part of themselves, which one might call a gift. Indeed, perhaps the gift is the essential part of the transaction; the commercial part is to the side. Just as exchanges of armbands and necklaces anchor the Melanesian *kula*, with pig and yam transactions on the side, gifts of personal experience and sociality-in-the-making hold together the matsutake hunt. (Tsing, 2013, S. 25)

Das Sortieren der Pilze ist ein öffentlicher, performativer Akt, in dem der Wert der Pilze entsteht. Besonders schöne, große oder hochwertige Pilze werden zu »Trophäen der Freiheit«, denen die Erfahrung der Jagd innewohnt: Sowohl diejenige der Sammlerin, die den Pilz aufgespürt hat, als auch diejenige der Käuferin, die ihn vor den anderen Käuferinnen erwerben konnte. Im Sortieren der Pilze verwickeln sich Sammlerinnen mit Käuferinnen und Pilzen. Darin besteht der Wert von Matsutake unter den Verkaufszelten am Waldrand.

> The sorting creates trophy value: the pride of the hunt. Trophy value requires that the experience of obtaining the thing remain in the thing. Trophy value holds for the buyer as well as for the hunter. Buyers are still exclaiming over the beauty and abundance of their mushrooms when they close the lids of the plastic crates and load them into bulkers' trucks. This is still a moment of competitive jostling; the buyer could sell to a different bulker. Freedom is still being dramatically performed, creating a field of open-ended social obligations and alliances. (Tsing, 2013, S. 31)

In den Verkaufszelten finden ökonomische Transaktionen statt. Es ist aber nicht die ökonomische Logik und der Austausch von entfremdeten Waren, welche die Geschehnisse in den Verkaufszelten bestimmen. Gemäß Tsing geht es primär um die dramatische Darstellung von Freiheit und die Beziehungen zwischen Käuferinnen, Sammlerinnen und Pilzen: Der Wert der Pilze liegt in diesen relationalen Qualitäten, nicht in ihrem monetären Wert. Sogar die 100-Dollar-Noten werden in dieser Logik zu Trophäen der Freiheit. »The crated mushrooms are not yet a capitalist commodity, disengaged from human labor. They still extend relational tentacles—the value regime of gifts« (Tsing 2013: 31).

Die Aufkäuferinnen bringen die Pilze zu Großhändlern, wo sie ein zweites Mal sortiert werden. Dieses Mal sortieren Arbeiterinnen, die weder einen persönlichen Bezug zu den Pilzen noch ein Interesse an ihnen haben. Sie machen die Pilze dadurch zu einer akzeptablen, standardisierten Exportware, der keine Relationen zu den Sammlerinnen und Aufkäuferinnen mehr innewohnt. Für einige Stunden – die Dauer des Exports nach Japan – sind die Pilze nun Inventar, das Kalkulation erlaubt. So kann auch in nicht-kapitalistischen Wertsystemen Wert beziehungsweise Profit erzeugt werden (Tsing, 2018, S. 181).

> Diese sorgfältig gekühlten, verpackten und sortierten Pilze sind durchaus kapitalistische Handelswaren. Sie sind so sehr für sich stehende, entfremdete Objekte, wie es nur möglich zu sein scheint: Da sie lediglich das Land des Exporteurs auf den Etiketten aufweisen, hat kein Mensch eine Ahnung von den Bedingungen, unter denen sie gesammelt und verkauft wurden. Als Ware haben sie keine Verbindung zu den Menschen mehr, die sie zuvor bewundert und getauscht haben. Sie sind Inventar: Vermögenswerte mittels derer die Importeure ihre Firmen aufbauen. (Tsing, 2018, S. 174)

Damit hört das Sortieren aber nicht auf. Sobald die Pilze in Japan ankommen, beginnt es von Neuem. Tsing beobachtete, dass sich die japanischen Importeure nicht als neutrale und effiziente Wegstelle auf dem Weg der Matsutake sehen. Sie sind »aktive Vermittler«, welche die Passung von Käuferin und Pilzen anstreben. Einer ihrer Informanten beschreibt die Großhändler als »Kuppler«: »Sie möchten ihre Matsutake an den für eine bestimmte Charge geeignetsten Käufer verkaufen« (Tsing, 2018, S. 175). Auch Zwischenhändlerinnen und Endabnehmer statten die Pilze wieder mit »relationalen Tentakeln« aus: Die Matsutake so zu sortieren, dass sie jene mit der richtigen Qualität mit den richtigen, dazu passenden, Käuferinnen zusammenbringen können, ist zentral. So werden die Pilze wieder zu geschenkartigen Dingen, die Beziehungen stiften können. Darin besteht ihr Wert – und nicht bloß in ihrer Verwendung oder in ihrem Tauschwert (Tsing, 2018, S. 177).

4.2 Von Gabe zu Ware – und zurück

Anna Tsing zeigt in ihrer Analyse der Lieferkette von Matsutake, dass Sortierung ein Vorgang ist, der Dinge transformiert. Wenn die Aufkäufer die Pilze in den Waldcamps von den Sammlerinnen erwerben, ist ein Teil davon noch ein Geschenk: »When [the mushroom hunters] sell the mushrooms to buyers, they offer a part of themselves, which one might call a gift« (Tsing, 2013, S. 25). In der kurzen Zeit, in welcher die Pilze im Flugzeug nach Japan reisen, sind die Matsutake Waren, die von ihren Beziehungen zwischen Sammlern und Aufkäuferinnen sowie ihrem Status als kollektives Gut befreit wurden. Sobald die Pilze in Japan ankommen, werden sie wieder von Waren zu Geschenken. Dazwischen stehen jeweils Prozesse des Sortierens.

Sortierung ist ein zentraler Vorgang, der aus der oszillierenden Transformation der Dinge zwischen Geschenk und Ware Wert produziert. Tsing verwendet die klassische anthropologische Unterscheidung zwischen Waren und Gaben, auch wenn sie keine absolute Differenz zwischen Waren- und Gabenökonomie postuliert. Eine kapitalistische Ökonomie ist vielmehr darauf angewiesen, dass Waren nicht vollständig von allen Beziehungen gelöst sind, ihnen also stets noch »gift-like qualities« anhaften.

Die analytische Dichotomie von Gaben- und Warenökonomie erlaubt es Tsing, zu sehen, dass nicht-kapitalistische soziale Beziehungen für kapitalistische Güter konstitutiv sind. Dementsprechend betont sie die »messiness« des Kapitalismus. Dieser steht nicht für eine in sich kohärente Logik, sondern benötigt geradezu ökonomische Heterogenität. Das ist die Lektion, die Tsing uns anbietet: Um zu verstehen, wie Matsutake zu Waren beziehungsweise »Inventar« werden, müssen wir verstehen, wie und durch welche Prozesse der Sortierung Matsutake von ihren sozialen Relationen befreit und wieder darin verstrickt werden.

Tsings Verständnis von Sortierung ist in seiner Bedeutung relativ unspezifisch. Wie gesehen, funktioniert Sortierung in beide Richtungen: vom Geschenk zur Ware und von der Ware zum Geschenk. Die erste Sortierung in den Verkaufszelten am Waldrand verknüpft die Pilze mit sozialen Relationen, in welchen sie getauscht werden, und generiert daraus Wert. Die zweite Sortierung entfernt diese Relationen und macht aus den Pilzen »Inventar«. In der dritten Sortierung »personalisieren« Verkäuferinnen ihre Pilze wiederum, indem sie diese prospektiv nach geeigneten Abnehmerinnen einteilen. Sortierung kann die Dinge also sowohl »gift-like« als auch »commodity-like« machen. Mit anderen Worten lässt sich deren Wert über soziale Beziehungen oder gerade über deren Abwesenheit begründen.

Sortierung lässt sich bei Tsing als Prozess der Kommodifizierung lesen. Sie beruft sich auf Marx, der in der Entfremdung den entscheidenden Aspekt der Warenwerdung sieht: »[For Marx,] alienation defined capitalist commodities, which ideally retained no element of workers' personal engagement when they went to market« (Tsing, 2013, S. 24). Entfremdung ist aber nicht so einfach zu erreichen, wie es scheint. Denn Arbeiterinnen – insbesondere Selbständige – versehen ihre Arbeit nicht selten mit Sinn und Bedeutung. In einer Form des Kapitalismus, die Tsing »supply chain capitalism« nennt, ist es schwieriger, Arbeiterinnen beziehungsweise Selbständige von den Früchten ihrer Arbeit abzulösen:

> Independent contractors work not for wages but for themselves. They may consider themselves entrepreneurs, imagining their skills as ›capital‹; they may accept contracts at a loss because they are thinking of potential opportunities. Unlike the free labor of early English industrialization, independent contractors are difficult to separate from the products of their labor. *Without alienation, the products urge further social relations.* (Tsing 2013, S. 25, meine Hervorhebung)

Idealtypische Waren sind von ihren Erzeugerinnen abgelöst, d.h. konkrete Personen spielen keine Rolle. Sie können ausgetauscht werden. Nach dem Tausch kann die Ware weiter getauscht oder gebraucht werden, ohne dass neue Verpflichtungen daraus entstehen. Die Schritte, die zum Tausch geführt haben, können vergessen werden. Der Tausch einer Ware ist ein »diskreter Akt« (Kopytoff, 1986, S. 69f.). Nicht so beim Geschenk. »Gifts [...]are akin to persons; they bring something personal with them, drawing the receiver into a social field, and serving as a continual reminder of the need for reciprocation« (Tsing, 2013, S. 22).

Für Tsing ist Sortierung – je nach Zeitpunkt in der Lieferkette – auch ein Prozess der Entkommodifizierung, der Pilze (wieder) in sozialen Relationen verknüpft. Sortierung lässt sich als Transformation begreifen, welche die Relationen zwischen Personen, Unternehmen und Dinge zum Wuchern bringt, diese Relationen aber auch eindämmt.

4.3 Von der Handlung zum Datum – und zurück

Matsutake werden nicht für den Markt produziert. Sie lassen sich nicht züchten wie beispielsweise Champignons und andere Speisepilze. Sie wachsen nur unter bestimmten Umständen: In der chinesischen Yunnan-Region verhindert die menschliche Nutzung des Walds, dass sich eine reiche Humusschicht bilden könnte. Ansässige Bewohnerinnen sammeln und verwerten Fallholz, Tannenzapfen oder Reisig. Erst die Kombination bestimmter Baumarten mit nährstoffarmen Böden lassen Matsutake spriessen. Diese Kombination lässt sich zwar durch menschliche Bemühungen fördern, aber nicht erzwingen, wie die vergeblichen Zuchtversuche nahelegen.

So wie Matsutake für ihr Gedeihen auf eine Verwicklung verschiedener Akteure angewiesen sind, ist auch die Datafizierung von Verhaltensweisen das Resultat einer Verwicklung von Personen, Verhaltensweisen, Unternehmen sowie technischen und sozialen Infrastrukturen (Helmond, 2015). Normalerweise handeln Menschen nicht, um Personendaten zu erzeugen.[3] Ich kann »meine« Daten weder »geben«, noch kann sie ein Unternehmen einfach »nehmen«.[4]

Wenn ich auf Instagram den Post eines Hühnereis *like*, wem gehört dann das Datum »User-Markus mag Instagram-Egg«? Ich selbst habe zwar wesentlich zur Entstehung dieses Datums beigetragen, indem ich zwei Mal schnell auf das abgebildete Ei tippte, so dass ein rotes Herz in der Mitte des Bildes erschienen ist. Das Datum ist also Resultat meiner Handlung. Bin ich auch Eigentümer des Datums »User-Markus mag Instagram-Egg«? Mindestens genau so evident zu sein scheint, dass das Unternehmen Meta Platforms – das Instagram betreibt – dieses Datum sein Eigen nennen kann: Ohne die Instagram-App, der vorprogrammierten Handlungsmöglichkeit des *Likes*, ohne andere Nutzerinnen, die Vorschlagsfunktionen und Ordnungsleistungen von Instagram wäre ich gar nicht in der Lage, auszudrücken, dass ich das »Instagram-Ei« mag. Dieses Datum würde ausserhalb der Infrastruktur von Instagram nur wenig Sinn ergeben. Das Instagram-Egg zu mögen ist ohne die Infrastruktur der Plattform Instagram und dem kulturellen Kontext

---

3 Abgesehen möglicherweise von Expertinnen der Selbstquantifizierung (Unternährer, 2016; Neff & Nafus, 2016).

4 Im Mai 2018 ist die Datenschutzgrundverordnung (GDPR) der EU in Kraft getreten. Sie beinhaltet ein »Right to Data Portability«: »the data subject shall have the right to have the personal data transmitted directly from one controller to another, where technically feasible« (GDPR Art. 20(2)). Die technische Kompatibilität verschiedener Plattformen ist dabei wohl das kleinste Hindernis. Solange Personendaten im engen Sinne als soziodemografische Daten verstanden werden, ist das Problem trivial. Sobald aber persönliche Kommunikation mit anderen Plattformnutzerinnen, plattformspezifische Aktivitäten – wie zum Beispiel »retweeten« oder »anstupsen« – hinzukommen, sind weitere Nutzerinnen und plattform- und kontextspezifische »Aktionen« involviert, die nicht ohne Weiteres übersetzt werden können. Bedeutet »retweet« das Gleiche wie »share«? Ironischerweise bietet das Recht auf Datenportabilität damit Hand zu einer verstärkten Kommodifizierung von persönlichen Daten.

der Debatte um den Einfluss von Social Media und Influencerinnen bedeutungslos.[5] Andererseits nützen digitale Infrastrukturen und vorstrukturierte Handlungs- und Kommunikationsangebote nur wenig, wenn keine Nutzerinnen da sind, die durch die Nutzung dieser Infrastrukturen Daten erzeugen.[6] Der Rechtswissenschaftler Daniel Solove (2008) argumentiert, dass die Frage des Eigentums in Bezug auf Personendaten nicht einfach zu entwirren ist:

> there are problems with viewing personal information as equivalent to any other commodity. Personal information is often formed in relationships with others. All parties to that relationship have some claim to the information. For example, individuals are not the lone creators of their web-browsing information, for most of that information is created from the interaction between the user and websites. (Solove, 2008, S. 27)

Weder Nutzerinnen noch Unternehmen können je für sich Personendaten erzeugen. Der Fokus auf datensammelnde Techgiganten wie Google, Facebook, Amazon, etc. versperrt den Blick darauf, dass Personendaten nicht einfach schon immer da sind. Aufgrund ihrer Monopolstellung (Srnicek, 2017) sind diese Firmen Teil einer Infrastruktur des Alltags, der sich einfache Endnutzerinnen nur schwierig entziehen können. Trotzdem halte ich es für angebracht, Personendaten nicht als etwas zu betrachten, das problemlos gesammelt, angeeignet oder produziert werden könnte. Denn Personendaten entstehen aus Verwicklungen von Unternehmen und Nutzerinnen.

Wie ich während meiner Feldforschung lernte, ist es alles andere als einfach, Personendaten in ausreichender Menge und Qualität zu generieren. Simpel gesagt: Wer mit einer App Daten sammeln will, braucht Nutzerinnen, welche die App herunterladen, sie benutzen – und zwar wiederholt. Um in der Metapher der Pilze zu bleiben: Personendaten lassen sich nicht züchten. Ihre Entstehung und In-Wert-Setzung ist von unternehmerischen Interventionen abhängig, die aber keine Garantie für deren Gedeihen bieten. Greg Elmer bemerkte in Bezug auf Konsumentendatenbanken: »consumer ›surveillance‹ is predicated on the *active solicitation* of personal information

5 Der am 4. Januar 2019 erschienene Post thematisierte die Plattform und die damit verbundene Praxis des Likes, indem er dazu aufrief, den von Kylie Jenner erreichten Rekord von 18 Millionen Likes zu überbieten. Der Erfolg des Posts löste eine Debatte zur Aufmerksamkeits- und Influencerkultur von Instagram aus.

6 Zu Nutzeraktivitäten auf Social Media als Arbeit siehe Ekbia & Nardi (2017, Ch. 5) und Fuchs (2014, Ch. 11).

from individuals in exchange for the promise of some form of reward« (Elmer 2004, S. 73, meine Hervorhebung).

Marion Fourcade und Daniel Kluttz (2020) bieten eine sozialanthropologische Perspektive auf Daten, die Marx' ursprüngliche Akkumulation und Harveys »accumulation by dispossession« um eine »accumulation by gift« ergänzt. Sie setzen den kolonialen, gewaltvollen Akkumulationsstrategien, durch die Gemeingüter und »human life itself« angeignet und kommodifiziert werden (Couldry & Mejias, 2019b; Thatcher et al., 2016), entgegen, dass »enticement and enrolment into digital systems presents itself, and is often experienced as a much more benign process« (2020, S. 1). Tatsächlich sind Unternehmen oftmals bemüht, die Beziehungen zu ihren Datenlieferanten – sprich: Nutzerinnen – so zu gestalten, dass sie ihre Daten oder ihre Arbeit gerne und freiwillig hergeben und dies auch in Zukunft tun werden. Das Bonmot »If something's for free, you're the product« übersieht, was ich in meiner Feldforschung direkt beobachten konnte: Auch wenn Nutzerdaten als zentrale Ressource und Quelle zukünftiger Profitabilität gelten, behandelte das Unternehmen seine Nutzerinnen nicht bloß als Mittel zum Zweck, sondern als Kunden, die zufriedengestellt werden müssen, auch wenn sie nicht bezahlen. Was die Marketingexperten Philip Kotler und Kevin Keller als gute Marketingpraxis propagieren, wendet Earlybird auch auf seine Nutzerinnen an: »Marketing practice today must go beyond a fixation on transactions that often leads to a sale today and a lost customer tomorrow. The marketer's goal is to build a mutually profitable long-term relationship with its customers, not just sell a product« (Kotler, 2003, S. XIII). »Customer relationships« sollten im Marketing zentral sein: »Marketers must connect with customers – informing, engaging, and maybe even energizing them in the process« (Kotler & Keller, 2006, S. 139).

Will Oremus (2018) argumentiert hinsichtlich Techgiganten ebenso in diese Richtung:

> Cynics might not believe it, but Google and Facebook didn't adopt the free model in order to serve advertisers. On the contrary, they adopted the advertising model as a way to keep serving their users for free. Google did so only with great reluctance; its founders had criticized advertising-based search engines as ›inherently biased towards the advertisers and away from the needs of consumers.‹ […] These companies' massive scale may allow them to absorb backlashes like the #DeleteFacebook campaign better than, say, a luxury-goods brand could. Yet they still have a hard job in appealing to huge

> numbers of people enough to keep them coming back and spending their leisure time. (Oremus, 2018)

Geschenke – d.h. kostenlose Dienstleistungen, Angebote oder Freebies – spielen in der digitalen Ökonomie eine zentrale Rolle. Dort sind »user retention«, »user engagement« und Steigerung der Anzahl von Nutzerinnen zentrale ökonomische Indikatoren. Wie Dave Elder-Vass (2016) argumentiert, ist die digitale Ökonomie heterogen: In der digitalen Ökonomie und der »Silicon Valley culture« sind nicht nur Formen des Markts, sondern auch verschiedene Formen der Gabenökonomie anzutreffen (Fourcade & Kluttz, 2020): »opportunities for gift forms of economy abound« (Elder-Vass, 2016). In Kapitel 6 zeige ich, wie das Unternehmen Earlybird versucht, sich selbst und seine Nutzerinnen in reziproke Relationen zu verwickeln, in welchen Geschenk und Gegengeschenk von Personendaten zusammenfallen.

Während ich in Kapitel 6 auf die Frage eingehe, wie Personendaten aus der unternehmerischen Organisation eines Gabentausches hervorgehen, ist Kapitel 7 den Eigenschaften von Personendaten gewidmet. Ich gehe von der Beobachtung aus, dass sich Personendaten analog zu Gaben und Waren verhalten beziehungsweise zugleich Eigenschaften von Gaben und Eigenschaften von Waren aufweisen. Die Produktivität von Personendaten besteht gerade in dieser Gleichzeitigkeit von Entfremdung und Unentfremdbarkeit beziehungsweise in ihrer singulären, situierten Echtheit oder in ihrer generischen Vergleichbarkeit.

Der Wert von Ware und Geschenk kommt auf unterschiedliche Weise zustande. Der Wert einer Ware entsteht aus ihrem Gebrauchs- und aus ihrem Tauschwert. Der Wert eines Geschenkes besteht in den sozialen Relationen, die es begründen und auf Dauer halten:

> They thus animate different systems of value: Value in a commodity system is in things for use and exchange. Value in a gift system is in social obligations, connections, and gaps. (Tsing, 2013, S. 22)

Diese Unterscheidung ist zwar analytisch einleuchtend, doch empirisch schwierig zu trennen. Geschenkrelationen und Warenökonomie sind nicht »hostile worlds« (Zelizer, 2012): Persönlichen Beziehungen und die unpersönliche Abstraktheit der Warenökonomie greifen empirisch gesehen immer wieder ineinander. »[M]oney commodity and gift relations [can] exist in symbiosis« (Barbrook 1998, zitiert in: Fourcade & Kluttz 2020, S. 4). In Tsings

Analyse sind gerade diese ökonomische Heterogenität und die Wechsel zwischen Wertregimes das Entscheidende: Es braucht beides. Das wird im Versuch, Personendaten zu »assets« zu machen, deutlich.

Geschenke sind mit der gebenden Person[7] und ihren Qualitäten verbunden: »présenter quelque chose à quelqu'un c'est présenter quelque chose de soi« (Mauss, 1923, S. 49). Das grenzt sie von Waren ab, denn Dinge werden über »alienation« zu Waren: »Commodities are here understood as objects, persons, or elements of persons which are placed in a context in which they have exchange value and can be alienated. The alienation of a thing is its dissociation from producers, former user, or prior context« (Thomas, 1991, S. 39).

Personendaten sind seltsame Dinge. Sie lavieren zwischen kommodifizierten Waren und unkommodifizierbaren Geschenken. Einerseits gelten sie als objektive Fakten. Sie können gekauft, gestohlen oder mit anderen Daten kombiniert werden. Andererseits wohnt ihnen etwas Unentfremdbares inne: Sie sind an ihre Erzeugerinnen gebunden. Personendaten sind also generisch und singulär zugleich. Sie entstehen in digitalen Infrastrukturen, die subjektiv unterschiedliche Handlungen technisch gleich erfassen. Das heißt, sie beruhen auf echten, situierten Verhaltensweisen von Individuen, werden durch digitale Infrastrukturen aber generisch und vergleichbar gemacht. Das ist das Rätsel von Personendaten: Sie funktionieren gleichzeitig als Waren und als Gaben. Sie machen subjektiv unterschiedlichste Verhaltensweisen vergleichbar, verweisen aber immer auf ihre Urheberinnen, ihre Intentionen, Interessen und Identitäten. In Personendaten darf nicht zu viel und nicht zu wenig der Person stecken.

In den Kapiteln 6 bis 8 möchte ich drei Momente der Datafizierung hervorheben, in welchen Personendaten als wertvolle Ressourcen entstehen und zur Anwendung kommen. Obwohl die Momente potenziell weitgehend gleichzeitig stattfinden, zeigt mein empirisches Beispiel eines Datenexperiments bei Earlybird, dass insbesondere zu Beginn die drei Momente sequenziell aufeinander aufbauen, um den »reciprocity cycle« zu starten, aus dem Personendaten hervorgehen (Fourcade & Kluttz, 2020).

In einer ersten Phase geht es darum, Unternehmen und Nutzerinnen miteinander zu verwickeln, indem Nutzerinnen dazu verlockt werden, Geschenke anzunehmen. Die Gegenleistung der Nutzerinnen besteht bereits in der

7 Bei Mauss sind es nicht Einzelpersonen, sondern Kollektive.

Annahme des Geschenks, da dessen Annahme in der Dateninfrastruktur registriert wird und Personendaten generiert. In der zweiten Phase geht es darum, »echte« Verhaltensweisen vergleichbar zu machen. Dazu bedarf es einer »Reinigung« der Daten: Die Sinnüberschüsse echter, singulärer Verhaltensweisen müssen entfernt oder technisch ignoriert werden. Dadurch werden Verhaltensweisen erst zu Daten, die »algorithm ready« sind (Gillespie, 2014, S. 170f.) beziehungsweise mit denen gerechnet werden kann. Aus bedeutungsvollen Verhaltensweisen von Nutzerinnen werden formalisierte, technische Relationen zwischen Nutzerinnen und Dingen. In der dritten Phase zeigt sich dann, was mit Daten möglich ist: »social sorting« (Lyon, 2003) ist die unternehmerische Praxis, über datenbasierte Kategorisierung und Vergleiche »good matches« – gewöhnlich »Personalisierung« genannt – zwischen Nutzerinnen und Dingen herzustellen, um so die Beziehung zwischen Unternehmen, Nutzerinnen und Kundinnen am Laufen zu halten.

Auch Anna Tsing unterscheidet in ihrer Analyse drei Momente, durch die Kiefernpilze als wertvolle Geschenke und Güter konstruiert werden. Das performative Sortieren in den Verkaufszelten im Wald verwickelt die Pilze mit Sammlerinnen und Käuferinnen. Den zweiten Sortiervorgang benennt Tsing als »alienation assessment«, in welchem diese Beziehungen entfernt und die Pilze zu einer austauschbaren Ware werden. Der dritte Sortiervorgang überführt die Pilze wieder in das Wertregime des Geschenks. Sie werden so sortiert, dass sie Beziehungen knüpfen und erhalten können. Sortierung kann also sowohl soziale Kontexte und Beziehungen reduzieren und unsichtbar machen als auch die Beteiligten in (neue) Beziehungen verwickeln.

Die Datafizierung von Verhaltensweisen umfasst ebenso drei analytisch unterscheidbare Momente, in denen soziale/ökonomische Beziehungen in Datenrelationen verwandelt werden, um den Kreislauf von guten Beziehungen, Datenerzeugung und Ableitung neuer (guter) Relationen in Gang zu bringen und am Laufen zu halten.

1. *Die Verwicklung von Unternehmen und Nutzerinnen:* Erstens stiftet und erhält der Klick eine soziale/ökonomische Relation zwischen Nutzerinnen und Plattform-Unternehmen: Nutzerinnen werden nicht als passive Datenlieferanten vorgestellt, sondern als aktive und manchmal widerspenstige Teilnehmer, die es mit passenden Angeboten und »inducement gifts« auf der Plattform zu halten gilt, damit sie weiter Daten generieren. Momente der Datafizierung konfigurieren den sozialen/ökonomischen Aus-

tausch so, dass das Geschenk (zum Beispiel ein Sonderangebot) und das Gegengeschenk (Personendaten) beziehungsweise Leistung und Gegenleistung zusammenfallen. Um überhaupt Daten produzieren zu können, müssen Nutzerinnen dazu verlockt werden, die Dienste, Infrastrukturen oder Angebote digitaler Unternehmen zu nutzen – und zwar so, dass dabei Daten entstehen. Diese Verwicklung von Nutzerinnen, Unternehmen und Dingen ist die Grundvoraussetzung für die Datenproduktion. Digitale Geschenke spielen eine zentrale Rolle dabei, Nutzerinnen und Unternehmen längerfristig in reziproke, datengenerierende und über Daten generierte Beziehungen zu verwickeln.

2. *Personendaten als Gaben und Waren:* Zweitens ist der Klick als Moment der Datafizierung ein »delicate engineering accomplishment« (Alaimo & Kallinikos, 2019): Alltägliche Handlungen werden von Plattform-Unternehmen als digital ausführbare Skripts neu konfiguriert oder überhaupt erst erschaffen, so dass sie von Nutzerinnen ausgeführt werden können. Individuelle Handlungen werden so auf standardisierte Weise in »grammars of action« encodiert, dass die Handlungen verschiedenster Nutzerinnen mit verschiedensten Motiven und verschiedensten sozialen Kontexten vergleichbar werden. Momente der Datafizierung »infrastrukturieren« digitale Handlungen: Die Handlung einer Nutzerin wird nicht bloß registriert. Handlung und Datenaufzeichnung sind zwei Seiten der selben Medaille. Sobald eine Nutzerin eine solche geskriptete Handlung ausführt (zum Beispiel ein »like«), entsteht in der Datenbank eine Relation zwischen Objekt (zum Beispiel ein »deal«) und Nutzerin. Diese Relationen sind zwar weitgehend ein standardisiertes Produkt der Infrastruktur, doch ihr Wert ist auf die Fluktuation zwischen dekontextualisierter »Datenware« und einer wahrgenommenen Authentizität als »Spur« von echten, bedeutungsvollen Handlungen von Nutzerinnen angewiesen. Dieser Sinnüberschuss muss technisch durch Verfahren des »encoding« oder der Vektorisierung ignoriert werden, damit »echte« individuelle Verhaltensweisen zu vergleichbaren Personendaten werden, mit denen gerechnet werden kann.
3. *»Good Matches« erhalten die Beziehung:* Personendaten werden zu einer zentralen Ressource, mit denen sich »good matches« zwischen Nutzerinnen und Dingen herstellen lassen. »Good matches« nehmen oftmals die Form von automatisierten Empfehlungen an. Es sind Vorhersagen darüber, welche Nutzerinnen mit welchen Dingen wahrscheinlich zusammenpassen, um so die soziale/ökonomische Relation zwischen Unter-

nehmen und Nutzerinnen zu gestalten und zu festigen. Interessanterweise müssen Sinnüberschüsse in den Daten erst weggearbeitet werden, damit Empfehlungssysteme und Kategorisierungstools *neue* Relationen daraus ableiten können. Sobald Personendaten als verrechenbare Ressource vorliegen, kommt es zu einer Verdichtung der Relationen: Über algorithmische Vergleiche werden Nutzerinnen zu anderen Nutzerinnen und Dingen in Beziehungen gesetzt, um Ähnlichkeiten, Differenzen und schließlich Passungsverhältnisse zu eruieren, welche die guten Beziehungen zwischen Unternehmen, Nutzerinnen (und Dritten wie zum Beispiel Werbekundinnen) in die Zukunft verlängern.

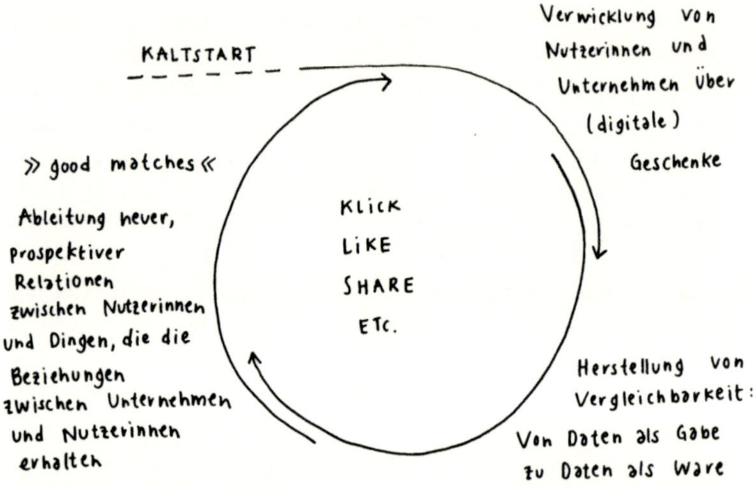

Abb. 1: Momente der Datafizierung

Diese drei Momente der Datafizierung sind analytische Abstraktionen. Im ersten Moment fokussiere ich auf die Relationen zwischen Nutzerinnen und Unternehmen. Im zweiten Moment geht es um digitale Verhaltensweisen als sozial und subjektiv bedeutsame Relationen zwischen Nutzerinnen und Unternehmen sowie um Daten als formale Relationen von »users« und »items«. Das dritte Moment beschreibt die Ableitung prospektiver Relationen im Sinne von »good matches«, indem Nutzerinnen mit weiteren Daten und anderen Nutzerinnen, zu denen bisher keine Relationen bestanden, in Beziehung gesetzt werden.

Die drei Momente konvergieren tendenziell im Moment des Klicks (view, buy, use, like, comment, share, etc.), auch wenn sie in ihrer Logik und in ihrem faktischen Ablauf sequenziell sind. Das wird daran deutlich, dass sich die einzelnen Momente je mit den anderen beiden Momenten überlappen: Der Austausch von Geschenk und Gegengeschenk basiert auf einer weitgehenden »Encodierung« von Verhaltensweisen, wie sie im zweiten Moment beschrieben ist, so dass Geschenk und Gegengeschenk im Klick zusammen fallen können. Die Herstellung von Vergleichbarkeit – i.e. die Transformation von Gabe zu Ware – ist auf die in den Daten/Verhaltensweisen steckenden Kontexte und Sinngehalte angewiesen, die im ersten Moment der Verwicklung von Nutzerinnen und Unternehmen zu Stande kommen. Vergleichbarkeit wird zwar hauptsächlich im zweiten Moment hergestellt, aber nicht nur: Vergleichbarkeit ist auch bei vollständiger Encodierung noch nicht komplett gegeben, wie das Beispiel des Collaborative Filtering (siehe Kapitel 10.4) oder der Qualitätsbewertung von Kommentaren (siehe Kapitel 10.1) zeigt. Die Herstellung von Vergleichbarkeit ist also auch in die Relationierungsverfahren des dritten Momentes eingelassen. Das dritte und das erste Moment überlappen sich ebenfalls, wenn die beziehungsgenerierenden Geschenke durch beziehungserhaltende, personalisierte Angebote und Empfehlungen ersetzt werden, d.h. wenn zum Beispiel die »free trial period« abläuft und genügend Daten generiert werden konnten, um nun Empfehlungen abgeben zu können, welche die Nutzerin motivieren, den Dienst kostenpflichtig zu nutzen.

Wie ich insbesondere in Kapitel 6 darlege, ist der Kaltstart ein zentrales Problem der Momente der Datafizierung. Anders ausgedrückt: Momente der Datafizierung sind in ihrer Funktionslogik auf das angewiesen, was sie erst produzieren sollen: Personendaten. Sie sind also nicht nur sequenziell, sondern auch zirkulär (insbesondere Empfehlungssysteme verdeutlichen diese zirkuläre Logik; siehe Kapitel 9). Geschenke bringen die Zirkulation von datengenerierenden Verhaltensweisen in Gang , so dass daraus verhaltensgenerierende Daten abgeleitet werden können und personalisierte Empfehlungen an die Stelle von Geschenken treten – und der Zyklus von vorne beginnen kann.

5 »Das Datenexperiment«

In diesem Kapitel präsentiere ich ein »Datenexperiment« von Earlybird und Earlybird Digital. Von der ersten Idee bis zur Durchführung und zur Präsentation der Resultate erstreckte es sich von Ende 2016 bis Sommer 2017. Wie ich im vorigen Kapitel theoretisch andeutete, erhalten Daten ihren Wert in einem mehrstufigen Prozess der Datafizierung. Dieser umfasst die Idee der Potenzialität von Daten (ausgedrückt in Narrativen und Datenmetaphern) sowie verschiedene Transformationsvorgänge, in welchen soziale Relationen erst erzeugt und dann entfernt oder unsichtbar gemacht werden. Schließlich werden neue Relationen mit Hilfe algorithmischer Vergleiche abgeleitet. Das Datenexperiment verdeutlicht in verdichteter Form drei Probleme, mit denen sich Earlybird im Kontext ihrer Digitalisierungsstrategie beschäftigte: Das Problem der fehlenden Daten, das Problem, dass sie bisher keinen zuverlässigen, datenbasierten Mechanismus besaßen, um Member und Memberkategorien zusammenzubringen und daran anschließend das Problem, wie aus bestehenden Daten neue Relationen zwischen Membern und Dingen abzuleiten waren.

5.1 Fehlende Daten

Das erste Problem bestand darin, überhaupt Daten über die eigenen Member[1] zu generieren. »Soviel wie möglich über die Member [zu] wissen«, war das Motto von Earlybirds digitaler Transformation: Member müssen dazu gebracht werden, sich in den zur Verfügung gestellten Infrastrukturen zu bewegen und dabei Spuren zu hinterlassen. Das ist aber gar nicht so einfach: Denn Member benutzten die App nicht, ohne durch teure Maßnahmen dazu motiviert zu werden. Wie Earlybird herausfinden musste, teilen sie der

1 Ich verwende hier anstelle von Kunden den emischen Begriff der Member, wie er von Earlybird verwendet wird.

Firma auch nicht ohne Weiteres ihre Interessen mit, wenn sie direkt danach gefragt werden.

Weshalb sind Personendaten aber überhaupt wichtig? Wie bereits gesehen, kommt die Potenzialität von Personendaten in Narrativen und Metaphern zum Ausdruck. Mit dem Datenexperiment versuchen Nik und Simon konkreter aufzuzeigen, »was mit Daten möglich ist«. Sie präsentierten gemeinsam einen Satz »schöner Daten«, in welchem Member freigiebig ihre Wünsche mitteilten. Dieser sollte sowohl die Fantasie der Member als auch jene von Earlybird beflügeln. Es tauchte die Frage auf, wie man an weitere solche Daten komme beziehungsweise was die Firma den Membern bieten müsste, damit sie sich mitteilen.

Der Wettbewerb

Im Sommer 2016 führte Earlybird einen Wettbewerb für einen Businesspartner – ein Reisebüro für junge Leute – durch. Die Wettbewerbsteilnehmerinnen wurden aufgefordert, aus einem Dropdown-Menü zwischen drei Wunschdestinationen zu wählen und kurze Kommentare in Freitextfeldern zu hinterlassen. Darin sollten sie erklären, weshalb sie gerne dort hin möchten und was sie dort tun würden. Den Gewinnerinnen winkten diverse Preise. Ungefähr 3000 Personen nahmen teil und das Reisebüro war zufrieden. Earlybird Digital sah aber noch mehr als bloß eine gelungene Marketingaktion in diesem Wettbewerb. Er lieferte etwas, das bisher eher schwierig zu kriegen gewesen war: persönliche Daten.

Earlybird beauftragte Simon, den Senior Data Scientist von Earlybird Digital, damit, herauszufinden, was »mit diesen Daten möglich ist«. Bei Earlybird war schon länger bekannt, dass Wettbewerbe »engagement« generieren. Womöglich ließen sich damit auch persönliche Daten von ihren ansonsten eher wenig mitteilsamen Membern generieren.

Zuvor hatte Earlybird bereits versucht, etwas über die Interessen ihrer Member zu erfahren, indem sie diese in teuren Kampagnen dazu aufforderten, ihre Memberprofile auf der Earlybird Webseite auszufüllen. Die Member sollten verschiedene Interessenskategorien wie Nachtleben, Shopping oder andere Konsumpräferenzen anklicken. Unglücklicherweise für Earlybird ignorierten die allermeisten Member diese Aufforderung. Vor diesem Hintergrund erschien der Erfolg des Wettbewerbs überraschend. Im Vergleich zu vergangenen Bemühungen, an Daten ihrer eher unkooperativen Member zu kommen, zeigte dieser Wettbewerb, dass die Member unter den richtigen

Umständen durchaus bereit wären, etwas über sich mitzuteilen – selbst dann, wenn sie in keiner Weise dazu gezwungen werden, schließlich wäre eine Teilnahme auch unter alleiniger Angabe einer Emailadresse möglich gewesen.

Bevor Earlybird damit beginnen konnte, eigene Member hinsichtlich ihrer Interessen zu kategorisieren, mussten diese erst in das »Earlybird-Universum« eintreten. Nominal werden Jugendliche zwar zum Member, wenn sie ein Bankkonto eröffnen. Ohne sich aber auf der Webseite oder in der App einzuloggen, bleiben sie in Bezug auf ihre Interessen für Earlybird unsichtbar. Der Wettbewerb stellte für Earlybird eine Lösung für das Problem dar, ansonsten ungerührte und unsichtbare Personen in »engagierte« Member zu transformieren. Der Wettbewerb war Evidenz, dass Member unter den richtigen Umständen durchaus bereit sind, zu kooperieren und etwas über sich mitzuteilen: Die Member teilen persönliche Daten. Im Gegenzug erhalten sie eine Chance, lukrative Preise zu gewinnen. Um an Daten heranzukommen, musste Earlybird affektive Relationen zwischen sich, ihren Angeboten (bzw. den Angeboten ihrer Partnerunternehmen) und ihren Membern erzeugen.

Wie sich herausstellte, erzeugte der Wettbewerb nicht nur Daten, sondern sogar »schöne Daten«. Viele der Teilnehmerinnen nahmen ihre Aufgabe äußerst ernst und lieferten detaillierte Texte, weshalb sie gerne verschiedene Wunschdestinationen besuchen würden. Diese »natural language data« versprachen in den Augen von Earlybirds Datenteam wertvolle »insights« für Marketingkampagnen.

5.2 Von Sinnüberschüssen zu verrechenbaren Daten

Das zweite Problem bei Earlybird bestand darin, eine kategoriale Verbindung zwischen vorhandenen Membersegmenten und Membern zu ziehen. Das sei mit den schönen Daten möglich, stellte Simon in Aussicht. Wie ich beschreiben werde, setzt das jedoch voraus, den in den Daten identifizierten Sinnüberschuss weitgehend zu ignorieren. Erst dann werden die verschiedenen Member vergleichbar. Hier werden die Verhaltensweisen der Nutzerinnen – i.e. Wettbewerbsantworten – zu »warenförmigen« Personendaten gemacht, indem sie von den Sinnüberschüssen, mit denen die Teilnehmerinnen sie ausgestattet haben, befreit werden. Daten werden produktiv, indem sie dazu gebracht werden, Muster und Regelmässigkeiten zu offenbaren.

Ein Kategorisierungsexperiment: Von Freitextantworten zu Segmenten

Nach internen Diskussionen darüber, was mit den Daten möglich sei, kam Simon eine »Glühweinidee«, wie Beni es nannte. Beni und Simon hatten sich schon öfter über Earlybirds Kundensegmente unterhalten, die vor einiger Zeit von einem externen Unternehmen erstellt wurden, aber nie richtig zur Anwendung kamen. Sie verfügten über keine günstige und konsistente Methode, um Kunden und Segmente miteinander zu verlinken. Dieses Problem wollte Simon mit Hilfe der »schönen Daten« und einer Idee für algorithmische Kategorisierung lösen.

Simon und sein Team transformierten die Freitextantworten und die Beschreibungen der Jugendmilieus zu Vektoren in einem multidimensionalen Raum: Jede Teilnehmerin und alle fünf Jugendmilieus wurden als Punkte in einem hoch abstrakten Raum repräsentiert, so dass sie in Bezug auf ihre Ähnlichkeit – gemessen am Winkel ihrer jeweiligen Vektoren – verglichen werden konnten (siehe dazu genauer Kapitel 7).

Um festzustellen, wie genau diese Resultate der algorithmischen Zuordnung waren, ließ Earlybird drei Expertinnen im Bereich Jugendmarketing einen »Goldstandard« erstellen. Diese drei Expertinnen – ich war einer davon – ordneten den Jugendmilieus unabhängig voneinander 600 Textantworten zu – basierend auf »Intuition« und »Marketing Expertise«.

Die Zuordnungen des Goldstandards ließen sich dann mit den algorithmischen Kategorisierungen vergleichen. Dieser Vergleich macht nicht nur eine Aussage darüber, wie gut oder wie genau der Algorithmus kategorisieren kann. Er bringt auch manuelle und algorithmische Kategorien in einen Vergleichszusammenhang: Der Erfolg des Algorithmus wird daran gemessen, wie gut er die Urteile der Expertinnen replizieren kann. Gleichzeitig erhalten die schwierigen und in hohem Maß uneindeutigen Expertenurteile den Anschein technischer Neutralität und Objektivität, welche sie in der Praxis nicht haben. Das Experiment galt als Erfolg: Der Algorithmus produzierte knapp 40 Prozent Übereinstimmung mit den Expertenurteilen.

5.3 Neue Relationen generieren

Das dritte Problem ist jenes der Anwendung. Die schönen Daten galten als Indiz für potenzielle Relationen zwischen Membern und Dingen oder Membern und Partnerunternehmen. Die Frage, wie Member einer bestimmten Kategorie adressiert werden, überließ Simon aber weitgehend »dem Marketing«.

Für die federführenden Datenwissenschaftler war das Experiment ein Erfolg: Es resultierten computerwissenschaftliche Vorträge und ein Paper in einer einschlägigen Fachzeitschrift. Bei Earlybird setzt sich die Erkenntnis durch, dass Wettbewerbe eine wichtige, datengenerierende Ressource sind. Die vorgeschlagene Kategorisierung wurde in der beschriebenen Form aber nicht weiterverwendet. Earlybird Digital adaptierte den Classifier zu einem »freebie«, um potenzielle Kunden für Data-Science-Dienstleistungen zu gewinnen. Diese sollten den Kundinnen erlauben, mehr über ihre eigenen Nutzerinnen oder Kundinnen zu erfahren.

Der Classifier als Generator von Relationen

Meine Feldforschung bei Earlybird endete, kurz bevor Simon und sein Team ihren algorithmischen Classifier an einer akademischen Konferenz präsentierten. In informellen Interviews stellte sich heraus, dass der Classifier vor allem als computerwissenschaftliche Forschung erfolgreich war. 2019 veröffentlichten Simon und einer seiner Mitarbeiter dazu ein Paper in einer Fachzeitschrift. In Simons Vorstellung hätten die kategorialen Zuordnungen der Member ermöglichen sollen, dass das Marketingteam für die verschiedenen Memberkategorien spezifische Werbekampagnen durchführen können.[2] Wie mir Nik berichtete, stellte sich jedoch heraus, dass zwischen den Jugendmilieus zu geringe Differenzen bestanden, um diese interpretieren zu können. Die Textbeschreibungen der Jugendmilieus waren »Kacke«, wie er mir erklärt, da sie »nichts ausgesagt« hätten.

Der Classifier war aber nicht tot, sondern generierte unter der Bezeichnung »smart customer segmentation« neue Relationen: Nik nutzte den neuen Classifier als »freebie« für die Kundenacquirierung. Kann er einer potenziellen Kundin den »Mehrwert der Datenanalyse« vermitteln – indem er demonstriert, wie sie dank seiner Analyse neue Beziehungen zu Kundinnen knüpfen kann –, ist die Kundin möglicherweise bereit, eine längerfristige Geschäftsbeziehung mit Earlybird Digital einzugehen.

Der im Rahmen des Datenexperiments entwickelte Classifier versuchte, die Lücke zwischen Membern und den von Earlybird angebotenen »Deals« über eine »algorithmische Zuordnung« von Marketingsegmenten zu schließen. Obwohl das einigermaßen gut funktionierte, wurde der auf Segmenten basierende Classifier nicht in Betrieb genommen, sondern in abgespeckter Form ohne Segmente als »freebie« verwendet, um weitere Aufträge einzuholen.

In den nächsten drei Kapiteln formuliere ich nun auf der Grundlage meiner Feldbeobachtungen und mithilfe verschiedener theoretischer Bezugspunkte das Konzept »Momente der Datafizierung« (Kapitel 6 bis 8). Um die Lücke zwischen den kategorisierten Nutzerinnen und den Dingen konzeptuell zu schließen, lege ich dar, wie automatisierte Empfehlungssysteme die Relation zwischen Nutzerinnen und neuen Dingen knüpfen (Kapitel 9 im Allgemeinen und Kapitel 10 im Detail).

---

2 Schon vor dem Experiment verwendete das Marketingteam eine eigene »Taxonomie« von Deals beziehungsweise Interessenskategorien. Die von Simon verwendeten Memberkategorien – so meine Vermutung – waren beim Marketingteam gar nicht anschlussfähig.

6 Erstes Moment: Digitale Geschenke

6.1 Kaltstart, oder: Das Henne-Ei-Problem

Das Henne-Ei-Problem

Während meiner Feldforschung bei Earlybird und Earlybird Digital treffe ich auf zwei Varianten des selben Problems, das den Kern von Earlybirds Digitalisierungsstrategie betrifft, aber auch in der computerwissenschaftlichen Literatur als Hindernis für Empfehlungssysteme besprochen wird (Ekstrand et al., 2011; Bobadilla et al., 2012). Dani, der Junior Data Scientist, nennt es in Bezug auf die technische Literatur das »Kaltstart-Problem«; Nina, die Banken und die Partnerunternehmen betreut, bezeichnet es als das »Henne-Ei-Problem«.

Dani erklärt mir das Kaltstart-Problem zum ersten Mal, als wir Mitte Oktober gemeinsam ins Restaurant gehen, um zu Mittag zu essen. Ich hatte kurz zuvor erfahren, dass er damit beauftragt ist, für Earlybird ein Empfehlungssystem zu bauen, das den Nutzerinnen der App individuell passende »Deals« vorschlagen soll. Er erklärt mir, dass ein klassisches Problem bei der Implementation von Empfehlungssystemen der Kaltstart sei. Wenn eine neue Nutzerin in das System komme, habe das System normalerweise noch keine Informationen über sie, da sie noch nichts angeklickt oder bewertet hat. Um personalisierte Empfehlungen ausspielen zu können, brauche es Daten. Da die meisten Earlybird-Member aber die App nicht benutzen würden, seien keine oder zu wenig Daten vorhanden. Es gebe aber die Möglichkeit, zu Beginn keine personalisierten Empfehlungen zu machen, sondern einfach die beliebtesten oder neusten Angebote anzuzeigen. Das Kaltstart-Problem könne auch umgangen werden, wenn Produkte kategorisiert seien oder Nutzerinnen Präferenz- oder Interessenskategorien in ihrem Profil angeben.

Später schickt er mir Literatur zu Empfehlungssystemen. Darin sind drei Varianten des Kaltstart-Problems beschrieben: Analog zum Problem der neuen Nutzerin gibt es auch das Problem des neuen Angebots – ein neues Produkt, ein neuer Film, oder ähnliches – oder das Problem einer neuen Nutzergemeinschaft. Die technische Literatur beschreibt das Problem der neuen Nutzerin folgendermaßen:

> The new user problem represents one of the great difficulties faced by the RS [Recommender System] in operation. Since new users in the RS have not yet provided any rating in the RS, they cannot receive any personalized recommendations based on memory-based CF [Collaborative Filtering]; when the users enter their first ratings they expect the RS to offer them personalized recommendations, but the number of ratings introduced in the RS is usually not yet sufficient to be able to make reliable CF-based recommendations, and, therefore, new users may feel that the RS does not offer the service they expected and they may stop using it. (Bobadilla et al., 2012, S. 113)

Im März 2017 wohne ich einer Sitzung bei, die sich im Kreis um Earlybirds spezifisches und weitergehendes Kaltstart-Problem dreht. Angesichts vieler verschiedener Projekte im Zusammenhang mit Memberdaten, so erklärt Nina, sei es für sie schwierig, den Überblick zu behalten und sich angemessen auf die Einzelprojekte zu konzentrieren, die überdies noch alle voneinander abhängig seien. Es geht insbesondere um einen »Printletter« – eine kleine Broschüre mit personalisierten Angeboten, die den Membern nach Hause geschickt werden soll. Damit der Printletter etwas nütze, müssten sie darin für den Einzelnen »relevante Inhalte« abdrucken. Relevante Inhalte hätten sie aber nur, wenn der Recommender funktioniere. Dazu müssten sie aber mehr Daten sammeln, was nur funktioniere, wenn mehr Leute die App benutzen, so der Geschäftsführer Beni.

Nina reformuliert das Problem als »Henne-Ei-Problem«: Mit welchem Projekt sollen sie beginnen oder worauf sollen sie sich zuerst fokussieren, wenn »alles ein Kreislauf« sei? Sie können nur Daten sammeln, wenn ihre Member die Webseite und die App benutzen. Die Member würden aber nur als engagierte Nutzerinnen der Webseite und der App in Erscheinung treten, wenn sie »individualisiert« angesprochen werden. Dazu braucht Earlybird aber Daten, sonst »bringt es nicht viel«. Nur wenn sie die Member »richtig« – d.h. individualisiert und mit relevanten Angeboten – ansprechen, reagieren die Member und werden zu »engagierten« Membern, welche die digitale Infrastruktur nutzen und so weiter Daten generieren würden.

Das Problem des Kaltstarts besteht in der Zirkularität beziehungsweise den Feedback-Loops algorithmischer Infrastrukturen. Algorithmische Empfehlungen funktionieren nur, wenn Nutzerinnen dem System Informationen über ihre Präferenzen in Form von expliziten Bewertungen oder impliziten Verhaltensweisen »mitgeteilt« haben (siehe dazu genauer Kapitel 7). Kurz: Es muss über die Nutzerinnen etwas bekannt sein. Da neue Nutzerinnen noch keine Spuren hinterlassen haben, besteht keine Möglichkeit, ihnen »personalisierte« Empfehlungen zu geben. Stattdessen wird oftmals versucht, mithilfe von »blunter techniques« (Seaver, 2018, S. 2) wie der Empfehlung von populären Dingen (Songs, Filme, Deals, etc.) oder inhaltsbasierten Empfehlungen datengenerierendes Verhalten zu motivieren: Wer einen Film des Genres Science-Fiction mit Sigourney Weaver angesehen hat, mag womöglich auch andere Science-Fiction-Filme mit Sigourney Weaver, Filme mit Sigourney Weaver oder Science-Fiction im Allgemeinen. Anschließend lassen sich dann »bessere«, personalisierte Empfehlungen machen. Ein von Nick Seaver (2018) interviewter Entwickler eines Musikstreamingdiensts formuliert es folgendermaßen:

> If you're in your first week of listening to us, we're like, ›Fuck that! Play the hits!‹ Play the shit you know they're going to love to keep them coming back. Get them addicted. In the beginning, I'm just trying to get you hooked. (Seaver, 2018, S. 2)

In den algorithmischen Feedback-Loops von Empfehlungssystemen sind Daten die »missing commodity« (Fourcade & Kluttz, 2020). Das zeigt das Beispiel von Earlybird – ein Unternehmen, das mitten in einem weitgehenden Digitalisierungsprozess steht. Das Problem fehlender Daten ist aber nicht bloß ein technisches Problem von Danis Empfehlungssystem. Die Problemdiagnose ist im Unternehmen weitgehend etabliert. Nina meint etwas provozierend, dass sie den »Printletter« auch auf »Männchen« und »Weibchen« zuschneiden könnte, auch wenn das nicht die Idee sei. Für Earlybird ist aber klar: Der Printletter und andere Marketingmaßnahmen sollen »individuell« sein. Dazu braucht es Daten. Daten kriegen sie aber nur, wenn sie die Member richtig – d.h. individuell – ansprechen, wozu sie wiederum Daten brauchen.

In diesem Kapitel geht es um die Frage, wie digitale Unternehmen die Beziehungen zu ihren Nutzerinnen gestalten, um Personendaten zu generieren. Ich argumentiere, dass diese Beziehungen weitaus subtiler als die asymmetrischen Machtbeziehungen sind, wie sie Shoshana Zuboff versteht. Es wird zwar mit Zwang operiert, doch reicht Zwang als Erklärung nicht aus, um zu verstehen, wie Momente der Datafizierung funktionieren. Nutzerinnen sind manchmal unkooperativ, anspruchsvoll oder schlicht abwesend:[1] Unternehmen müssen sie »motivieren« (Earlybird), »verführen« (Cochoy, 2007) oder »einfangen« (Seaver, 2018). Aber was motiviert, verführt oder ködert die Nutzerinnen?

Bei Earlybird im Speziellen und in der digitalen Ökonomie im Allgemeinen spielen Geschenke eine wichtige Rolle dabei, Nutzerinnen überhaupt in die digitalen Datafizierungsinfrastrukturen einzuschleusen und sie darin zu behalten. Marion Fourcade und Daniel Kluttz schreiben: »digital firms see cyber-gifts as a key to the primitive accumulation process – a crucial means by which to extract valuable troves of personal or organizational data« (Fourcade & Kluttz, 2020, S. 7). Digitale Geschenke können in verschiedenen Formen vorkommen. In Datafizierungsinfrastrukturen haben sie idealerweise die ambivalente Form von Deals, die nicht ausgeschlagen werden können beziehungsweise von Geschenken, die nicht unerwidert bleiben können. Durch den Austausch von Geschenken verwickeln sich die Unternehmen mit den Nutzerinnen mit dem Ziel, die Beziehungen am laufen zu halten und weiter Daten produzieren zu können.

6.2 »Inducement«

Weder Unternehmen noch Nutzerinnen können Daten alleine erzeugen. Personendaten entstehen aus der relationalen Verwicklung von Nutzerinnen und Unternehmen in einer technischen Infrastruktur. Bill Maurer (2015) stellt in einem Pamphlet digitale Personendaten in einen sozialanthropologischen Zusammenhang, indem er provokativ fragt: »what kind of relation is the data? Is it my child, the offspring of Google and me? Is Google the original ›conceiver‹ and am I more like the surrogate mother or is it the other way around?« (Maurer, 2015, S. 80). Maurers Frage weist darauf hin, dass Personendaten aus einem familiären, beinahe »intimen« Verhältnis von Unternehmen und

1 Siehe Zwick et al. (2008, S. 170 ff.), Gabriel & Lang (2015) zur neuen Heterogenität und »fickleness« von Konsumenten und zur im Marketing postulierten Notwendigkeit, »Beziehungen« zu Konsumenten aufzubauen.

Nutzerin hervorgehen und nicht für den Markt produziert werden.[2] Damit Personendaten entstehen können, braucht es sowohl die von Unternehmen zur Verfügung gestellte Infrastruktur als auch darin agierende Nutzerinnen.

Mit seiner anthropologischen Irritation fordert Maurer (2015, siehe auch Gregg 2015) dazu auf, in der Untersuchung von Big Data, Algorithmen und der digitalen Ökonomie stärker darauf zu achten, welche Beziehungen und Verpflichtungen bei der Generierung von Daten entstehen beziehungsweise bewusst oder unbewusst eingegangen oder gar erzeugt werden. Wirtschaftliches Handeln ist nicht nur in soziale Beziehungen eingebettet (Granovetter, 1985), sondern umfasst auch die aktive Gestaltung von Beziehungen zwischen ökonomischen Akteuren. Beziehungen werden absichtsvoll erzeugt, auf Dauer gestellt und möglicherweise wieder aufgelöst (Zelizer, 2012; Cochoy, 2007, S. 204). Viviana Zelizer argumentiert dafür, über das Paradigma der »embeddedness« hinauszugehen und die artifizielle Trennung zwischen wirtschaftlichen und sozialen Beziehungen aufzuheben, indem »economic phenomena as the formation and negotiation of relations as well as the construction of meaning and the organization of categories« untersucht werden sollen (Zelizer, 2012, S. 149).

In der Debatte um die Frage, wie Personendaten entstehen, nimmt Shoshana Zuboff (2015; 2018) eine deutliche Position ein. Sie sieht die Erzeugung von Personendaten als gewaltvollen Extraktionsprozess, dem die Nutzerinnen relativ ohnmächtig gegenüber stehen:

> [data] extraction is a one-way process, not a relationship. Extraction connotes a ›taking from‹ rather than either a ›giving to‹, or a reciprocity of ›give and take‹. The extractive processes that make big data possible typically occur in

2 Siehe aber Jaron Lanier (2014), der ein »full fledged commercial relationship« zwischen datensammelnden Unternehmen und Nutzerinnen sowie zugehörige »inalienable commercial rights to data that wouldn't exist without you« (Lanier, 2014, 317) anvisiert. Problematisch ist hier natürlich, dass die Daten ohne Google (o.Ä.) nicht existieren würden (Maurer, 2015). Solove würde hinzufügen, dass »the market value of information is not created exclusively by the labor of the individual to whom it relates but in part by the third party that compiles the information« (2008, 27). Oder, wie Göran Bolin (2009) in Bezug auf Dallas Smythes (1977) Konzept der »audience commodity« kritisiert: Es sind nicht die medienkonsumierenden Zuschauerinnen, Zuhörererinnen oder Leserinnen, die arbeiten: »it is not the viewers who work, but rather the statisticians« (Bolin, 2009, S. 357) oder aktuell die »data scientists«.

> the absence of dialogue or consent, despite the fact that they signal both facts and subjectivities of individual lives. (Zuboff, 2015, S. 79)[3]

Personendaten erscheinen in Zuboffs Lesart als das unilateral, gewaltvoll »Genommene«,[4] wie sie auch Theorien der primitiven Akkumulation von Daten durch Enteignung betrachten (Couldry & Mejias, 2019b; Thatcher et al., 2016). Die Generierung von Personendaten findet aber in einem Graubereich zwischen Warenökonomie und Gabenökonomie statt, der sowohl Asymmetrie als auch Formen der Reziprozität zulässt (Elder-Vass, 2016). Nutzerinnen »geben« persönliche Daten nicht freiwillig, aber sie werden auch nicht einfach bestohlen: Es braucht die Kooperation der Nutzerinnen, um Daten generieren zu können. »[C]onsumer ›surveillance‹ is predicated on the *active solicitation* of personal information from individuals in exchange for the promise of some form of reward«, wie Greg Elmer (2004, S. 73, meine Hervorhebung) in Bezug auf Konsumentendatenbanken schreibt (siehe auch Turow 2008, insbesondere Kapitel 4; Pridmore (2010) zu »customer loyalty programs«). Auch Earlybird versteht Datengenerierung nicht als Extraktion von Ressourcen, sondern als eine Form des Austauschs. So wollen sie denn herausfinden, unter welchen Bedingungen die Member bereit sind, etwas von sich preiszugeben. Dabei handelt es sich nicht um ein »one-way relationship«, wie Zuboff (2015) betont, sondern um eine sorgfältige Konfiguration von Beziehungen zwischen Unternehmen, Nutzerinnen, Dingen (und Kundinnen). Gerade der Fall eines kleinen Unternehmens wie Earlybird, dessen Verhältnis zu den Nutzerinnen weniger asymmetrisch ist als bei einem Techgiganten, ermöglicht es, das zu sehen.

Frank Cochoys (2007) französischer Begriff der »captation« oder Nick Seavers (2018) »captivating algorithms« weisen darauf hin, dass Datengenerierung bedingt, Personen dazu zu »verführen«, sich in datengenerierende

3 Obwohl diese Charakterisierung des Datafizierungsprozesses bei Google wohl zutrifft, stellt sich die Frage, ob der Prozess per se durch diese Asymmetrie gekennzeichnet ist oder ob Datafizierung als gewaltvolle Extraktion aus der Quasi-Monopolstellung von Google resultiert (Srnicek, 2017; Doctorow, 2020). Wie verschiedene Arbeiten zeigen, sind Nutzerinnen keineswegs nur passive Opfer einer allmächtigen Datafizierungsmaschinerie, sondern sie navigieren die Verdatungsbemühungen von Plattformen und anderen Unternehmen auf kritische und zum Teil subversive Weise (siehe Cohn 2019; Kant 2020; Nafus & Sherman 2014).

4 Siehe auch Kitchin (2014), der den Begriff »capta« – das Genommene – anstelle von »data« – das Gegebene – für passender hält (vgl. Rosenberg 2013).

Infrastrukturen hineinzubegeben, digitale Angebote zu nutzen und so Daten als »missing commodity« zu erzeugen. Diese Relationen haben nicht die Form eines wirtschaftlichen Tauschs, d.h. eines vertraglichen Tauschs von Daten gegen Dienstleistungen.[5] Sie erscheinen als großzügiger und weitgehend freiwilliger Austausch von Geschenken, wie Dave Elder-Vass (2016) argumentiert:

> It may be tempting to see these transfers as exchanges, since we provide Google with something of value at the same time as they provide us with search results. But this is not a market exchange: it is not a contractual transfer of one thing as payment for another. We do not provide a search term in payment for our search results but rather because it is inherently impossible to obtain search results without providing one! But in providing the search term for one purpose, the user also incidentally, as an unintended byproduct, provides something of value to Google. (Elder-Vass, 2015)

Die Verwicklung von Unternehmen und Nutzerinnen lässt sich nicht rein vertraglich regeln. Digitale Unternehmen kennen aber eine Reihe von Techniken, die Franck Cochoy mit dem Begriff der »captation« umfasst: ein Ensemble von Operationen, das darauf ausgerichtet ist, Einfluss auszuüben, andere anzuziehen oder an sich zu binden. Wie Cochoy betont, steht im Zentrum der »captation« der Versuch, die (ökonomischen) Beziehungen abseits formeller Verträge zu gestalten. Er schreibt:

> the captation of publics consists in putting to work dispositifs which attempt to profit from dispositions that one attributes to persons in order to shift their trajectories, to remove them from the external space and exercise control over them. [...] it is a matter of having a hold over something that one does not, or rather not yet, completely control [...] [it involves] the care and

5 Die grundsätzlichen Bedingungen des Tauschs sind zwar durchaus in AGBs und neuerdings in GDPR-Zustimmungsaufforderungen festgelegt. Solon Barocas und Helen Nissenbaum (2014) weisen aber auf die Absurdität dieses Arrangements hin. Weder lässt sich darin das Verhältnis von Nutzerin und Unternehmen komplett regeln, noch ist es für die individuellen Nutzerinnen möglich, sämtliche »terms of services« durchzulesen. Sie beklagen die »ultimate inefficacy of consent as a matter of individual choice and the absurdity of believing that notice and consent can fully specify the terms of interaction between data collector and data subject« (2014, S. 45). Für Turow et al. (2015) sowie Draper & Turow (2019) ist »Resignation« eine rationale Verhaltensweise von informierten Nutzerinnen, um mit den Verschleierungspraktiken von datensammelnden Unternehmen umzugehen.

> the effort put into establishing a bond without any guarantee of succeeding. (Cochoy, 2007, S. 204f.)

Als Beispiel für solche »captation devices« untersucht Cochoy QR-Codes auf Weinflaschen. Diese erweisen sich als für die Frage instruktiv, wie Personen motiviert werden, zu Nutzerinnen und Datengeneratoren zu werden. Eine französische Weinherstellerin ist dazu übergegangen, ihre Weine nicht mehr mit den traditionellen Etiketten zu beschriften, sondern mit »Quick-Response-Codes«. QR-Codes sind für Menschen unleserliche schwarz-weisse Quadrate, die mit einem Smartphone eingelesen werden müssen, um auf eine Webseite zu gelangen. Im Falle der Weinflaschen im Supermarkt erhalten die Konsumentinnen Informationen zur Herkunft, Biologie und Geschichte einer Weinflasche und ihrem Inhalt, wenn sie den Code auf der Flasche einscannen. Der QR-Code als »captation device« funktioniert dann, wenn er die Neugier der Shopperin zu erwecken vermag und sie dazu bringt, ihr Smartphone hervorzunehmen und den Code einzuscannen.

> the data matrix only grants access to the knowledge it possesses on the condition that it is activated. [...] the data matrix generates a riddle and a sense of expectation; because it is intended to mean something, it might well arouse the excitement necessary for its activation. (Cochoy, 2016, S. 151)

»Captation devices« in Form solcher QR-Codes generieren Aufmerksamkeit, indem sie Informationen vorenthalten, die sie auf Verlangen wieder vorweisen. Cochoy vernachlässigt aber die (möglichen) Konsequenzen, wenn Konsumentinnen QR-Codes einscannen: Das bloße »Anschauen« einer bestimmten Weinflasche wird durch die Verwendung der materiellen Infrastruktur von Smartphone, Kamera, App und Datenbank potenziell zu einem Datenevent und zu wertvoller Information für Marketer, Retailer oder Werbeplattformen.

Hinsichtlich der Frage nach der Produktion von Daten sind solche »captation devices« lehrreich. Sie sind zwar verführerisch und versuchen die Betrachterin zu einer bestimmten Verhaltensweise zu motivieren und von ihren gewohnten Pfaden abzubringen, doch zwingen sie zu nichts. Es sind Offerten, eine Dateninfrastruktur zu betreten – oder auch nicht. Gerade diese Freiwilligkeit ermöglicht es, die Aktivierung als Signal zu interpretieren.

> ›Capter‹, to lure to oneself, is thus to paradoxically accept the possibility of strangeness, of departure or indifference, and even to allow one's target freedom: one has a greater chance of holding on to one's prey or game, one's

> mistress or lover, a client or an elector, if the latter has the feeling that she is able to leave, to be unconcerned, to pass by. (Cochoy, 2007, S. 205)[6]

Daten werden weder völlig freiwillig noch unter Zwang entäußert, wie im Anschluss an Cochoys Begriff der »captation devices« argumentiert werden kann. Die datengenerierende Handlung muss insofern »verführerisch« sein, als sie der Nutzerin interessant, lohnenswert oder verlockend genug erscheinen muss. Die »Dispositionen« der Nutzerin müssen bei der Entwicklung solcher »captation devices« bereits in Betracht gezogen werden. Cochoy lässt digitale Empfehlungssysteme zwar unerwähnt, doch zeigt sich gerade in deren rekursiven Verknüpfung von Nutzerdispositionen, Datengenerierung und der Präsentation verlockernder Empfehlungen exemplarisch die Funktionsweise von »captation devices« wie auch von Empfehlungssystemen.

Wie Nick Seaver (2018) argumentiert, befinden sich auch Empfehlungssysteme im Zwischenraum von Zwang und Freiwilligkeit. Seaver mobilisiert den anthropologischen Begriff der Falle, um zu zeigen, wie Empfehlungssysteme und Fallen als »persuasive technologies« funktionieren beziehungsweise von ihren Erzeugern so konzeptualisiert werden. Gemäß Alfred Gell (1996) wohnt Fallen ein »Szenario« inne, das die Beziehung zwischen Jägerin und Beute in der Falle materialisiert und neu konfiguriert (Seaver, 2018, S. 6): »[a trap embodies a scenario] that binds these two protagonists together, and which aligns them in time and space« (Gell, 1996, S. 27). Empfehlungssysteme sind oftmals Teil digitaler Infrastrukturen. Sie sollen dafür sorgen, dass Nutzerinnen sich länger in der Infrastruktur – beispielsweise eines Musikstreamingdiensts, wie sie Nick Seaver erforscht hat – aufhalten. Dazu werden Infrastruktur und aus Nutzungsdaten abgeleitete Vorlieben der Nutzerin aufeinander abgestimmt: Die unterschiedlichen Möglichkeiten des Konsums werden für verschiedene Nutzerinnen unterschiedlich angeordnet, um der Hörerin den richtigen Song zum richtigen Zeitpunkt vorzuschlagen (siehe auch Eriksson & Johansson 2017; Prey 2016; Eriksson et al. 2019) und sie dadurch längerfristig an den Dienst zu binden. Der Erfolg in Form einer längerfristigen Bindung ist keineswegs gegeben: Verschiedene Arten von Fallen müssen ausprobiert und nachjustiert werden, indem gegebenenfalls das unternehmerische Verständnis der Nutzerinnen angepasst wird. Fallen fördern

6 Im Extremfall sollen Nutzerinnen gerade nicht weggehen können. Siehe auch Karen Yeung (2017) zum Phänomen des »hypernudge« und Natasha Dow Schüll (2012) zur Frage, wie Glücksspielerinnen möglichst lange an Glückspielautomaten gehalten werden.

so gesehen die unternehmerische Fantasie dahingehend, wie Beziehungen zwischen Unternehmen und Nutzerinnen gefördert werden können.

> a trap is not simply the unilateral application of technical force, but rather a fundamentally uncertain effort to relate to others which thereby produces a world. We could say that infrastructures are already traps – arrangements of technique and epistemic frame designed to entice and hold particular kinds of envisioned agents, according to culturally specific cosmological preconceptions. The lesson, perhaps, is that ›traps are predatory, but they are also productive‹ (Corsín Jiménez, nd: 3), not reducible to a simple moral tale about the wickedness of capture. (Seaver, 2018, S. 12)

Seaver beschreibt die Einbettung von Empfehlungssystemen in spezifische »cultures of capture«, die sich durch je eigene »theories of trapping« und »cosmological preconceptions« unterscheiden. In der Frühphase der Entwicklung von Empfehlungssystemen ab den 1990er-Jahren herrschte das »predictive paradigm«. Ausgangspunkt für Empfehlungssysteme des Typs »collaborative filtering« waren explizite, von den Nutzerinnen bereits abgegebene Bewertungen von Dingen (Filme, Bücher, Produkte, etc.). Entscheidend für den Erfolg eines solchen Systemes war, möglichst exakt vorhersagen zu können, wie gut oder schlecht eine Nutzerin vorgeschlagene Dinge bewerten würde.

Nach der Durchführung des Netflix-Wettbewerbs (siehe: Hallinan & Striphas 2016) zeigten sich die Grenzen dieses Ansatzes: Die implizite Annahme, »that [users] would be more satisfied by a system that could more accurately predict their ratings« und die dazugehörige Metrik der Vorhersagegenauigkeit wurden zunehmend durch die Erkenntnis in Frage gestellt, dass Nutzerpräferenzen instabil sind: »A recommender could not predict a user's preference any more precisely than it was held, and if preferences varied significantly with time or setting, this posed a serious challenge to predictive accuracy« (Seaver, 2018, S. 9).

An die Stelle der Vorhersagegenauigkeit von Bewertungen als Stellvertreter für Nutzerzufriedenheit rückten Messungen darüber, wie gut ein System die Aufmerksamkeit seiner Nutzerinnen halten kann: Engagement-Scores.[7] Das Ziel von Empfehlungssystemen besteht dementsprechend darin, Nutzerinnen durch geeignete Empfehlungen in der Infrastruktur zu behalten,

---

7 Siehe auch Napoli (2012) zur Verschiebung von Ratings zu Engagment in der massenmedialen Publikumsforschung.

damit sie weiter konsumieren, Daten produzieren und bessere Empfehlungen gemacht werden können (wodurch mehr bezahlte Werbung geschaltet beziehungsweise Abo-Gebühren weiterhin entrichtet werden).

Unter dem neuen Paradigma, das Nutzerzufriedenheit über »engagement« oder »user retention« misst, verlieren explizite Bewertungen als Daten an Bedeutung. Stattdessen gewinnen die kleinen, vermeintlich unbedeutenden digitalen Verhaltensweisen wie Klicks oder Scrollen an Relevanz. Es interessiert nicht mehr primär, wie eine Nutzerin einen Film auf einer Skala von 1 bis 5 bewertet und wie korrekt diese Bewertung vorhergesagt wurde. Von Bedeutung ist jetzt, ob eine Nutzerin einen Film zu Ende gesehen hat oder in der Hälfte abbricht (siehe Alexander 2019) und ob sie am nächsten Tag wiederkommt.

> Logs of interaction data could be read as ›implicit‹ ratings: users stopping a video partway through, skipping over recommended items, or listening to songs multiple times all became interpreted as ratings data. These data were more plentiful than explicit ratings, being generated by any interaction a user had with a system, and, in an interpretive move inherited from behaviorism, they were also taken as more truthful than users' explicit ratings. [...] Activity logs, interpreted through a behaviorist lens, became a privileged source of information about users, thanks both to their preponderance and their unwitting generation. (Seaver, 2018, S. 10)

»Involvement des Members«

Für Max, den strategischen Geschäftsführer von Earlybird, ist unternehmerischer Erfolg über ein hohes »Involvement des Members« definiert. Dieses »Involvement« lasse sich bisher nicht richtig messen – »eigentlich« aber schon, weil sie ja sehen würden, wieviele Jugendliche sich für ihr Treue-Programm entscheiden. Das sei ein »indirektes Involvement«, das ihnen einen Nutzen bringt. Eigentlich müssten sie aber »den Member« dazu bringen, dass er mehr Angebote nutzt und »aktiver« wird. Nicht nur weil sie finden, dass er das sollte, sondern weil der Member selbst das wolle. Simon findet, dass dies Dinge seien, die sich messen liessen. Er fordert deshalb von Earlybird: »Definiert Kennzahlen!«.

Der Junior Data Scientist Mike übernimmt später diese Aufgabe und definiert mit Mitarbeiterinnen von Earlybirds Marketingabteilung einen »member engagement score« und ein Dashboard, das über die Aktivitäten der

Member Auskunft gibt. Er zeigt mir eine Demoversion, die er mit dem R-Tool »Shiny« entwickelt hat. Für verschiedene Aktivitäten in der App erhalten Member eine bestimmte Anzahl Punkte – je nach dem, wie »relevant« die Aktivität eingeschätzt wird: Das Aufrufen des Menüs ergibt beispielsweise weniger Punkte als einen Deal zu liken.

Was sind die Konsequenzen dieses Paradigmenwechsels für die Generierung von Daten und die Generierung von Relationen? Was bedeutet es für die Datengenerierung, wenn zufriedene Nutzerinnen jene sind, die möglichst viel Zeit auf der Seite verbringen, möglichst aktiv sind und möglichst lange dabei bleiben? Aus Sicht der Datengenerierung sind die besten Nutzerinnen jene mit den größten »activity logs«. Das heißt: Viele Datenspuren sind sowohl ein Beweis für »engagement« als auch eine Ressource, um weiteres »engagement« zu erzeugen und die Nutzerinnen langfristig an sich zu binden.

Diese Logik – wer aktiv ist, erzeugt viele Daten, ist engagiert und erhält bessere Empfehlungen, die wiederum das Engagement aufrechterhalten – und ihre Zirkularität zeigt sich insbesondere am bereits besprochenen Problem des Kaltstarts: In der Sprache von Cochoy besteht das Problem von »captation devices« darin, dass das Wissen über die »Dispositionen« von Nutzerinnen erst in den »captation devices« (hier: Empfehlungssysteme) selbst produziert wird.

Wie also bringen Unternehmen Nutzerinnen überhaupt erst in ihre Infrastrukturen? Diese Frage ist für Earlybird von zentraler Bedeutung.

Personendaten als »missing commodity« bei Earlybird

Beinahe jeder Lehrling und jede Studentin in der Schweiz hat eine Earlybird-Memberkarte in der Brieftasche. Vier Studenten gründeten 2005 das Unternehmen Earlybird, um jungen Leuten beim Sparen zu helfen. Kurz darauf entwickelte sich Earlybird zu einem Kundentreueprogramm für Banken in der ganzen Schweiz. Jugendliche, die ein Konto bei einer der teilnehmenden Banken abschließen, werden automatisch zum Earlybird-»Member«. Als Member sind sie berechtigt, bei aktuell über 600 Partnerunternehmen Produkte und Dienstleistungen zu günstigeren Konditionen zu beziehen. Die Partnerunternehmen gewähren gemäß Vertrag einen »exklusiven« Rabatt und erhalten im Gegenzug Zugang zu den über 200 000 aktiven Membern. Damit verfügt Earlybird in der Schweiz über einen einmaligen Zugang zur Kundengruppe der 13- bis 30-Jährigen.

Earlybird positioniert sich als Vermittler zwischen Banken, Partnerunternehmen und Membern. Ihr Ziel besteht darin eine »Win-Win-Win-Win-Situation« für alle Anspruchsgruppen und sich selbst zu schaffen. Die eigentlichen »Kunden« von Earlybird sind die Banken, die Earlybird für die Bereitstellung eines attraktiven Angebots zur Kundenbindung bezahlen. Auch »Partner« können zu Kunden werden: Einfache Partner stellen bloß Rabatte für Member zur Verfügung. Partner der Kategorie B bezahlen für ihre Präsenz in einem periodisch an die Member verschickten Rabattbüchlein. Mit Partnern der Kategorie A führt Earlybird spezifische Marketingaktionen durch, um ihnen einen privilegierten Zugang zu den Membern zu gewähren. Die Member profitieren von über 4000 Deals.

Earlybirds Terminologie der Member, Partner und Kunden verdeutlicht einen vermeintlichen Widerspruch, der sich auch bei Social-Media-Plattformen erkennen lässt. Gegen außen erscheinen die Member als zentrale Instanz, um die sich bei Earlybird alles dreht (auf Social-Media-Plattformen sind es die »User«). Aus der Innenperspektive wird aber sichtbar, dass weder Member noch User die eigentlichen »Kunden« sind: Bei Facebook sind es Werbekunden, die Umsatz generieren; bei Earlybird sind es Banken und zum Teil Partner. Bedeutet das, dass Member das Produkt sind, welches Earlybird an Banken und Partner verkauft?

Als ich meine Feldforschung bei Earlybird beginne, befindet sich das Unternehmen mitten in einem breit angelegten Transformationsprozess, der unter dem Motto steht, »soviel wie möglich über ihre Member zu wissen«: Wer sind sie, was kaufen sie, was mögen sie, wie und über welche Kanäle kommunizieren sie? Waren die Member zuvor noch weitgehend unsichtbar und konnten relativ unbeobachtet die Leistungen von Earlybird und den Partnerunternehmen benutzen, erachtet Earlybird diese Unsichtbarkeit nun als Problem. Mit Hilfe von digitalen Infrastrukturen wollen sie Member und ihre Verhaltensweisen verstärkt sichtbar und fassbar machen. Das ist die Mission, mit der sie sich »future-proof« machen wollen. Eine zentrale Vision ist, dank Daten und Auswertungen die Member in immer kleineren Einheiten ansprechen und mit relevanten Angeboten versehen zu können. Dazu benötigt Earlybird eine funktionierende und für die Member attraktive Dateninfrastruktur sowie kooperative Member, welche die Dateninfrastruktur traversieren und dabei

Daten hinterlassen, mit denen Earlybird das Angebot verbessern aber auch Partnerunternehmen zu Werbekampagnen verlocken kann.

Für Earlybirds Vision, zu einer Plattform für Jugendmarketing zu werden, fehlt ihnen gemäß eigener Einschätzung vor allem eines: persönliche Daten über die Nutzerinnen. Earlybird hat zwar ein funktionierendes Geschäftsmodell aufgebaut, indem sie sich als Beziehungsbroker zwischen Banken und jugendlichen Bankkundinnen sowie zwischen Partnerunternehmen und Membern positionieren. Um ihren Partnerunternehmen aber zielgruppenspezifische Marketingmöglichkeiten anbieten zu können, fehlt es an Daten, die eine Differenzierung der homogenen Gruppe der jugendlichen Member im Sinne eines »audience making« zulassen würden. Es wäre aber zu einfach, Earlybird als Datenproduzent und Member als Produkt zu bezeichnen: Earlybirds Geschäftsmodell besteht vielmehr in der Herstellung guter Beziehungen zwischen Banken, Partnerunternehmen und Membern (siehe Abbildung 2) – daran ändert auch die Digitalisierung des Geschäftsmodells nichts Grundsätzliches. Im Gegensatz zum vorherigen Zustand, wird den Membern nun aber ebenfalls eine Leistung abverlangt.

Earlybirds Member können von zahlreichen Rabatten profitieren, wenn sie in den Geschäften der Partnerunternehmen ihre Memberkarte vorweisen. Einzelne Partnerunternehmen mögen dies zwar digital erfassen, doch gibt es keinen systematischen und persönlich identifizierbaren Rücklauf dieser Daten. Das Anreizsystem, für das sie von den Banken bezahlt werden, funktioniert und die Member können davon profitieren. Earlybirds strategisches Ziel ist es, durch Digitalisierung und Daten von den Banken unabhängiger zu werden, d.h. mit digitalem Jugendmarketing einen weiteren Geschäftszweig aufzubauen. Das steht aber noch in einiger Ferne.

Um diesem Ziel näher zu kommen – das zeigt sich immer wieder in verschiedenen Sitzungen und Diskussionen –, muss Earlybird ein Problem überwinden: *Die Member können alle Vergünstigungen nutzen, ohne dabei digitale Spuren zu hinterlassen.* Member nutzen Rabatte oder besuchen Geschäfte von Partnerunternehmen. Mangels technischer Infrastruktur verblieb und verbleibt dieses Verhalten aber offline. Deshalb bleiben Interessen, Vorlieben oder Transaktionen für Earlybird weitgehend unsichtbar. Verschiedene Versuche, über digitale Infrastrukturen wie Webseite, App und Bluetooth-Sniffer Daten zu generieren, führten nur zu mäßigem Erfolg (siehe auch die Box: »Implizite und explizite Daten« in Kapitel 7.1), da die Member ihre Daten nicht einfach hergeben würden. Mit dem »roll-out« der neuen App besteht nun die Möglichkeit, zumindest einen Teil dieser Tätigkeiten sichtbar zu machen: »views« oder »likes« von »deals« oder Partnerunternehmen sowie Wettbewerbsteilnahmen werden als Handlungsoptionen in der App so vorformatiert, dass Earlybird sie als »implizite« Daten erfassen kann. Dummerweise wird die App aber nur von einem kleinen Prozentsatz aller Member verwendet. Ein Ziel von Earlybird besteht deshalb darin, die Member dazu zu motivieren, die App zu benutzen.

In verschiedenen Sitzungen und Gesprächen wird deutlich, dass Earlybird die Beziehung zwischen Unternehmen und Membern als Austausch versteht. Die Member können weder gezwungen noch einfach gebeten werden, Earlybird persönliche Daten zu geben. Das musste Earlybird in kostspieligen Maßnahmen herausfinden. Aber wenn die Bedingungen des Austauschs stimmen, können die Member durchaus mitteilsam werden. Diese Erkenntnis setzte sich im Nachgang an das Experiment mit den Wettbewerbsdaten von Simon durch: Die »schönen Daten« (siehe Kapitel 7, auch Mützel et al. 2018), die im Rahmen eines Wettbewerbes erzeugt werden konnten, wecken bei Earlybird Hoffnung und lassen sie die Frage stellen, was sie Membern bieten müssen, damit sie App und Webseite nutzen und ihre Daten hinterlassen.

Im Laufe meiner Feldforschung setzte sich – angestoßen von Simons Datenexperiment – zunehmend die Erkenntnis durch, dass in der wenig genutzten App Wettbewerbe eine Ausnahmestellung einnehmen. Earlybird fasst die Parole, bei Wettbewerben zukünftig stärker die Datengenerierung in den Fokus zu rücken. Bisher reichte es, bei den allermeisten Wettbewerben durch das Antippen des Feldes »Teilnahme« am Wettbewerb teilzunehmen. Dies generierte an sich schon Daten, doch stellte sich heraus, dass eine kleine Gruppe besonders aktiver Member scheinbar wahllos allen Wettbewerben mitmachte, was die Aussagekraft der Daten verminderte. Angesichts der »schönen Daten«, welche der Reisewettbewerb generiert hatte, erschien Earlybird der simple Klick als unfaires quid-pro-quo, um eine Gewinnchance zu erhalten. Earlybird konzipierte Wettbewerbe beziehungsweise die Chance auf einen Gewinn als geeignetes Mittel, um ihre Member dazu zu motivieren, die App zu nutzen und etwas über sich preiszugeben. Dieser Tausch ist für Earlybird umso lohnenswerter, da sie nur den Wettbewerb durchführen, nicht aber für die Preise aufkommen müssen: Die Preise werden von den Partnerunternehmen zur Verfügung gestellt.

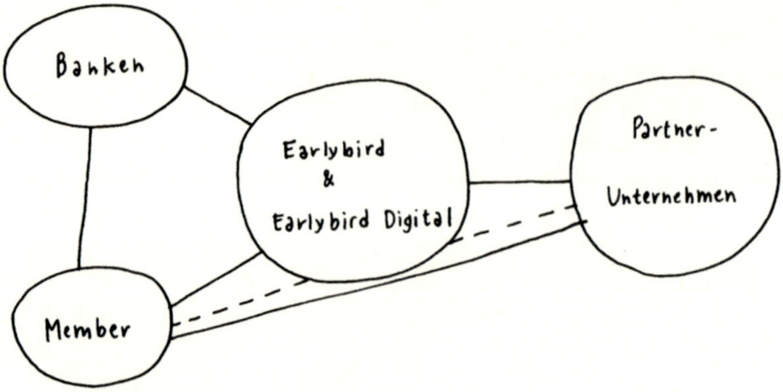

Abb. 2: Earlybirds Geschäftsmodell

6.3 Digitale Geschenke – und ihre Erwiderung

Für Earlybird besteht die Schwierigkeit darin, seine Member in datengenerierende Feedback-Loops hineinzuziehen. Nina beschreibt mit der Henne-Ei-Problematik das Dilemma, algorithmische Infrastrukturen überhaupt in Gang zu bringen. Earlybird versteht Nutzerinnen-»engagement« als Resultat eines »attachments« (Cochoy et al., 2017), das durch einen initialen Tausch von Geschenken gegen Daten potenziell zu einem ewigen Tausch von Geschenken gegen Daten gegen relevante Angebote gegen Daten und so weiter und so fort wird. Wenn Earlybird den Nutzerinnen die »richtigen« Angebote (i.e. personalisierte Empfehlungen, »inducement gifts«) macht, entstehen dauerhafte Beziehungen zwischen Nutzerinnen und Unternehmen: Nutzerinnen »nutzen«, erzeugen weitere Daten, die wiederum via Steigerung von Engagement zur Vertiefung der Beziehung führen sollen. Nina formuliert das Kaltstart-Problem als Frage um, wie der »Kreislauf« der Datengenerierung gestartet werden kann, wenn noch keine Daten vorhanden sind. Da Earlybird bereits als Beziehungsbroker zwischen Banken, Membern und Partnerunternehmen agiert und insbesondere die Beziehung von Membern und Partnerunternehmen als Austausch von Geschenken organisiert, ist es naheliegend, auch die Generierung von Personendaten über Geschenke in Gang zu bringen.[8]

8 Siehe auch Hulsey & Reeves (2014) am Beispiel des »augmented reality«-Spiels *Ingress*: »Through its embedded game mechanics, Ingress encourages players to actively par-

Das Beispiel Earlybird – wie auch die Rhetorik und die Geschäftsmodelle von Start-ups und etablierten Tech-Unternehmen (Fourcade & Kluttz, 2020; Elder-Vass, 2016) – zeigt, dass die Kooperation von Nutzerinnen nicht einfach gegeben ist: Weder werden persönliche Daten einfach so und freiwillig »hergegeben« noch lassen sich Nutzerinnen zwingen, eine App, eine Webseite oder eine bestimmte Software zu benutzen und dabei ihre persönlichen Daten zu hinterlassen. Earlybird beabsichtigt, die Produktion von Nutzerdaten als Deals, die sich nicht ausschlagen lassen, zu organisieren.[9] Geschenke in Form von Gewinnchancen oder von speziellen Coupons sollen die Nutzerinnen verlocken, die App zu benutzen. Darin besteht die Freiwilligkeit. Die Annahme des Geschenks ist gleichbedeutend mit der Erwiderung des Geschenks, da durch Wettbewerbsteilnahmen oder das Einlösen von Coupons die Personendaten bereits zustande gekommen sind. Darin besteht der Zwang.

Digitale Coupons

Schon bevor Earlybird seine Digitalisierungsstrategie ins Leben gerufen hat, war das Geschäftsmodell um die Erzeugung von Beziehungen zwischen Membern und Partnerunternehmen herum organisiert. Etwas widersprüchlich ausgedrückt, ist Earlybirds großes Problem, dass dieses Geschäftsmodell funktioniert: Die Banken bezahlen Earlybird für ein attraktives Kundentreueprogramm, die Partnerunternehmen erhalten Zugang zur Kundengruppe der Jugendlichen, die Jugendlichen erhalten Rabatte und Geschenke, welche die Partner offerieren. Die Einführung einer App, die Kunden- beziehungsweise Verhaltensdaten generieren soll, erweist sich als schwierig, weil dieses Modell auch ohne App funktioniert: Die Nutzerinnen brauchen bloß ihre Memberkarte vorzuweisen, um in den Geschäften von Partnerunternehmen günstiger einkaufen zu können.

---

ticipate in a surveillance community while also normalizing data mining and surveillance as a valid exchange for the privilege of play« (2014, S. 390).

9 In Anlehnung an Marlon Brandos Figur aus »Der Pate«: »I'll make him an offer he can't refuse«. Treffenderweise kann dies zwei Dinge gleichzeitig bedeuten: Das Angebot ist so gut, dass niemand es ablehnen könnte. Oder als Zwang: Die Folgen einer Ablehnung des Angebots sind potenziell so desaströs, dass es besser ist, das Angebot anzunehmen. Die faszinierende Ambivalenz des Bonmots besteht in der Gleichzeitigkeit von Zwang und Freiwilligkeit (Livant, 2008).

Earlybird kommuniziert seinen Nutzerinnen, dass der Mehrwert der App in der Funktion »card-on-phone« bestehe. Anstelle die Karte aus der Brieftasche hervorholen zu müssen, reicht es jetzt aus, das Smartphone aus der Tasche zu nehmen, die App zu starten und zum entsprechenden Menüpunkt zu navigieren, um eine digitale Version der Memberkarte vorweisen zu können. Für die Member mag dies ein Vorteil sein, der sie dazu bewegt, die App zu installieren. Für Earlybird liegt der Mehrwert der App aber explizit darin, Daten zu generieren.

Zum Zeitpunkt meiner Feldforschung erfüllte die App primär zwei Funktionen (zwei weitere waren vorgesehen und in der Entwicklung). Erstens können Member durch Partnerunternehmen und deren Deals navigieren, verschiedene Filter (zum Beispiel geografische Filter) einsetzen, gezielt nach Deals oder Partnern suchen und Deals mit Herzchen versehen. So gesehen erfüllt die App die Funktion eines Kataloges oder einer Wunschliste, welche die Member praktischerweise immer bei sich haben. Im Vergleich mit Social-Media-Apps scheint Earlybirds App relativ statisch zu sein: Der Newsfeed von Social-Media-Nutzerinnen füllt sich stets mit neuen Beiträgen von Freundinnen, Veranstaltungshinweisen und personalisierter Werbung. In der Earlybird-App gibt es zwar die neusten oder momentan populärsten Deals, doch multiplizieren sich die Beiträge nicht in vergleichbarem Maße und der Recommender war zum Zeitpunkt meiner Feldforschung noch nicht implementiert. Im Gegensatz dazu offeriert die zweite Funktion mehr: Per Tap können Jugendliche an einer großen Menge regelmäßig neu aufgeschalteter Wettbewerben teilnehmen. Diese Funktion wurde eifrig genutzt.[10]

Auch wenn viele Jugendliche die App benutzen würden – was nicht der Fall war –, wäre das Hauptproblem noch nicht gelöst: Weder das Vorzeigen der materiellen Karte noch die »card-on-phone« ist ein Datenevent. »Digitale Coupons« sollen hier Abhilfe leisten: Coupons, so die Idee, würden regelmäßig in der App erscheinen – ausgelöst durch bestimmte »lifecycle-events« wie Geburtstage oder Spezialaktionen von Partnern. Wer einen Coupon anklickt, hat einige Minuten Zeit, um den Coupon einzulösen, bevor er verfällt. Schaltet eine Nutzerin einen Coupon frei, interpretiert Earlybird diese Handlung als »Einlösen« des Coupons. Das spurenfreie Vorweisen einer Earlybird-Memberkarte genügt nicht mehr: Coupons sollen idealerweise die ansonsten für die Datenbank unsichtbaren Transaktionen der Member sichtbar machen. Entsprechend besteht das Ziel von Earlybird darin, Member mit digitalen Coupons dazu zu motivieren, die App und deren weitere Funktionalitäten zu benutzen.[11]

In einem Gespräch mit dem Geschäftsführer von Earlybird Digital, der die Coupons technisch implementiert hat, frage ich nach, was aus diesen Coupons geworden sei, da sie während meiner Feldforschungsphase noch nicht »ausgeliefert« worden waren. Nik erklärt, dass der »Rücklauf« gering gewesen sei. Zu wenige Member würden die App benutzen. Earlybird müsse sich erst einmal darauf fokussieren, die Nutzerzahlen der App zu steigern. Wie ich einige Zeit später beobachten konnte, startete Earlybird einen neuen Versuch, Membertransaktionen in die App zu verschieben und zu datafizieren: Dazu fahren sie die Anreize weiter hoch. In allen Filialen eines grossen Partnerunternehmens sind an den Kassen nun QR-Codes angebracht, die beim Einkauf mit der Earlybird-App eingescannt werden können. Es erscheint dann ein Glücksrad, das die Member drehen können, um verschiedene Preise zu gewinnen.

»Commodity economy« und »gift economy« schließen sich nicht kategorisch aus. Sie stehen in einem produktiven und oftmals hybriden Verhältnis zueinander (Elder-Vass, 2016; Barbrook, 1998). Die Beziehungen der digitalen Ökonomie sind weder rein wirtschaftlich noch rein sozial, so wie ihre Ökonomie weder rein ökonomisch noch eine reine Geschenkökonomie ist.

> Like the economy more generally, the contemporary digital economy is the site of a profusion of different economic forms, including many fascinating hybrids of more familiar forms. [...] Opportunities for gift forms of economy abound, but this space is also a prime target for the ever-expanding appetite of capital. (Elder-Vass, 2016, S. 223)

Eine wirtschaftssoziologische Perspektive auf Plattformen (als Marktorganisatoren) und Datenökonomie profitiert von Mauss' Konzept der Gabenökonomie (Mauss, 1923; Elder-Vass, 2016, Kapitel 4): Die eindimensionale Per-

10 Ich habe die Gruppe der Jugendlichen, die beinahe ausnahmslos an jedem Wettbewerb teilnehmen, einmal »Gambler« genannt. Der Begriff hat sich intern offenbar durchgesetzt.

11 Bei Twint, der größten Schweizer Mobile-Payment-App, lassen sich ähnliche Strategien beobachten: Es werden verschiedene Anreize gesetzt, überhaupt die App herunterzuladen und aktiv zu gebrauchen – beispielsweise freie Guthaben. Wer die App startet, sieht folgende Meldung: Wer in den nächsten drei Wochen drei Zahlungen über Twint tätigt, nimmt automatisch an der Verlosung von 1000 Franken teil.

spektive, welche die Beziehung zwischen Unternehmen und Nutzerinnen auf Zwang reduziert (siehe oben), verpasst, wie mit Geschenken die Beziehungen zwischen Plattformen, Nutzerinnen und Dritten (Kundinnen, Entwicklerinnen) initiiert und rekonfiguriert werden (Fourcade & Kluttz, 2020). In Datafizierungsprozessen dienen Geschenke in verschiedensten Formen (i.e. Freebies, Rabatte, personalisierte Angebote) als Generatoren einer Verwicklung von Unternehmen und Nutzerinnen.

Geschenke und Beziehungen erzeugen sich gegenseitig. Wie Mauss (1923) am Beispiel von Malinowskis Kula-Tausch beobachtet, erzeugen Geschenke gute Relationen zwischen den Stämmen. In seinem fundamentalen Essay zur Gabe stellt Mauss den Markt- und den Gabentausch einander gegenüber, um zu zeigen, dass nicht nur Märkte Koordinationsleistungen erbringen können. Während die marktbasierte Ökonomie auf diskreten Transaktionen beruht, aus denen idealtypischerweise keine weiteren Beziehungen oder Verpflichtungen folgen, zeichnen sich Geschenkökonomien durch Kreisläufe von zirkulierenden Geschenken aus. Während nach einer Markttransaktion von Ware gegen Geld die Beziehung beendet ist, zielt der Gabentausch gerade auf das Etablieren und Erhalten von Beziehungen, die dann den sozialen Kontext bilden, in dem auch Markttransaktionen stattfinden können.

> »Im Grunde sind also selbst diese Gaben zum größten Teil Gegenleistungen und werden nicht nur gegeben, um Dienste oder Sachen zu bezahlen, sondern auch, um ein nutzbringendes Bündnis aufrechtzuerhalten, das nicht einmal abgelehnt werden kann.« (Mauss, 1990a, S. 168)

In der Geschenkökonomie geht es um den Aufbau und den Erhalt von Beziehungen. Kalkulationsverbote (Latour & Callon, 1997) oder die sorgfältige Vermeidung ausgeglichener Leistungsbilanzen (Graeber, 2001, 2011) verhindern, dass die Parteien jemals verrichteter Dinge auseinandergehen könnten: »no party can call it quits« (Latour & Callon, 1997, S. 11). In einer Geschenkökonomie sind die Teilnehmenden durch »Schulden«, die Unmöglichkeit oder das Verbot von Berechnungen dauerhaft miteinander verwickelt: »The more people and goods circulate, the stronger the associations between them will be, and the more they will be connected to each other« (Latour & Callon, 1997, S. 11, Seitenangaben der unpublizierten englischen Übersetzung).

Geschenke schaffen stabile Beziehungen, aus denen sich Märkte entwickeln können. Das ist das »markets from gifts«-Argument. Marion Fourcade und Daniel Kluttz (2020, S. 3) heben hervor, dass ökonomische Transaktionen und Märkte in vielen Fällen als »acts of generosity« entstehen, die nicht direkt erwidert oder zurückgezahlt werden müssen: Bevor es zu ökonomischen Transaktionen kommen kann, müssen Interessen geweckt und soziale Verpflichtungen erzeugt werden – oftmals mit Geschenken –, wie Asaf Darr und Trevor Pinch (2013) am Beispiel von Computerverkäufen zeigen.

In einer Auseinandersetzung mit der Frage, ob Googles Dienstleistungen Geschenke an die Nutzerinnen sind, unterscheidet Dave Elder-Vass (2016) verschiedene Formen des Schenkens als Untertypen des »inducement gift«: marketing gifts, solicitation gifts und loaded gifts. Diese haben gemeinsam, dass sie freiwillige Gegengeschenke oder Markttausch motivieren sollen: »Inducement gifts are given in order to induce a further transaction or transactions that provide greater value to the giver than the original gift. [...] Any return by the recipient is voluntary, but the gift is nevertheless designed to produce such a return« (Elder-Vass, 2016, S. 176).[12]

»*Marketing gifts*« sind Geschenke, die so gestaltet sind, dass sie nicht mit einem Gegengeschenk erwidert werden, sondern mit dem Eingehen eines »market exchange«. Als Beispiel beschreibt Elder-Vass die Strategie, Kochbücher zu verschenken, in denen bestimmte Zutaten wie »Jell-O« prominent vorkommen. Um die Rezepte auszuprobieren, mussten die Kundinnen diese Produkte erst erwerben. Ein Beispiel, das der digitalen Ökonomie näher ist, wären kostenlose Handy- oder Computerspiele, die In-App-Käufe anbieten, um im Spiel schneller zum Ziel zu kommen oder gegenüber anderen Spielerinnen einen Vorteil zu haben. Der Nutzwert solcher »marketing gifts« erfährt durch anschließende Käufe eine signifikante Steigerung.

Im Falle der »*solicitation gifts*« nutzen Schenkende kulturelle Erwartungen der Reziprozität aus. Ein Bettler, der Rosen verschenkt, kann sich – wenn auch nicht in jedem Fall – darauf verlassen, von den Beschenkten im Gegenzug ein monetäres Geschenk zu erhalten: »The effectiveness of solicitation gifts depends on the cultural associations they invoke: in particular the expectation of fair reciprocity that is built into some types of giving« (Elder-Vass, 2016, S. 177). Obwohl diese Form des Schenkens Ähnlichkeiten

12 Siehe zum Beispiel Bhatia (2016) zu Facebooks Anstrengungen, mit »gratis Internet« in Indien Fuss zu fassen: »Facebook's growth and partnership teams persuaded mobile phone companies in the Philippines, Latin America, Africa and India to give mobile phone users who had not paid for data plans free access to Facebook. The initial financial sacrifice, Facebook told the phone companies, was an investment – giving customers a small taste of the internet would convince them to start paying to access everything the web had to offer« (2016).

zum Markttausch aufweist, ist das Gegengeschenk nicht primär durch das Bedürfnis nach dem ursprünglichen Geschenk motiviert, sondern »by a sense of normative obligation« (Elder-Vass, 2016, S. 177). Digitale »solicitation« macht sich extrem niedrige Grenzkosten zu Nutze und beruht auf dem Modell der »shareware« – kostenlos verfügbare Software, die mit regelmäßigen Pop-ups oder auf der Startseite darauf aufmerksam machen, dass ein monetäres Gegengeschenk angebracht wäre. Wikipedias alljährliches Ritual, die Nutzerinnen vor Weihnachten um Spenden zu ersuchen, damit Wikipedia kostenlos und werbefrei bleiben kann, ist ein Beispiel dafür, wie solche Reziprozitätsnormen angezapft werden können.[13]

Der für die Datenökonomie interessanteste Fall sind sogenannte *»loaded gifts«*: »gifts whose acceptance or use automatically entails a return that is in a sense hidden, or at least an implicit rather than an explicit element of the process« (Elder-Vass, 2016, S. 179). »Loaded gifts« sind deshalb belastet, weil die Annahme des Geschenks bereits das Gegengeschenk darstellt. Beispielsweise fallen Gratiszeitungen in die Kategorie der »loaded gifts«, weil die Annahme einer Ausgabe die Zirkulation der Zeitung und damit den Wert für Werbekundinnen erhöht (siehe Smythe 1977 zur »audience commodity«). Als paradigmatisches Beispiel der digitalen Ökonomie präsentiert Elder-Vass Googles Suchfunktion, die den Nutzerinnen ermöglicht, schnell und kostenlos mehr Informationen zu finden. Gleichzeitig nötigt die Suchfunktion die Nutzerin, für Google wertvolle Interesse in Form von Suchbegriffen mitzuteilen.

Geschenke können eine wichtige Rolle dabei spielen, Nutzerinnen überhaupt in digitalen Datafizierungsinfrastrukturen einzuschleusen und sie darin zu behalten. Marion Fourcade und Daniel Kluttz verweisen darauf, dass »digital firms see cyber-gifts as a key to the primitive accumulation process – a crucial means by which to extract valuable troves of personal or organizational data« (Fourcade & Kluttz, 2020, S. 7). Das heißt, dass Digitalunternehmen die Beziehung zwischen Unternehmen, Nutzerinnen und Dritten als ein »give-to-get« konzipieren: freie Dienstleistungen im Austausch gegen Personendaten. Das spezifische am digitalen Gabentausch liegt darin, dass das Geschenk der Personendaten überhaupt erst durch das Eingehen der Relation entsteht:

13 Die Webseite des Guardian machte mich darauf aufmerksam, dass ich im vorigen Jahr 885 Artikel gelesen hätte und eine Spende möglicherweise angebracht sei.

> This more capacious concept allows us to acknowledge that, while structurally framed as gift-like, relationships in digital capitalism are more ambiguous in the sense that (a) things given away are nonetheless ›traded‹ for something (even if it is something that did not exist before the relationship was initiated); and (b) this trade, from the point of view of the user, is often misrecognized as no trade at all, or it may even be brushed off as a steal, a ›bargain.‹ By embedding the obligation to repay into the original gift itself [...] the Maussian bargain not only masks the structural asymmetry between giver and gifted but also permits the creation of the new commodity of personal data, obfuscates its true value, and naturalizes its private appropriation. (Fourcade & Kluttz, 2020, S. 3)

Der springende Punkt für Momente der Datafizierung ist, dass der digitale Gabentausch von Leistungen gegen Daten so organisiert ist, dass das ursprüngliche Geschenk und das Gegengeschenk der Daten im selben Moment ausgetauscht werden (müssen): Das eine geht nicht ohne das andere. Etwas weniger abstrakt heißt das: Unternehmen offerieren ihren Nutzerinnen ein Anfangsgeschenk (zum Beispiel ein kostenlos nutzbarer Social-Media-Account), das den Kreislauf der Reziprozität in Gang setzt. Die Nutzerinnen erwidern dieses Anfangsgeschenk, indem sie es benutzen. Da es sich dabei um ein Softwareprodukt handelt, das verschiedene vorgefertigte und formalisierte Verhaltensmöglichkeiten anbietet (siehe Kapitel 7), entstehen Personendaten, die bereits das Gegengeschenk konstituieren. Die Nutzer und ihre Daten können dann auch vom Unternehmen an Dritte weiter verschenkt werden: Zum Beispiel an Software-Entwicklerinnen, die im Gegenzug weitere Interaktionsmöglichkeiten für die Plattform entwickeln (und diese so für die Nutzerinnen attraktiver machen).[14] »This gift-based infrastructure literally creates the missing commodity, the thing to be exchanged [...]«, i.e. Personendaten (Fourcade & Kluttz, 2020, S. 5). Personendaten werden in »engineered reciprocal obligations« geschaffen, in Kreisläufen der generalisierten Reziprozität (siehe auch Bearman 1997). Sie beruhen zum einen also auf Beziehungen zwischen Unternehmen und Nutzerinnen. Sie werden aber

14 Der Fall von Cambridge Analytica und Facebook ist ein einschlägiges Beispiel dafür. Cambridge Analytica entwickelte ein Persönlichkeitsquiz, wie sie auf Facebook vor einigen Jahren beliebt waren. Im Gegenzug dafür, die Social-Media-Plattform für Nutzerinnen attraktiver gemacht zu haben, überließ Facebook Cambridge Analytica die durch das Quiz generierten Nutzerdaten (vor allem Freundschaftslisten und Big-5-Scores, die durch das Ausfüllen des Quiz errechnet wurden).

auch dazu eingesetzt, diese Beziehungen aufrechtzuerhalten und fortzuführen.

Der Geschäftsführer von Earlybird Digital bringt es in einem Artikel auf LinkedIn auf den Punkt:

> Täglich erhalte ich Kataloge und Prospekte von unzähligen Firmen in meinem Briefkasten. Ich bin diesen Firmen treu. Ich kaufe dort immer wieder ein. Ich hinterlasse mit jedem Einkauf Daten über mich. *Wenn ich schon Daten freiwillig hinterlasse, dann wünsche ich mir, dass Unternehmen diese nutzen und mir durch relevante Information helfen Zeit zu sparen.* Die meisten Unternehmen, von denen ich freiwillig Post erhalte, haben den Unterschied nicht verstanden, dass sie nicht mehr um mich Werben müssen, sondern mir eigentlich ›nur‹ Empfehlungen auszusprechen brauchen – und ich werde kaufen. (Nik auf LinkedIn, Hervorhebung im Original).

Gegenüber den Nutzerinnen stellen sich die Angebote digitaler Unternehmen als Schnäppchen dar, insbesondere wenn sie die Form von Geschenken haben.[15] Die strukturelle Asymmetrie zwischen Unternehmen und Nutzerinnen wird dadurch verdeckt, dass die Annahme des Geschenks nicht nur die Verpflichtung zur Erwiderung enthält, sondern bereits die Erwiderung (in Form von Daten) darstellt. Digitale Angebote, die nicht abgelehnt werden können, erscheinen Nutzerinnen als »free gifts« – oder zumindest als »Schnäppchen«. Sie können zwar abgelehnt werden, doch sind sie so gebaut, dass sie nicht unerwidert bleiben können, da die Annahme des Geschenkes bereits das Gegengeschenk darstellt.

15 Ob Nutzerinnen das tatsächlich so wahrnehmen, kann ich hier nicht nachweisen. Wie Mary Douglas (1990) in ihrem Vorwort zur englischen Übersetzung von Marcel Mauss' »The Gift« (1990b) argumentiert, lassen sich die Empfängerinnen von vermeintlichen »free gifts« aber nicht so einfach über die durch Geschenke entstehenden Verpflichtungen hinwegtäuschen. Wie beispielsweise Tanya Kant (2020) zeigt, existieren verschiedene Strategien, um persönliche Daten zu verbergen oder zu verschleiern (siehe auch Brunton & Nissenbaum 2015). Dies deutet darauf hin, dass solchen Nutzerinnen die Bedingungen des Tauschs von Dienstleistung gegen Daten nicht gerechtfertigt zu sein scheinen.

7 Zweites Moment: Singularität und Vergleichbarkeit

Momente der Datafizierung – das haben wir im vorigen Kapitel gesehen – zeichnen sich dadurch aus, dass in ihnen Geschenk und Gegengeschenk zusammenfallen: Indem Nutzerinnen das Geschenk des Unternehmens annehmen, liefern sie gleichzeitig das Gegengeschenk der persönlichen Daten. Während ich im letzten Kapitel die Beziehung zwischen Unternehmen und Nutzerinnen diskutiert habe, geht es jetzt um die spezifische Qualität von Personendaten als Gabe und Ware zugleich – d.h. um die Frage, wie Personendaten zugleich unentfremdbar und entfremdet sein können beziehungsweise singuläre Handlungen von Individuen und zugleich generische, vergleichbare Verhaltensweisen von Nutzerinnen. Im Anschluss diskutiere ich zwei Varianten der Datafizierung, welche die Singularität von digitalen Handlungen »technisch ignorieren« und diese so, wenn nicht zum Verschwinden bringt, sie zumindest unsichtbar macht. Die erste Variante der Datafizierung ist genuin digital. In ihr werden Verhaltensweisen bereits als digitale, verrechenbare Daten »geboren« (7.2). Eine zweite Variante macht Verhaltensweisen »after the fact« zu Daten, wie ich am Beispiel der Vektorisierung zeige (7.3). Die Gemeinsamkeit besteht darin, dass Verhaltensweisen in beiden Fällen zu Daten und dadurch *vergleichbar* gemacht werden.

7.1 Singuläre Verhaltensweisen

Personendaten verweisen als Spuren auf situierte Verhaltensweisen und Bedeutungen, welche die Handelnden damit verbinden. Was auch immer diese Bedeutungen und Kontexte sind: Damit Personendaten als Daten funktionieren können – d.h. unterschiedliche Verhaltensweisen soweit gleich machen, dass sie vergleichbar sind – muss von diesen Bedeutungen abstrahiert werden. Einerseits sollen Daten »echt« sein, d.h. durch authentische Verhaltensweisen authentischer Nutzerinnen zustande kommen. Andererseits werden Bedeutungen und Sinninvestitionen von Nutzerinnen weitgehend ignoriert. Das Wissen, dass Verhaltensweisen authentischer Ausdruck des Selbst oder der sozialen Beziehungen der Nutzerinnen sind, reicht aus. Welche Bedeutungen die Nutzerinnen konkret damit verbinden, ist irrelevant. Wichtiger ist, dass damit gerechnet werden kann.

»Schöne Daten«

Eine Variante, an Memberdaten zu kommen, besteht darin, Member direkt danach zu fragen. Das hat Earlybird vergeblich versucht: Wenn ich mich als Member auf der Webseite anmelde und die Einstellungen meines Profils anklicke, komme ich auf eine Seite, auf der ich Earlybird meine Interessen direkt angeben kann: Zu vier Überkategorien (zum Beispiel: »Lifestyle«) existieren jeweils mehrere Unterkategorien. Für die Überkategorie »Lifestyle« sind das »Reisen«, »Sport«, »Theater/Kultur«, »Fashion«. Diese kann ich jeweils mit einem Häkchen als »interessiert mich« markieren. Zu Earlybirds Bedauern taten das nur sehr wenige Member – trotz teurer »Kommunikationsmaßnahmen«.

Auf Simons Anregung hin – oder in seinen Worten: seinen »Predigten« –, traf Earlybird eine »strategische Entscheidung«: Es sollen möglichst keine weiteren Ressourcen in die Erhebung von »expliziten Daten« gesteckt werden. Solche expliziten Daten, die Interessen und Präferenzen direkt abfragen, sind für Earlybird zu »teuer«, weil sie mit aufwendigen »Kommunikationsmaßnahmen« verbunden sind, um Member aufzufordern und zu motivieren, ihr Profil auf der Webseite auszufüllen. »Von alleine« gehe keiner auf diese Profilseite, um »das anzukreuzen«, sagt Beni.[1] Beni erläutert, was mit »impliziten Daten« gemeint ist: Implizit heiße, Informationen ließen sich aus dem »Verhalten eines Members« oder daraus, was »er uns Preis gibt«, durch »Analysen ableiten«.

In der Literatur zu Empfehlungssystemen, auf die mich Dani hinweist, finde ich weitere Hinweise zur Unterscheidung von impliziten und expliziten Daten. Gemäß Michael Ekstrand et al. (2011, S. 129 ff.) sind explizite Daten von den Nutzerinnen eines Empfehlungssystems explizite geäußerte Präferenzen – zum Beispiel wie gut jemand einen Film auf einer Skala von 1 bis 5 bewertet. Im Kontrast dazu: »implicit ›ratings‹ are inferred by the system from observable user activity, such as purchases or clicks« (Ekstrand et al., 2011, S. 129).[2] Der Nachteil von expliziten Daten liege darin, dass oftmals eine Diskrepanz zwischen geäußerten Präferenzen und dem, was die Nutzerinnen tatsächlich mögen, bestehe: »a discrepancy between what the users say and what they do« (Ekstrand et al., 2011, S. 130). Ekstrand & Willemsen (2016) legen dar, dass in der Entwicklung von Empfehlungssystemen ein behavioristisches Paradigma dominant sei, das sich nicht mehr auf Umfragen oder ethnografische Analysen verlasse, um Nutzungsweisen zu analysieren, sondern das »tatsächliche« Nutzerverhalten bevorzuge – »ignoring [stated] preference when it disagrees with behavior« (2016: 221).[3]

Die Unterscheidung von expliziten und impliziten Daten ist für Earlybird aber nicht in erster Linie als technische Unterscheidung zentral. In Earlybirds Praxis und dem, was Simon im Rahmen des Datenexperiments (siehe Kapitel 5) »schöne Daten« nennt, verschwimmt die Unterscheidung. Die »schönen Daten« müssen explizit erfragt werden, doch steckt in ihnen mehr als die bloßen Informationen darüber, wohin die Teilnehmerinnen reisen und was sie dort tun möchten. Es sind – in Benis Verständnis – auch implizite Daten, weil sie auf latente Sinngehalte und Potenziale verweisen.

Was macht Daten zu »schönen Daten«?

In den Daten-Diskussionen bei Earlybird kristallisieren sich drei Gründe heraus, wieso der betreffende Datensatz »schön« ist. Die drei Aspekte der Schönheit von Daten entsprechen je einem Moment der Datafizierung.

Erstens fallen Freitextantworten nicht automatisch als Nebenprodukt des Gebrauchs von digitalen Infrastrukturen an: Die Member müssen auch hier über spezifische »Kommunikationsmaßnahmen« zur Teilnahme und Preisgabe von Informationen motiviert werden. Im Fall des Wettbewerbs hat das quasi »zufällig« geklappt – ohne technische Vorrichtungen zur »Qualitätssicherung«, wie Simon sagt. Das wirft für Earlybird die Frage auf, wie man diesen Erfolg replizieren könnte und welche »Anreize« sie Membern bieten müssen. Wie im letzten Kapitel beschrieben, positionieren sie die Chance auf einen Gewinn als Motivator und Tauschgegenstand. Für Simon ist klar, dass es sich bei den Wettbewerbsantworten um explizite Daten handelt. Es sei schwierig, aber möglich, »explizite Präferenzen« zu erfragen – wie die Wettbewerbsantworten zeigen sogar in »unfassbarer Qualität«. Diese unfassbare Qualität verweist im ersten Moment darauf, dass Member unter den richtigen Umständen bereit sind, etwas von sich preiszugeben (siehe Kapitel 6). Die meisten Teilnehmerinnen gaben ausführliche Wettbewerbsantworten, obwohl das gar nicht nötig gewesen wäre, um am Wettbewerb teilzunehmen. Niemand gebe auf der Seite von Earlybird seine Präferenzen an. Hier hätten die Teilnehmerinnen aber mit Begeisterung Antworten gegeben, so Simon. Der Wettbewerb machte aus unmotivierten Membern motivierte Teilnehmerinnen, die Daten im Austausch gegen eine Gewinnchance preisgeben.

Zweitens verweist die Begeisterung der Teilnehmerinnen auf einen weiteren Aspekt der Schönheit: Die Teilnehmerinnen waren »intrinsisch motiviert«, wie Max sagt. Was meint er damit? Die Quasi-Umfragen, die sie auf ihrer Profilseite durchgeführt hatten, waren für die Member bedeutungslos: Sich für ein Unternehmen in Konsumkategorien »einzureihen«, ist keine Tätigkeit, die Jugendliche für sich ausüben. Sich darüber Gedanken zu machen, wohin man reisen möchte und was man dort alles für tolle Dinge tun wird hingegen schon, wie Earlybird spekuliert. Die »Schönheit« von schönen Daten besteht darin, dass die registrierten Verhaltensweisen auf »echte«, für die Nutzerinnen selbst bedeutungsvolle, Handlungen verweisen. Das macht die Freitextantworten aber auch zu singulären, unvergleichbaren Äußerungen, die sich nur unter großem Aufwand maschinell weiterverarbeiten lassen. Wie ich weiter unten zeige (7.3), ersetzen Simon und sein Team den soziale Kontext des Wettbewerbs durch einen abstrakten Vektorraum. Darin erscheinen die verschiedenen Antworten als geometrische Repräsentationen, die sich in Bezug auf ihre Ähnlichkeit und Differenz vergleichen lassen.

Der *dritte* Aspekt der Schönheit besteht darin, dass die Daten in einem weiteren Sinne auf »etwas anderes« verweisen (siehe auch Kapitel 8). Earlybird interessiert sich nicht per se dafür, wohin die Teilnehmerinnen reisen möchten – auch wenn das vielleicht im Interesse eines Partnerunternehmens ist, mit dem der Wettbewerb durchgeführt wurde. Earlybird möchte wissen, welche kategorialen Zugehörigkeiten sich in den Freitextantworten verbergen. Sie sprechen den Daten das Potenzial zu, neue Relationen zwischen Membern und Dingen (beziehungsweise den Deals von Partnerunternehmen und potenziellen Werbepartnern) begründen zu können. Mit den Wettbewerbsdaten sei es möglich, Earlybirds brachliegende Marketingsegmente zu reaktivieren. Bisher habe die Möglichkeit gefehlt, Membern zuverlässig Segmenten zuzuordnen. Aus den ausführlichen und persönlichen Texten der teilnehmenden Member, so Simons Idee, ließe sich die Zugehörigkeit zu den Segmenten ableiten. Die explizit erhobenen Daten könnten auf implizite kategoriale Zugehörigkeiten hinweisen. In diesem Sinn ist es nicht der manifeste Inhalt der Freitextantworten, sondern die latente und kalkulierbare, kategoriale Zugehörigkeit, auf welche die Daten hinweisen und die durch eine Analyse manifest gemacht werden können – so die Hoffnung von Earlybird.

Simon – der sich gemäß Beni nicht nur als Mathematikprofessor, sondern auch als Verkäufer sehr gut machen würde – versteht es, das Potenzial dieser Daten zu kommunizieren. Seine Begeisterung wirkt ansteckend: Simon kann Earlybird anhand der Schönheit und des Sinnüberschusses der Wettbewerbsdaten davon überzeugen, ein Datenexperiment zu finanzieren.

Die Sinnüberschüsse der Verhaltensdaten bestehen darin, dass sie als Spuren von Nutzerinnen gelesen werden, die auf subjektiv bedeutsame Handlungen ihrer Urheberinnen verweisen. Earlybirds Problem besteht vor allem darin, den Nutzerinnen eine Infrastruktur für Verhaltensweisen, die sie eigenmotiviert ausüben möchten, anbieten zu können. Mit den Freitextantworten des Wettbewerbs hat das »zufälligerweise« geklappt.

Christian Rudder, Gründer der Datingseite OkCupid, bringt diese Problemlage auf den Punkt: Die Verhaltensweisen im Onlinedating müssen so formalisiert werden, dass Computer sie verstehen können. Gleichzeitig müssen sie den Nutzerinnen aber weiterhin als mehr oder weniger natürliche, »echte» Verhaltensweisen erscheinen:[4]

1 Simon gibt ein anderes Beispiel für die teure Erhebung expliziter Daten. Ein schweizer Einzelhändler hatte einen Brief an alle Mitglieder seines Kundenbindungsprogrammes geschickt, um Geburtstagsdaten abzufragen. Offenbar sei das Geburtsdatum für diesen Retailer wichtig, um »Zielgruppen« zu identifizieren und individuelles »Profiling« zu machen. Das sei eine »teure Variante des Data Cleaning«, könne aber unter Umständen gerechtfertigt sein, erklärt Simon (siehe auch Mützel et al. 2018, S. 122).

2 Siehe auch Thurman & Schifferes (2012, S. 776).

3 Ekstrand/Willemsen (2016) kritisieren diese Praxis, die Nutzerinnen zu »ignorieren«.

4 Die »Echtheit« der Nutzerinnen und ihrer Verhaltensweisen ist auch für Facebook zentral (Bivens, 2017). Am 30. Juni 2012 gab Facebook bekannt, dass der Anteil falscher Profile auf 8.7 Prozent angewachsen sei. Zur Zeit von Facebooks Börsengang am 18. Juni 2012 waren es noch fünf bis sechs Prozent gewesen. In den ersten drei Monaten als börsengehandeltes Unternehmen fiel Facebooks Börsenwert auf knapp die Hälfte der 38 US-Dollar bei Börsengang. Aktuell werden falsche Profile vor allem als politisches Problem behandelt: Als Verbreiter und Verzerrer der öffentlichen Meinung. Für Facebook stellen sie aber ein ökonomisches Problem dar: »Facebook's marketable product is a user base of ›real‹ people that can be targeted with the help of increasingly granular data« (Bivens, 2017, S. 884). »Authentic identity« ist zentraler Bestandteil davon, wie Facebook Wert generiert, wie sie in ihrer IPO-Broschüre festhalten: »Authentic identity is core to the Facebook experience, and we believe that it is central to the future of

> Algorithms don't work well with things that aren't numbers, so when you want a computer to unterstand an idea, you have to convert as much of it as you can into digits. The challenge facing sites and apps is thus to chop and jam the continuum of human experience into little buckets 1, 2, 3, without anyone noticing: to divide some vast, ineffable process – for facebook, friendship, for Reddit, community, for dating sites, love – into pieces a server can handle. At the same time you have to retain as much of the je ne sais quoi of the thing as you can, so the users believe what you're offering represents real life. (Rudder, 2014, S. 13)

Auch Shoshana Zuboff sieht zwischen Formalisierung und »subjectivities« der Nutzerinnen einen Konflikt, wenn sie den Wert von Personendaten in ihrem Verweis auf »subjectivities« sieht. Unternehmen wie Google nehmen aber gegenüber ihren Nutzerinnen eine Position der »formal indifference« ein, die individuelles Verhalten abflacht und auf »bits« reduziert.

> These subjectivities travel a hidden path to aggregation and decontextualization, despite the fact that they are produced as intimate and immediate, tied to individual projects and contexts (Nissenbaum, 2011). Indeed, it is the status of such data as signals of subjectivities that makes them most valuable for advertisers. For Google and other ›big data‹ aggregators, however, the data are merely bits. Subjectivities are converted into objects that repurpose the subjective for commodification. Individual users' meanings are of no interest to Google or other firms in this chain. (Zuboff, 2015, S. 79)

Zuboff vertritt hier eine Position, die in Referenz auf Zelizer als Variante des »hostile worlds«-Arguments verstanden werden kann: Um komplexe und vielschichtige Nutzeraktivitäten zu Datensätzen zu machen, braucht es gewissermaßen den versachlichenden Blick des Markts, um den affektgeladenen, digitalen Handlungen der Nutzerinnen ihr Leben zu entziehen: Der »kalte Blick« der formalen Indifferenz reduziert die warmen Aktivitäten der Nutzerinnen auf ihr Skelett. Demgegenüber hält es Kylie Jarrett (2015) für

the web. Our terms of service require you to use your real name and we encourage you to be your true self online, enabling us and Platform developers to provide you with more personalized experiences« (zitiert in: Bivens 2017, S. 885). Auf Facebook den richtigen Namen zu verwenden und auch online das »wahre Ich« zu sein (beziehungsweise von Facebook dazu motiviert zu werden), ist eine Funktionsbedingung für Facebooks Businessmodell. Es beruht auf der Annahme, dass sich in unseren digitalen Verhaltensweisen unser »echtes Selbst« dokumentiert (siehe auch boyd 2014).

notwendig, beides gleichzeitig denken zu können: Unternehmen wie Facebook müssen ihren Nutzerinnen die Ausübung von sinn- und affektgeladenen, digitalen Verhaltensweisen ermöglichen, die für die Nutzerinnen selbst bedeutsam sind. Obwohl diese Sinnüberschüsse weitgehend weggearbeitet und ignoriert werden müssen, um mit den dadurch entstehenden Daten rechnen zu können, sind sie doch elementar dafür, Nutzerinnen zu motivieren. Ansonsten hätten wir es mit einem für Nutzerinnen langweiligen Anklicken von Kästchen und Ausfüllen von Fragebögen zu tun. Wie Earlybird erfahren musste, ist das nicht etwas, was Nutzerinnen begeistert.

Jarrett schlägt vor, die Tätigkeiten von Nutzerinnen digitaler Plattformen analog zur Reproduktionsarbeit zu verstehen, um einen Antagonismus zwischen Markt und Intimität, Ware und Geschenk sowie Produktion und Reproduktion zu vermeiden. Sie beschreibt im Anschluss an Leopoldina Fortunati (1995) ein Zwei-Phasen-Modell der Werterzeugung für Social Media. So wie der männliche Arbeiter auf weibliche Reproduktionsarbeit angewiesen ist, um seine eigene Arbeitskraft als Ware für den Markt reproduzieren zu können, ist auch der Werterzeugungsprozess von Personendaten auf nichtkommodifizierte Arbeit angewiesen. Wenn das Verhaltensrepertoire für Nutzerinnen bedeutungslos ist oder sich niemand auf der Seite aufhält, kommt die Zirkulation neuer Inhalte und die Produktion von Personendaten ins Stocken. Verhaltensweisen auf Facebook haben gleichzeitig »use-value« für die Nutzerinnen und »exchange-value« für die Plattform, wie es Jarrett formuliert:

> We ›like‹ things first and foremost because we like them, and it is this use-value that produces the impetus to use and continue to use the site; that produces the instantiated capacity to generate user data. Thus, Facebook can only convert the ›labor-power‹ of user experience (living labor) into the commodified form of user data (labor-time) *after* its experience as inalienable use-value by the user. [...]
> ›Liking‹ a friend's status update continues to manifest an inalienable and affectively powerful social relationship, or even asserts a political statement. Thus, while the generation of user data on Facebook is implicated in the capitalist valorization process, it cannot accurately be described as an inherently

> exploitative or wholly commodified process. (Jarrett, 2014, S. 20f., Hervorhebung im Original)[5]

Der »Trick« von Personendaten besteht also gerade darin, dass sie beides gleichzeitig können: Sie verweisen als Spuren immer auf »mehr«, auf etwas, das außerhalb ihrer selbst steht, d.h. die Sinninvestitionen oder der »use-value« der Nutzerinnen selbst. Dieses Mehr ist Gegenstand einer ausführlichen Datenkritik, die einen Reduktionismus der Datafizierung bemängelt (Gitelman, 2013; Puschmann & Burgess, 2014) aber darauf hinweist, dass Daten diesen Kontext immer irgendwie mittragen (Seaver 2015; Loukissas 2019; Leonelli 2019, siehe auch: Kapitel 2). Dieses Mehr begründet den Wert der Daten und motiviert Nutzerinnen zur weiteren Nutzung, muss aber zeitweise »ignoriert« werden, um diesen Wert zum Vorschein zu bringen.

Während die Benutzeroberfläche für Nutzerinnen bedeutungsvolle Verhaltens- und Kommunikationsoptionen zur Verfügung stellt, werden auf der technischen Hinterbühne die sozialen Kontexte und subjektiven Bedeutungen aus den Verhaltensdaten weggearbeitet, um sie zu einer »entfremdeten« Ware oder Ressource zu machen. Die Sinnüberschüsse beziehungsweise die »subjectivities« der Nutzerinnen sind zentral, um weitere Verhaltensweisen zu motivieren, verhindern aber deren Vergleichbarkeit (Heintz, 2010) beziehungsweise Kommensurabilität (Espeland & Stevens, 1998). Grundsätzlich gilt, dass die Kontinuität des gelebten Alltags und gelebter Identitäten in diskrete Kategorien und Handlungsweisen übersetzt oder als solche erst geschaffen werden müssen (Alaimo & Kallinikos, 2017), damit Verhaltensweisen datafiziert oder alternativ kommodifiziert werden können.

Im Folgenden beschreibe ich zwei Varianten, wie diese Vergleichbarkeit technisch hergestellt wird: Die erste besteht darin, Verhaltensweisen und ihre Registrierung über »encoding« (Alaimo & Kallinikos, 2017, 2016) zu vereinen. Die zweite Variante stellt Vergleichbarkeit her, *nachdem* Verhaltensweisen registriert wurden. Beide Varianten »kommodifizieren« Verhaltenswei-

5 Hier ließe sich ein ganzer Forschungszusammenhang anfügen, der sich mit der Frage von Medienkonsum als Arbeit (Smythe, 1977) beziehungsweise der Nutzung von Web-2.0-Angeboten und Social Media als Arbeit befasst (Terranova, 2000; Fuchs, 2014; Ekbia & Nardi, 2017). Von Bedeutung wäre insbesondere die Frage, wie Social-Media-Plattformen den Austausch ihrer Nutzerinnen als unentfremdete Arbeit und Tätigkeit instrumentieren und motivieren, um den Motor von Verhaltens- und Datengenerierung am Laufen zu halten.

sen: Sie lösen sie aus ihrem bestehenden sozialen Kontext heraus, befreien sie von subjektiven Bedeutungen und machen sie zu einer Ressource für Analysen (bei Alaimo & Kallinikos 2017: »computation«) und Vergleiche, um neue Relationen abzuleiten (siehe dazu Kapitel 8).[6]

7.2 Encoding

Mit dem Begriff »Encoding« bezeichnen Alaimo & Kallinikos (2017, 2016) die digitale Standardisierung von Verhaltensweisen, durch die Nutzerinnen oder Dinge (zum Beispiel Beiträge auf Social Media) vergleichbar gemacht werden.

Auf digitalen Benutzeroberflächen ist jede Handlungsoption vorgegeben: Im Code einer Webseite, einer App oder eines Streamingdiensts ist im Detail bestimmt, welche »Aktionen« die Nutzerinnen ausführen können. Nutzerinnen »interagieren« mit »Objekten« und erzeugen dadurch »Relationen«. Aus welchen Einheiten, Aktionen und Relationen die digitale Welt besteht, muss dementsprechend im Voraus von Programmiererinnen und User-Experience-Designerinnen festgelegt werden. Bevor ich also überhaupt etwas auf Facebook tun kann, muss Facebook Entscheidungen darüber treffen, was erwünschte Handlungen sind – zum Beispiel »like«, aber nicht »dislike«. Diese erwünschten Handlungen müssen dann in der Sprache der Benutzeroberfläche (»blauer Daumen hoch«) und in der Sprache der Datenbank (User X likes Object Y) artikuliert und in ein formales Modell von Userverhalten übersetzt werden: Der »like« wird darin als Handlung definiert, die User und bestimmte erlaubte Objekte – Kommentare, Posts und Brands, aber

---

6 Jens-Erik Mai (2016) unterscheidet das Überwachungsmodell und das Capture-Modell (beruhend auf Agre 1994): Das Überwachungsmodell betrachtet Daten als getreue Wiedergaben des Beobachteten. Das Capture-Modell geht davon aus, dass technologische Apparaturen nicht nur beobachten und wiedergeben, sondern das Beobachtete auch verändern (Mai, 2016, S. 198). Im ersten Fall werden bereits bestehende, von der Beobachtungsapparatur relativ unabhängige Phänomene bloß registriert. Im zweiten Fall sind die Beobachtungsapparaturen gleichzeitig Infrastrukturen, die das zu registrierende Verhalten überhaupt erst ermöglichen: Sie stellen Benutzeroberflächen zur Verfügung, in denen die Nutzerinnen nach vorgefertigten »grammars of action« handeln können. Aktivität wird dabei so restrukturiert, dass sie mit ihrer formalen Repräsentation übereinstimmt (Agre, 1994, S. 105-107). Oder weniger zugespitzt: Die Welt und ihre Repräsentation entwickeln sich Hand in Hand (Berg, 1997, S. 409-410).

nicht andere Nutzerinnen – in eine »like«-Relation setzt.[7] Das bedeutet, ich kann auf Facebook nur im Rahmen der vorprogrammierten Möglichkeiten handeln. Der Vorstrukturierung von Aktivitäten auf der Ebene der Nutzeroberfläche entspricht eine Modellierung dieser Aktivitäten in der Datenbank: Objekte wie Nutzerinnen, Posts oder Produkte sind über »actions« wie »like« oder »share« verbunden, die in der Datenbank Relationen zwischen den Objekten erzeugen.[8]

Die mythologisierende Rede des Sammelns von Daten basiert auf diesem Prozess der Infrastrukturierung von alltäglichen sozialen Verhaltensweisen (Alaimo & Kallinikos, 2019; Gerlitz & Helmond, 2013): Sobald Nutzerinnen die instrumentierten Verhaltensweisen wie den »like« als legitime Verhaltensweisen akzeptieren und ausführen, erscheinen solche Aktivitäten nicht

---

7 Nur weil der »like« als vorprogrammierte, digitale Verhaltensweise zur Verfügung steht, heißt das aber noch nicht, dass »liking« auch tatsächlich eine für die Nutzerinnen bedeutsame Verhaltensweise ist, die sie von sich aus ausführen: »The people who engage in the articulated activity are somehow induced to organize their actions so that they are readily ›parsable‹ in terms of the grammar« (Agre, 1994, S. 110).

8 Kent (2012) hebt die vielen kontingenten Entscheidungen hervor, die in die Gestaltung von Datenbanken eingehen: Wie wird die soziale Welt in »entities«, »relationships« oder »attributes« formalisiert? In seinem Buch »Data and Reality – A timeless perspective on perceiving and managing information in our imprecise world« beschreibt William Kent, welche Probleme sich bei der »representation of information in computers« ergeben (Kent, 2012, S. 28). Selbst bei so »einfachen« Dingen wie dem Wareninventar, Personaldateien oder Bankkonten müssen zahlreiche Fragen beantwortet werden, die trivial zu sein scheinen: Was ist »ein« Ding? Wie viele Dinge sind es? Was ist es? Für wie lange? Kent zeigt an ganz alltäglichen Beispielen, wie voraussetzungsreich es ist, die Einheit und Differenz der Dinge zu bestimmen. Zum Beispiel: Wie ist damit umzugehen, wenn es mehrere Kopien des gleichen Buchs in der Bibliothek gibt? Immer wieder betont Kent die »arbitrariness« der Entscheidungen, die Programmierer bei der Modellierung der chaotischen und kontinuierlich verlaufenden Realität treffen müssen. Graeme Simsion, Autor von »Data Modeling Essentials« (2007) und »Data Modeling: Theory and Practice« (2013), schreibt im Vorwort zur Neuauflage von Kents »Data and Reality«: »William Kent uses the word [arbitrary] throughout the book […] to characterize some of the most important decisions that data modelers make. The boundaries of an entity are arbitrary, our selection of entity types is arbitrary, the distinction between entities, attributes, and relationships is arbitrary« (Kent, 2012, S. 13). Leider habe sich daran kaum etwas geändert: Die grundlegenden Probleme seien immer noch die gleichen. Es werden zwar neue Formalismen entwickelt, doch der Fokus liege auf dem Vergleich der verschiedenen formalisierten Modelle und nicht auf den grundlegenderen Fragen, die Kent aufgeworfen hat.

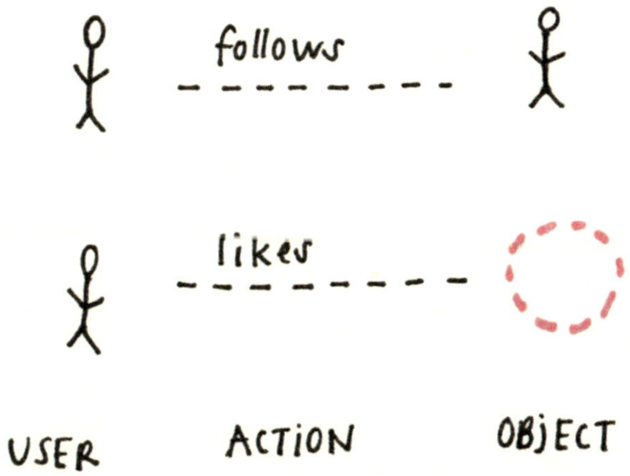

Abb. 3: Datenrelationen (nach: Alaimo & Kallinikos 2016, S. 81)

mehr als »Erfindung«, sondern können »entdeckt« und beobachtet werden, als würden sie natürlich auftauchen.[9]

> Encoding does not record transactions, or simple online behavior (e.g., time spent on Web pages or clickthrough rates); it does not record prior facts, which it then places online, nor does it categorize existing social activities (we do not usually ›follow‹ friends offline). Rather, encoding creates the actions that users are invited to perform and records the performance of such actions into distinct data fields. In this regard, it establishes the terms of user

9 Auch historische Beispiele verdeutlichen, dass sich Daten nicht einfach auffinden lassen, sondern erzeugt werden müssen, um die »Welt der digitalen Computer« und die »Welt der Menschen« zu koppeln (Gugerli, 2018, S. 50). So schrieben Ridenour & Brown (1953, S. 80): »appropriate input and output equipment to couple the world of the digital computer to the world of men often does not exist«. Um beispielsweise einen Computer für die Buchhaltung verwenden zu können, müsse erst ein »tiefes Verständnis« der Aktivität der Buchhaltung vorliegen und Mittel und Wege zur Verfügung stehen, um dem Computer die relevanten Informationen zu übergeben. Es handelt sich also um ein Problem der Formalisierung von Tätigkeiten, die in diskrete Teiltätigkeiten zerlegt werden müssen. Ein Problem der »Formatierung«, wie Gugerli schreibt: »Das Formatieren von Daten war mithin die conditio sine qua non, um unterschiedlichste Handlungsfelder an die Fähigkeiten des Rechners anzupassen« (Gugerli, 2018, S. 49-59).

> platform participation and involvement through the structuring of the user interface. (Alaimo & Kallinikos, 2017, S. 177)[10]

Christina Alaimo und Jannis Kallinikos stellen fest, dass sich digitale Handlungen und ihre Beobachtung verdichten. Am Beispiel von Social Media (Alaimo & Kallinikos, 2016, 2019) und Webshops (Alaimo & Kallinikos, 2017) zeigen sie, wie Handlung und Beobachtung immer näher zusammenrücken und in digitalen Infrastrukturen zusammenfallen. Carolin Gerlitz betont, dass die Aktivität und die Erfassung dieser Aktivität gleichzeitig als zwei Seiten einer Medaille stattfinden:

> Friending, following, liking, commenting, sharing or favoriting allows users to act in prestructured form in the front end whilst at the same time producing equally prestructured data points in the back end. (Gerlitz, 2017, S. 242)

Encoding ermöglicht die Gleichzeitigkeit subjektiv bedeutsamer Verhaltensweisen auf der Nutzeroberfläche und einer »formal indifference« in der Datenbank. Ich kann auf ironische Art das Buch »Harry Potter und der Feuerkelch« auf Facebook »liken«, um einem befreundeten Harry-Potter-Fan, mit dem ich tags zuvor über die kulturelle Relevanz von Harry Potter gestritten hatte, ein Signal zu senden. Dadurch entsteht eine formale Relation in der Datenbank, die nicht zwischen meinem »ironischen« und einem ernst gemeinten Like unterscheiden kann. Differenzen in der Gebrauchsweise des Likes lassen sich so einebnen. Die Bedeutung, die Facebook mit einem Like verbindet, muss nicht dieselbe sein, welche User damit verbinden. Facebook mag den Like als positive emotionale Reaktion definieren. Die User müssen diese Deutung aber keineswegs teilen. Ein Like kann ironisch, als Lesezeichen oder als Geschenk in einer reziproken Like-Ökonomie (Romele & Severo, 2016) vergeben werden, wie es zwischen Jugendlichen üblich ist.[11]

---

10 Gerade in Bezug auf Social-Media-Plattformen wie Facebook ist diese Reorganisation menschlicher Aktivität besonders evident: Die von Facebook vorgegebenen Verhaltensangebote wie »friending« oder »liking« erscheinen zwar wie Alltagsaktivitäten, sind in ihrer Anwendung aber grundsätzlich nicht vorgefundene und bloß registrierte, sondern von Facebook erzeugte Aktivitäten. Wie danah boyd (2006) am Beispiel von Myspace zeigt, entstehen dabei ganz neue Handlungsprobleme, wenn beispielsweise Social-Media-Nutzerinnen entscheiden müssen, welche ihrer Freunde zuoberst in ihrer Freundesliste erscheinen.

11 Paßmann & Gerlitz (2014) beschreiben beispielhaft, wie die Like-Funktion auf Twitter erst von findigen Nutzerinnen erfunden und später von Twitter integriert wurde. Sie

Die Stärke und der Wert des Likes als formalisierte »action« bestehen gerade darin, dass auf der Seite der User interpretative Flexibilität möglich ist und auf der Seite der Datenbank die Handlung des Likens gleichzeitig so standardisiert ist, dass unterschiedlichste User über ihre Likes vergleichbar werden: »Defining an individual user as an aggregation of likes immediately renders the individual qua likes commensurable to other individuals qua likes« (Alaimo & Kallinikos, 2017, S. 179).

Die Datenbank wird damit zum zentralen Produktionsmittel, das Nutzerinnen (und Objekte) als datafizierte Relationen von Nutzerinnen und Objekten herstellt, welche standardisiert und vergleichbar sind und sich für weitere Bearbeitungsschritte anbieten.

> By capturing consumer activities ubiquitously and in minute detail, databases become repositories of complex consumer lives by turning behavior into abstract aggregates of individualized and individualizing data points. Once consumption has been dematerialized and been made available as coded, standardized and manipulable data, there are no more limits to the construction of difference, to classification, and to social sorting. (Zwick & Denegri Knott, 2009, S. 222)

Die Vorstrukturierung möglicher Verhaltensweisen immunisiert die Datenproduktion gegen die subjektiven Deutungen der Nutzerinnen und ermöglicht damit die Produktivität von Daten, die nun für unterschiedlichste Zwecke genutzt werden können: Zum Beispiel für die Analyse der Plattformaktivitäten (z.B. an welcher Stelle verlassen User regelmäßig die Plattform), die Optimierung der Benutzeroberfläche (siehe Holson 2009 für Marissa Mayers »41 Shades of Blue«-Anekdote) oder die Berechnung von Scores und Affinitäten/Interessen, auf deren Basis Werbung angezeigt oder Empfehlungen ausgesprochen werden können (siehe Kapitel 8 und 10 zur Art und Weise, wie diese Daten weiterverarbeitet werden können).

Bisher bin ich davon ausgegangen, dass Nutzerinnen sich immer schon in Datafizierungsinfrastrukturen befinden. Das nachfolgende Beispiel von Earlybird zeigt, dass der Formalisierungsprozess der Nutzerinnen und ihrer Verhaltensweisen schon früher einsetzt. In Bezug auf die Nutzerinnen zeige ich im Folgenden, wie sie durch verschiedene »infrastrukturelle Quantensprünge« von Personen zu Membern und dann zu »Nutzerinnen« werden,

---

zeigen, dass für unterschiedliche Nutzergemeinschaften der »Twitter-Fav« ganz unterschiedliche Bedeutungen haben kann.

denen encodierte Verhaltensweisen zur Verfügung stehen (siehe auch Kapitel 10.4).[12]

Eintreten ins »Earlybird-Universum«

Personen begeben sich in Dateninfrastrukturen hinein oder werden in sie hineingezogen. Dort durchlaufen sie (im Falle von Earlybird) verschiedene Kategorien: Erst das Eröffnen eines Jugendkontos macht aus normalen Jugendlichen »Earlybird-Member«. Kommen sie aus dem bezugsberechtigten Alter heraus oder künden sie ihr Konto, werden sie von aktiven Membern zu passiven Datenbankobjekten. Member, welche die App herunterladen, sich anmelden und tätig werden, indem sie Deals anschauen, liken oder bookmarken, werden zu Nutzerinnen. Wer die App genügend oft benutzt, kann zu einem »engaged user« werden. Wer genügend Informationen mitteilt, kann im Vergleich mit anderen einer bestimmten Kategorie zugeordnet werden (siehe Kapitel 10.4). Die verschiedenen Jugendlichen werden durch infrastrukturelle Siebe[13] geschüttet, so dass genügend Homogenisierung erreicht werden kann, um Differenzen zwischen den Jugendlichen beobachten zu können. Die Metapher des Siebs ist aber auch trügerisch: Ob die Jugendlichen ein Sieb passieren oder nicht, ist möglicherweise weniger von tatsächlichen Eigenschaften oder Verhaltensweisen abhängig als vielmehr davon, was für die Datenbank sichtbar ist.

Das Sieb der Banken: Member

Die Datenbank von Earlybird umfasst mehr als 200 000 Personen in der Deutschschweiz. Sobald ein Jugendlicher ein Jugendkonto bei einer teilnehmenden Bank abschließt, übermittelt die Bank Personendaten an Earlybird: Die Person wird zu einem Earlybird-Member, sobald Name, Adresse und Geburtstag von der Datenbank, dem Excel-File oder der Liste der Bank in die Datenbank von Earlybird wandert. Die Kundengewinnung ist Sache der Banken: Sie übernehmen das Marketing für ihre Jugendkonten, wobei der Verweis auf Earlybirds Geschenke ein zentrales Argument ist, wie die Jugendwerbung verschiedener Banken nahelegt. Die Überweisung neuer Member an Earlybird geschieht zunehmend reibungslos: Viele Banken verfügen über Protokolle mit Earlybird, die den Prozess automatisieren.

12 Der Begriff der infrastrukturellen Quantensprünge ist an Zerubavel (1996) angelehnt, der die Überbrückung kategorialer Grenzen als »mental quantum leaps« bezeichnet.

Das Sieb des Alters: Aktive und passive Member

Sobald Jugendliche in der Datenbank von Earlybird angekommen sind, werden sie zu Membern. Earlybird sendet ihnen per Post und Email (zu Beginn und dann periodisch) Hinweise auf aktuelle Angebote, den Link zur Webseite und zur Installation der App. Zusätzlich erhalten sie jedes Jahr eine Kundenkarte, welche sie zum Bezug vergünstigter Angebote bei den verschiedenen Partnerunternehmen berechtigt. Wer sein Konto auflöst oder aufgrund des Alters (die Grenze ist je nach Bank verschieden und liegt zwischen 26 und 30 Jahren) die Berechtigung verliert, verbleibt zwar in der Datenbank, erhält aber in einem spezifischen Statusfeld den Eintrag: »passiv«. Damit endet auch die Berechtigung zur »Aktivität«: Der Bezug von Earlybirds Rabattangeboten oder die Teilnahme an Wettbewerben ist den berechtigten »aktiven« Membern vorbehalten. Der Wert im Statusfeld aktiv/passiv entscheidet über die aktuelle kategoriale Zugehörigkeit im Earlybird-Universum.

Das Sieb des Logins: User und Nicht-User

Es können zwar sowohl Member als auch Nicht-Member die App herunterladen, doch wird die volle Funktionalität nur freigeschaltet, wenn die im Loginprozess eingegebene Telefonnummer in der Datenbank vorhanden und nicht mit dem Passiv-Flag im Statusfeld versehen ist. Das ist zumindest die Idealvorstellung von Earlybird. Die Gestaltung des Loginprozesses erweist sich aber als nicht so einfach. In einer Arbeitssitzung zum Loginprozess warnte Sabina: Die Zuordnung über die Telefonnummer funktioniere nicht, wenn sie ein »Datenghetto« hätten. Sie fügte an: »Und das haben wir!«. Es stellte sich heraus, dass eine der Banken verlangt habe, zusätzliche Telefonnummern in den Memberdatensatz aufzunehmen. Seither gebe es Probleme mit diesem Daten-»Güsel«: Member seien doppelt vorhanden. Bei manchen seien falsche Nummern angegeben.

Das Sieb der encodierten Verhaltensweisen

Der Loginprozess und die Telefonnummern sind für Earlybird von zentraler Bedeutung, weil die Telefonnummer als »unique identifier« der User dient. Schaut sich eine Nutzerin Deals oder Partnerunternehmen an, vergibt Likes oder nimmt an Wettbewerben teil, soll dies als Tätigkeit dieser spezifischen Nutzerin registriert werden. Dies funktioniert nur, wenn sie eindeutig identifiziert werden kann.

Wie das Tracking-Schema der App zeigt (siehe Abbildung 4), haben Member in der App oder auf der Webseite zahlreiche Möglichkeiten mit verschiedenen Objekten wie Deals, Notifikationen oder Wettbewerben zu interagieren. Tun sie das, entsteht in der Datenbank eine »view«-, »like«- oder »use«-Relation zwischen der spezifischen Nutzerin und beispielsweise einem Deal, den sich die Nutzerin angesehen, gelikt oder eingelöst hat. Die Handlungsoptionen und ihre »Bedeutungen« sind formal im Tracking-Schema festgelegt (siehe Abbildung unten oder sehr zugänglich in Bezug auf Datenmodelle bei Kent 2012), das darüber Auskunft gibt, wie das Verhalten der Nutzerinnen in der Datenbank abgelegt wird.

Als ich das Tracking-Schema fotografierte, arbeitete Earlybird gerade an einer zweiten Version der App. Dani, Junior Data Scientist bei Earlybird Digital, bemerkte eine Unstimmgkeit in der letzten Version der App: Wer einen Partner likt, likt automatisch auch alle Deals, die dieser Partner anbietet. In einem Konzeptpapier für ein Empfehlungssystem führt er weiter aus:

> Because the system does not track interaction with the deal, but with its partner, all the preferences expressed for a partner are applied to all its deals. This is unfortunate, because it is not clear that the user actually would have expressed also, e. g. a like for another deal of the same partner. [...] The data collection in the new version of the app will track the preference for a deal and not for its partner.

Dieses Problem soll in der nächsten App-Version gelöst werden, so dass eine Deal-Like nicht mehr automatisch als Partner-Like interpretiert wird.[14]

Die formale »Bedeutung« von digitalen Verhaltensweisen ist in der Datenbank festgelegt. In Diskussionen um die Interpretation von Partner-Likes oder auch einfachen Likes zeigen sich aber auch bei Earlybird »interpretative Flexibilität« beziehungsweise eifrige Diskussionen darüber, was ein »Herzchen« bedeutet: Bedeutet ein Like für einen Partner, dass die Nutzerin alle seine Deals mag? Ist ein Like wirklich Ausdruck einer Präferenz oder eher eine Art Lesezeichen, um später etwas wieder aufzufinden? Diese Frage kann problemlos offen bleiben.

13 Zum Sieben als Metapher für eine Anthropologie der Algorithmen siehe Kockelman 2013; Maurer 2013.

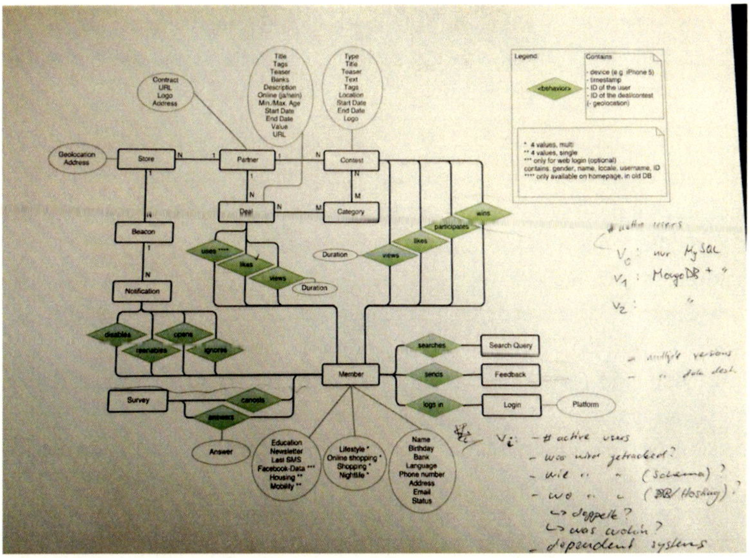

Abb. 4: Das Tracking-Schema der Earlybird-App

7.3 Vektorisierung

Nicht alle Verhaltensweisen von Nutzerinnen werden auf eine so strukturierte Weise registriert, wie Alaimo und Kallinikos (2017) es unter dem Begriff »encoding« beschreiben. Sie argumentieren, dass sich unstrukturiere Daten wie Texte, Bilder, Videos oder Audio grundlegend davon unterscheiden (siehe Kitchin 2014 im Allgemeinen und Bechmann & Bowker 2019; Buolamwini & Gebru 2018; Crawford & Paglen 2019 zu Bildern; zu Musik siehe weiter unten). Dieser »user generated content« (Beer & Burrows, 2007; Bruns, 2008; Ritzer & Jurgenson, 2010; Ekbia & Nardi, 2017) bildet die Kristallisationspunkte der Nutzerpartizipation in sozialen Netzwerken wie Facebook, Tumblr, Twitter, etc., ist aber nicht »encodiert«:

---

14 Christian Sandvig (2014) zeigt, wie Facebook diese Art von Uneindeutigkeit sogar zu nutzen weiß, um ein »like-recycling« zu betreiben. Ein Like für einen Beitrag einer bestimmten Quelle wie beispielsweise das Vice-Magazine wurde von Facebook als Like aller zukünftigen Beiträge von Vice interpretiert. Oder ein Like eines Kommentars zu einem Artikel erzeugte eine Relation zwischen Nutzerin und Artikel, obwohl der Like für den Kommentar abgegeben wurde.

> It is important, however, to distinguish between the content, say, of the uploading or posting (what users generate as content) and the very act of uploading or posting that content (social data). (Alaimo & Kallinikos, 2017, S. 177)

Während durch »encoding« die Verhaltensweisen der Nutzerinnen schon immer »maschinenlesbar« und so gesehen vergleichbar beziehungsweise kommensurabel sind, müssen unstrukturierte, von Nutzerinnen generierte Inhalte erst maschinenlesbar gemacht werden.[15] Wie im vielzitierten und auch in meinem Feld verwendeten Handbuch *Data Science for Business. What You Need to Know about Data Mining and Data-Analytic Thinking* von Provost & Fawcett (2013) sind gerade über Freitextfelder erfasste Textdaten fehleranfällig und »verschmutzt«. Deshalb müssen eine Vielzahl von datenbereinigenden Arbeitsschritten unternommen werden (zum Beispiel das Entfernen von irrelevanten »stopwords« oder »stemming«, d.h. die Reduktion der verschiedenen Wortformen auf ihre Stammform). Am Ende des Aufbereitungsprozesses stehen Daten in »a nice format, like something with columns: name | event | year | gender | event time« (Schutt & O'Neil, 2013, S. 41) (siehe zu »messy data« und zum Prozess der Datenaufbereitung auch: Mützel et al. 2018).

Das grundlegende Problem unstrukturierter Daten besteht darin, diese kontinuierlichen Phänomene diskret zu machen: Wie Gitelman & Jackson (2013) argumentieren, ist der Prozess der Imagination von Daten immer auch ein Kategorisierungsprozess, der aus einer amorphen Realität Formen definiert. Datafizierung heißt, sich die Welt aus Datenpunkten bestehend vorstellen zu können. Das setzt voraus, die Kontinuierlichkeit der Welt in diskontinuierliche Einheiten zu zerschneiden und Ordnungen zu konstruieren (Siehe auch Lury et al. 2012).

Die Datafizierung von Musik ist ein eindrückliches Beispiel, welches diese datafizierenden Ordnungsleistungen verdeutlicht, wenn Musikstücke in immer kleinere Einheiten zerlegt werden. Für das Unternehmen The Echo Nest besteht ein durchschnittliches Musikstück aus ungefähr 2000 »events« (Prey, 2016, S. 33). Unter anderem identifiziert The Echo Nest für jedes Lied in seiner Datenbank »musically relevant elements that occur sequenced in time« (Jehan & DesRoches, 2014, S. 2). Die im Alltag intuitiv verständliche

15 Das Beispiel des »livecoding« (Swift et al., 2014; McLean, 2017) aus der digitalen Kunst unterläuft diese Unterscheidung.

Einheit des Liedes wird aufgebrochen, um das Lied als Datenpunkte neu zu versammeln. Der Song *Never Gonna Give You Up* von Rick Astley hat zehn Sections, 397 Beats und 935 Segmente. Für jedes Segment wird Klangfarbe, Tonhöhe und Lautstärke ausgewiesen. The Echo Nest versteht Musikstücke als Daten: Jeder Song besteht aus einer bestimmten Anzahl und Arten von Events mit bestimmten Eigenschaften. Die Gesamtheit von Klängen, die ein Lied ausmachen, wird dabei in eine neue Ordnung gebracht. Daran anschließend lassen sich »musikalisch ähnliche« Lieder identifizieren und Nutzerinnen empfehlen. Lieder in der Datenbank lassen sich auch auf der Basis abgeleiteter Eigenschaften wie dem »danceability score« vergleichen – »the higher the value, the easier it is to dance to this song« (Lamere, [o.D.]b). Die Aufsplittung der Stücke ermöglicht aber auch Manipulationen wie z.B. eine automatisierte Neuanordnung der Elemente: »The Eternal Jukebox« macht aus endlichen Musikstücken nicht endende, indem ähnliche Segmente des Songs identifiziert und neu zusammengesetzt werden (Lamere, [o.D.]a). An den Übergängen zwischen den Segmenten »springt« der Song zu ursprünglich nicht vorgesehenen, aber ähnlichen, Stellen.[16]

Eine weit verbreitete Methode, um Texte – seien es Blogbeiträge, Statusmeldungen oder ganze Bücher – zu datafizieren, ist die Vektorisierung (Mackenzie, 2017; Rieder, 2020). Das Verfahren der Vektorisierung wurde im computerwissenschaftlichen Forschungsfeld des »information retrieval« entwickelt und maßgeblich von Gerard Salton et al. (1975) geprägt (Rieder, 2020, K. 5). Rieder beschreibt Vektorisierung als Methode, wie Texte in eine »intermediary form« gebracht werden können, um die statistische Verarbeitung zu ermöglichen. Vektorisierung bildet die Basis für viele Techniken

16 Das Beispiel der Musik weist auch auf den Unterschied zwischen Digitalisierung und Datafizierung hin. Spätestens seit dem Aufkommen der CD ist Musik digital. Von datafizierter Musik zu sprechen, wäre an diesem Punkt aber nicht angebracht. Musik als datenförmig zu verstehen und ihr bloßes Vorliegen in einem digitalen Format sind zwei unterschiedliche Dinge. Die Imagination von Dingen als Daten geht einher mit dem Wunsch bzw. der Notwendigkeit von Datenanalyse und Datenmanipulation. Dementsprechend wäre genauer zu untersuchen, ab wann von datafizierter Musik die Rede sein kann und wo deren Ursprünge liegen – zum Beispiel in der musikindustriellen Praxis des Masterings von Aufnahmen und der Manipulation von Tiefen und Höhen (Milner, 2019) oder der Erfindung von Kompressionsverfahren zur effizienteren Übermittlung von Telefongesprächen, wie Sterne (2012) in seiner Analyse des Audioformates MP3 darlegt.

des »machine learning« und des »natural language processing« (Mackenzie, 2017).

Vektorisierung, wie sie im Beispiel von Earlybird beschrieben ist (siehe unten), löst die subjektiven Bedeutungen der Wettbewerbsantworten auf und gibt ihnen eine neue Bedeutung. Der Kontext des Wettbewerbs, der Wettbewerbsfrage oder der subjektiven Wünsche und Hoffnungen weicht dem mathematischen Kontext des Vektorraums von Wikipedia. Die Bedeutung des Texts besteht so gesehen nicht in seiner subjektiven Interpretation durch die Urheberinnen oder jenen, die den Wettbewerb durchgeführt haben, sondern lässt sich nun mathematisch als Kombination von Vektoren ausdrücken. Die Bedeutung eines Worts liegt nicht mehr darin, was ich oder jemand anderes darunter versteht, sondern welche anderen Wörter sich innerhalb des aufgespannten Vektorraums in der Nähe befinden.

> [Vectorizing data] produces a common space that juxtaposes and mixes complex localized realities. […] In vector space, identities and differences change in nature. Similarity and belonging no longer rely on resemblance or a common genesis but on measures of proximity or distance. (Mackenzie, 2017, S. 73)

Im Folgenden beschreibe ich, wie Earlybird Digital Wettbewerbsantworten in Vektoren transformiert und so die Grundlage schafft, um Member automatisiert ihren Marketingkategorien zuordnen zu können.

Rechnen mit Text

> Ich möchte am liebsten nach Jordanien und ganz früh am morgen mit dem Pferd durch die Wüste zur antiken Stadt Petra reiten, damit ich vor den Touristenbussen die Stadt im Sonnenaufgang bewundern kann. Auf den Cook Inseln schnorcheln mit Walhaien und einfach die Seele baumeln lassen. In den USA einmal die unglaubliche Atmosphäre am Burning Man Festival erleben.

So (ähnlich) lautet eine der vielen Wettbewerbsantworten, die bei Earlybird eingegangen sind. Simon sieht Freitexte wie diesen als »missing link« mit dem sich ein Problem von Earlybird beheben lässt. Er formuliert das Problem anhand zweier Thesen. Erstens: Im »Earlybird Universum« existieren fünf Member-Typen: Hedonisten, progressive Postmoderne, Traditionelle, Young Performer und Freestyle Actionsportler (sowie eine Rest-Kategorie).[17] Als Mathematiker sei er bei solchen Dingen skeptisch. Er habe aber immer wieder mit Beni darüber gesprochen und musste irgendwann einmal sagen: »so ist wahrscheinlich die Welt«. Simon geht also davon aus, dass es tatsächlich diese verschiedenen Jugendmilieus gibt und dass sie unter den Earlybird-Membern »ein Stück weit« vertreten sind. Zweitens geht er davon aus, dass das Marketing für die einzelnen Typen Kampagnen entwickeln und durchführen könne. Der »missing link« zwischen den Typen und den Kampagnen sei, wie die Member den einzelnen Typen zugeordnet werden können, so dass sie das Marketing mit entsprechenden Kampagnen ansprechen kann.

Er präsentiert eine »verrückte Idee«, wie sich dieses Problem mit künstlicher Intelligenz lösen lasse. Ein Mitarbeiter von ihm sei gerade dabei, die deutsche Wikipedia herunterzuladen. Damit wollen sie »ein multilayer neuronales Netz« trainieren, das »den Kontext von Wörtern« lernt. Jedes Wort in der Wikipedia wird dafür in einen Vektor[18] transformiert, der im Prinzip so viele Dimensionen haben kann wie Wikipedia Artikel hat (also 2.5 Millionen Dimensionen), aber auf einige hundert reduziert wird. Jedes Wort auf Wikipedia wird dann abgebildet in diesem multidimensionen Vektorraum.

Um Wikipedia als Vektorraum zu beschreiben, wird eine Tabelle erstellt, die alle einmaligen (und lemmatisierten) Wörter und alle Artikel von Wikipedia umfasst (siehe Grafik 5). In die Felder der Tabelle wird dann eingetragen, in welchen Artikeln jedes Wort jeweils vorkommt.[19]

Ein Beispiel: Nehmen wir an, Wikipedia verfüge nur über zwei Artikel: einen Artikel über Soziologie und einen Artikel über Mathematik. Wir zählen nun, wie oft das Wort »Mensch« und das Wort »Rechnen« in beiden Artikeln vorkommt: »Mensch« erscheint 12 mal in Soziologie, 4 mal in Mathematik; »Rechnen« erscheint 1 mal in Soziologie, 5 mal in Mathematik. Diese Transformation erlaubt es, mit Wörtern und Texten zu rechnen: Ähnlichkeiten und Differenzen verschiedener Wörter, lassen sich nun quantitativ ausdrücken, indem beispielsweise die Distanz oder der Winkel zwischen den Wörtern gemessen wird. Auch ganze Texte lassen sich als »bag of words« im Vektorraum lokalisieren und mit anderen Wörtern oder Texten quantitativ in Beziehung setzen.

Die Zahlen im Vektor seien »eine Art Codierung« darüber, in welchem Kontext zum Beispiel das Wort »Mensch« über alle Seiten der Wikipedia verwendet wird. Dies erhalten sie für jedes Wort, das auf Wikipedia verwendet wird. Das ist das Resultat des neuronalen Netzes: ein »word2vec«-Modell. Simon kann nun für jedes Wort in einer Wettbewerbsantwort den Vektor auslesen und addieren. Dieser Vektor entspreche dann dem »Kontext in Bezug auf Wikipedia, wo es gelernt wurde«.

In einem nächsten Schritt werden die Beschreibungen der Lifestyle-Segmente ebenfalls in Vektoren transformiert, zum Beispiel zeichnet sich das Segment der »Hedonisten« durch »Unterhaltung«, »Musik«, »Tanzen«, »Club«, etc. aus. Jedes in der Beschreibung vorkommende Wort wird zu einem Vektor. Alle zusammen werden zu einem »Centroiden« addiert, der für das entsprechende Segment steht. Dasselbe macht Earlybird mit jedem Segment und jeder Wettbewerbsantwort. Daraus ergibt sich ein Vektor für »Hedonist« und einer für die Wettbewerbsantwort eines Members (siehe Grafik 6). Das ermögliche nun ein »algorithmisches Mapping zwischen Membern und den Marketing-Persona«. Das könne man dann dem Marketing übergeben, um Kampagnen damit zu machen.

Encoding und Vektorisierung sind zwei Varianten, mit denen Nutzerinnen und ihre Verhaltensweisen vergleichbar gemacht werden. Die Soziologie der Quantifizierung verwendet den Begriff der »commensuration«, um zu benennen, wie qualitative in numerische Differenz verwandelt wird:

---

17 Bei einem Milieu wisse man nicht wohin damit: das sei der Abfalleimer. Dort gebe es im Text nichts Charakteristisches wie bei den anderen. Sie könnten damit nicht anfangen, weil es kein Wort gebe, das diese Gruppe beschreibe. »Keine Zuordnung möglich« bedeute, dass es in diese Kategorie komme. Wenn der Vektor des User-Inputs relativ weit weg von allem anderen sei, dann gehöre es in diese Kategorie. Simon nimmt aber an, dass sie auch keine Kampagnen für solche Leute designen. Sabina meint, dass diejenigen so verschieden seien, dass einzelne Gruppen darin wieder spezifisch angesprochen werden müssten, z.B. »Straight-Edge«, eine Subkultur, die gar nichts konsumieren wolle.

18 Ein Vektor ist ein mathematisches/geometrisches Konzept. Ein Vektor hat eine Länge und eine Richtung. In einem zweidimensionalen Koordinatensystem – typischerweise als gerader Pfeil abgebildet – beginnt ein Vektor beispielsweise am Nullpunkt (0, 0) und geht zum Punkt (2, 5) (Rieder, 2020, S. 217).

19 Hier gibt es mehrere Möglichkeiten: Salton et al. (1975) zählen, wie oft ein Wort in den jeweiligen Dokumenten vorkommt. Simon und sein Team verwenden den TF-IDF Algorithmus – ein Mass dafür, wie relevant ein Wort in einem Text ist (Gabrilovich & Markovitch, 2007).

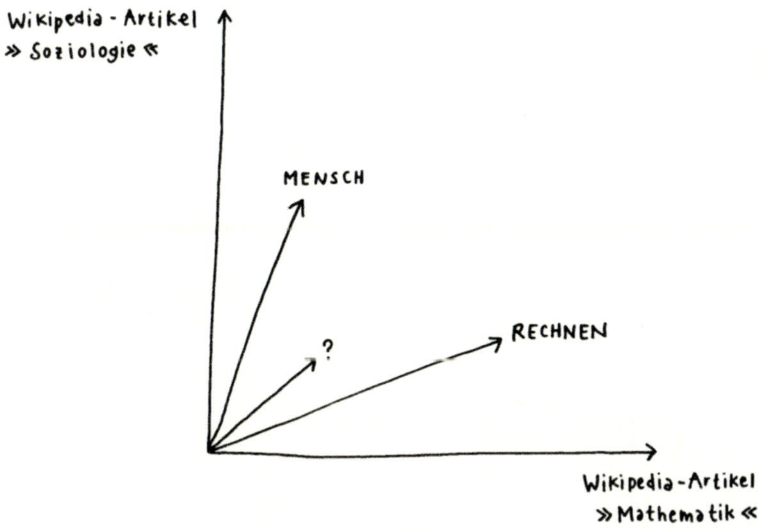

Abb. 5: Beispiel von zwei Vektoren im zweidimensionalen Raum

> Commensuration creates a specific type of relationship among objects. It transforms all difference into quantity. In doing so it unites objects by encompassing them under a shared cognitive system. At the same time, it also distinguishes objects by assigning to each one a precise amount of something that is measurably different from, or equal to, all others. Difference or similarity is expressed as magnitude, as an interval on a metric, a precise matter of more or less. (Espeland & Stevens, 2008, S. 408)

Beide Verfahren reinigen die unterschiedlichen Verhaltensweisen oder Äußerungen von ihren qualitativen Kontextbezügen und subjektiven Sinngehalten. Zahlen oder Daten weisen daher eine geringe »Indexikalität« auf (Heintz, 2010, S. 173). Heintz weist darauf hin, dass dieses »disembedding« die »Anschlussfähigkeit« in kulturell heterogenen Kontexten erleichtert.[20] Die großangelegte ethnografisch-vergleichende Studie »Why We Post«

20 »Um festzustellen, dass Norwegen auf der HDI-Rangliste einen höheren Rang einnimmt als Mexiko und Mexiko einen höheren als Sierra Leone, muss man die Konstruktion des Index kennen, braucht aber nicht zu wissen, wie die Verhältnisse in den Ländern im Einzelnen beschaffen sind. Insofern stellen numerische Darstellungen eine enorme Abstraktions- und Selektionsleistung dar, die die Verständigung vor allem

macht darauf aufmerksam, dass die gleichen Kommunikationsinfrastrukturen (i.e Facebook, Twitter, Whatsapp etc.) in unterschiedlichen kulturellen Kontexten auf unterschiedlichste Weisen verwendet werden (Miller, 2016). Das durch »encoding« etablierte Datenmodell ist für diese Unterschiede aber blind – und braucht davon auch gar nichts zu wissen.

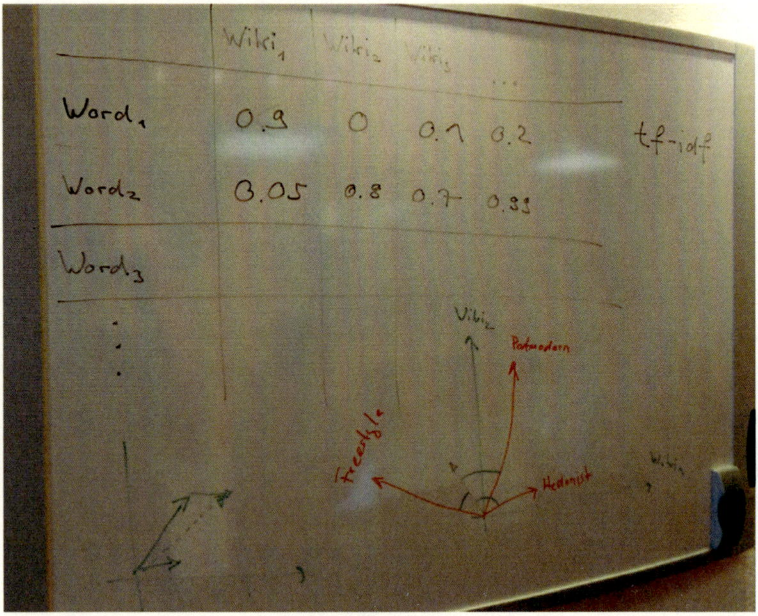

Abb. 6: Simons Darstellung des Wikipedia-Vektorraums

Das Encoding dessen, was Couldry & Mejias (2019a) »life itself« nennen, filtert ü berschüssige B edeutungen, d ie m it H andlungen i m digitalen Alltag verbunden sind. Wie Christina Alaimo und Jannis Kallinikos (Alaimo & Kallinikos, 2019) für Social-Media-Plattformen zeigen, ist die Produktion von Daten »a delicate engineering accomplishment«, das die Handlungen der Nutzerinnen von bedeutungstragenden Kontexten, in welchen diese Handlungen durchgeführt werden, »befreit« und zu digitalen Inskriptionen macht:

---

dann erleichtert, wenn kein gemeinsames kulturelles Hintergrundwissen vorausgesetzt werden kann« (Heintz, 2010, S. 173).

> to dissociate the action users perform from the meaningful contexts in which these actions occur, and treat them as just digital inscriptions, data tokens possible to cross-reference or syndicate, aggregate and combine with other data tokens. (Alaimo & Kallinikos, 2019, S. 304)

»[D]isregarding the ›underlying‹ object« (Charitsis et al., 2018, S. 827) – i.e. die Nutzerin, ihre Wettbewerbsantworten – ist die Bedingung, um aus Daten Wert zu generieren. Sobald encodiert oder vektorisiert wird, geht es nicht mehr darum, wie »people are related in actual life processes«, sondern um ihre Relationen in abstrakten »data spaces« (Arvidsson, 2016, S. 9). Diese Dekontextualisierung öffnet datafizierte Verhaltensweisen für die weitere Verarbeitung und potenzielle, bisher ungeahnte, Verwendungszwecke. Daten und Zahlen sind also nicht nur in kulturell diversen Kontexten anschlussfähig, sondern werden erst dadurch produktiv: Indem sie dekontextualisieren schaffen sie die Möglichkeit, Daten neuen Zwecken zukommen zu lassen und für weitere Verarbeitungsschritte zu öffnen. Verhaltensweisen werden zu »data tokens«, die rekombiniert, aggregiert und an Dritte weitergegeben werden können (Alaimo & Kallinikos, 2019). Solche »Rohdaten« bilden die Grundlage für verschiedene weitere Operationen der Bewertung, der Kategorisierung und des Vergleichs (bei Alaimo & Kallinikos 2017 unspezifisch »computation« genannt). Dabei werden Nutzerinnen oder Gruppen von Nutzerinnen als »audiences« konstruiert und mit neuen, prädiktiven Relationen ausgestattet (Charitsis et al., 2018).

Die Löschung des Kontexts, der die Entstehung der einzelnen Datenpunkte umgibt, ist also nicht als bedauernswerter Umstand oder Fehler zu verstehen (Seaver, 2015). Encoding und Vektorisierung sind Verfahren, die aus Personen und ihren Tätigkeiten Nutzerinnen und Objekte machen, die sich für weitere Operationen der Kategorisierung, der Bewertung und des Vergleichs anbieten: Es ist ein notwendiger Schritt im Prozess, aus »life itself« eine veräußerbare und verarbeitbare Ressource zu machen, die weiteren Transformationsschritten und Verarbeitungsprozessen offen steht. »[T]aking the gift out of the commodity« (Tsing, 2013, S. 21) heißt hier, den sozialen Kontext und die subjektive Bedeutung einer Handlung auszuklammern und nur ihren technischen Kontext in Betracht zu ziehen, so dass zwischen den verschiedenen datafizierten Verhaltensweisen und Nutzerinnen Vergleichbarkeit und neue Relationen hergestellt werden können.

Die sozialen Kontexte und subjektiven Bedeutungen werden durch Encoding und Vektorisierung zwar ignoriert. Seltsamerweise erlaubt gerade diese

Nivellierung datafizierter Verhaltensweisen, dass in einem weiteren Moment der Datafizierung neue Relationen wuchern können. Wie kluge Data Scientists und leistungsfähige Algorithmen solche latenten, vermeintlich immer schon in den Daten steckenden Relationen hervorlocken beziehungsweise produzieren, ist Gegenstand der Kapitel 8 und 10.

8 Drittes Moment: Good Matches

Digitale Personendaten haben einen doppelten Verweisungshorizont. Erstens verweisen sie auf das, was sie als Spuren »präsentieren« (Krämer et al., 2007): auf individuell und sozial bedeutsame Sinngehalte und Interaktionen. Durch Techniken des »encoding« und der Quantifizierung oder Vektorisierung werden Verhaltensweisen von Nutzerinnen abgeflacht und von Sinnüberschüssen befreit. Welche Intentionen oder bedeutungsvollen Interaktionen mit anderen Nutzerinnen, Gruppen oder Dingen verbunden waren, spielt formal keine Rolle mehr – auch wenn das in der Beurteilung der Daten weiterhin relevant ist. Diese »formal indifference« macht singuläre Verhaltensweisen zu vergleichbaren Verhaltensdaten, zu einer Ressource, mit der gerechnet werden kann.

Zweitens verweisen Personendaten prospektiv auf etwas, was in den Daten steckt. Etwas, das nicht explizit mitgeteilt wurde, aber aus den Daten »abgeleitet« werden kann. Wie im Beispiel der »schönen Daten«, ist Earlybird nicht primär daran interessiert, wohin Teilnehmerinnen reisen und was sie dort tun möchten, sondern daran, was sich sonst noch mit den Daten machen lässt.[1]

Das Wertversprechen besteht im »impliziten« Gehalt der Wettbewerbsantworten: den kategorialen Zugehörigkeiten, die sich in den Daten ausdrücken, und den Rückschlüssen auf zukünftige oder wahrscheinliche Verhaltensweisen oder Präferenzen, die daraus gezogen werden können.

Wie das Beispiel von Earlybird, aber auch zahlreiche andere Fälle klar machen, besteht dieser »sekundäre« Zweck vor allem im »social sorting«, d.h. in der Ableitung von kategorialen Zugehörigkeiten wie Geschlecht (Cheney-Lippold, 2011; Buolamwini & Gebru, 2018), sexueller Orientierung (Wang & Kosinski, 2018) für Marketing wertvolle Hinweise auf Lebensereignisse wie

1 Siehe Beauvisage & Mellet (2020) zu »repurposing« von Personendaten oder Mayer-Schönberger & Cukier (2013, S. 173) zur Zweitverwendung von Daten: »In the era of big data […] much of data's value is in secondary uses that may have been unimagined when the data was collected«.

Umzüge oder Schwangerschaften (Ebeling, 2016), Konsumneigungen (Mackenzie, 2018) oder Credit-Scores (Fourcade & Healy, 2017b).

> The surveillance system obtains personal and group data in order to classify people and populations according to varying criteria, to determine who should be targeted for special treatment, suspicion, eligibility, inclusion, access, and so on. [...] It sieves and sorts for the purpose of assessment, of judgement. (Lyon 2003, S. 20, siehe auch Gandy 1993)

Marktakteure verwenden algorithmische Systeme der Kategorisierung und der Bewertung (Fourcade & Healy, 2016), um ihre Kundschaft zu differenzieren (Zwick & Denegri Knott, 2009; Turow, 2003). Entgegen der Annahme von Ökonomen ist der Markt nicht blind für sozialen Status: »markets see social differences very well and thrive on them. Like states, market technologies make societies more ›legible‹« (Fourcade & Healy, 2016, S. 562). Solche Kategorisierungen sind für Individuen folgenreich, da sie bestehende soziale Differenzierungen und Ungleichheiten aufgreifen und neue Differenzierungen erzeugen. Sie resultieren in »classification situations«, die Lebenschancen beeinflussen. Anstrengungen mit dem Ziel »to know your customer« – in der Sprache des Marketings – führen auf der Seite der getrackten, profilierten, kategorisierten und gescorten Individuen zu einer neuen Form von Kapital: »übercapital«, »a form of capital arising from one's position and trajectory according to various scoring, grading and ranking methods« (Fourcade & Healy, 2017b, S. 14).

Insbesondere Credit-Scores sind (zumindest im US-amerikanischen Kontext) ein zentraler Generator von »classification situations«, d.h. der Position im Kredit-Markt und der Art möglicher Kredite. Auch darüber hinaus kommen Credit-Scores in nicht kreditbezogenen Kontexten wie beispielsweise bei Job-Bewerbungen zur Anwendung (siehe Rona-Tas 2017 zu »off-label use« von Credit-Scores).

Auf Vatin (2013) referierend deuten Fourcade & Healy (2016) an, dass die Bewertung (»valuation«) von Individuen von der Verwertung (»valorization« bei Vatin, »value-extraction« bei Fourcade und Healy) teilweise entkoppelt sein kann. Ihr Beispiel der Credit-Scores verdeutlicht dies: Geringes Überkapital im Sinne eines niedrigen Scores ist nicht automatisch mit einem geringen Marktwert verbunden.

> Someone with very low übercapital may actually be very valuable from the point of view of their classification in the market. For instance, companies

> may pay dearly to acquire lists of people with gambling problems, or chronic diseases requiring medication. (Fourcade & Healy, 2016, S. 14)

Es ist dementsprechend nicht alleine die Höhe des Scores oder die Menge an Überkapital, die für die In-Wert-Setzung eines individuellen Datenprofils ausschlaggebend ist. Es interessieren nicht nur die Spitzenplätze in den Scorings. Nicht nur die bestplatzierten, sondern auch Personen mit einem »subprime« Credit-Score erhalten Kredite – nur eben zu schlechteren Konditionen. Es gibt ein »Kreditprodukt« für jeden »Kredittyp«.

Die Nutzung digitaler (und zum Teil analoger) Güter und Dienstleistungen generiert Daten, welche die Nutzerinnen hinter ihrem Rücken als kreditwürdig, »subprime« oder irgendwo dazwischen »markieren« (Fourcade & Healy, 2016, S. 17). Unternehmen nutzen diese Daten, um »good matches« zwischen Konsumentinnen und Produkten herzustellen – zum Beispiel zwischen einer wohlhabenden Kundin und einer Kreditkarte mit hoher Limite. Im Kern geht es darum, potenzielle Kundinnen mit denjenigen Angeboten zu adressieren, welche die höchste Annahme- und Profitwahrscheinlichkeit haben.

Fourcade und Healy schlagen vor, Viviana Zelizers (1994; 2011) Konzept der »good matches« auf digitale Daten anzuwenden. Wie Zelizer darlegt, markieren Formen des Zahlens Beziehungen zwischen Geberinnen und Empfängerinnen. Mit »good matches« bezeichnet sie die Übereinstimmung von Geld- und Bezahlformen mit Kategorien von Personen oder Beziehungen. Fourcade erläutert dies anschaulich am Beispiel von Studentinnen:

> College students worry tremendously about making mistakes when offering in-kind or in-cash gifts to their less privileged classmates, for instance. Is their generosity over-the-top and patronizing? Is the medium appropriate? And if they are on the receiving end, should they accept it and how? Will the gift put them in debt, and undermine the presumed equality in the relationship? The students seem to be aware, in a confused sort of way, that the delicate equilibrium that their cross-class friendships have achieved may be at stake in such exchanges. At stake, too, are their feelings about themselves, their social persona, their place in the broader Princeton society. (Fourcade, 2016a)

Die richtige Art von Transfer (z.B. Geschenke), kombiniert mit der richtigen Form (z.B. Cash), muss mit der spezifischen Art der Beziehung in Abstimmung gebracht werden. Für Studentinnen stehen dabei die Beziehungen zu den anderen Studentinnen auf dem Spiel. Auch für die von Tsing beschriebenen Matsutake-Händler stellt sich ein ähnliches Problem, wenn sie ihre Pilze mit ganz bestimmten Abnehmerinnen im Kopf sortieren, um die richtige Käuferin mit den richtigen Pilzen zusammenzubringen und so die Beziehung zu erhalten. »Good matches« »[get] the economic work of the relationship done and [sustain] the relationship« (Zelizer, 2006, S. 307).

Karen Levy liefert ein weiteres Beispiel, indem sie das Konzept auf Trackingdaten anwendet: »people constitute and enact their relations with one another through the use and exchange of data« (Levy, 2013, S. 75). Das verdeutlicht sie am Beipiel einer Smartphone-App, die es Nutzerinnen erlaubt, den Standort von Freunden in Echtzeit zu verfolgen. Die Beziehung von zwei Personen wird definiert darüber, ob sie sich von ihrem abwesenden Gegenüber tracken lassen. Damit differenzieren die Überwacherinnen zwischen jenen Freundinnen, die sie überwachen, und jenen, die sie nicht tracken beziehungsweise dies nicht zulassen.

Levy belässt es bei der Untersuchung, wie über Daten persönliche Beziehungen zwischen Individuen definiert und aufrechterhalten werden. Wie Fourcade & Healy (2016) anregen, lassen sich aber auch kommerzielle Beziehungen hinsichtlich der Frage untersuchen, wie Unternehmen über Praktiken des Trackings und der Datenverarbeitung ökonomische Beziehungen erzeugen und erhalten. In diesem Sinne sind (ökonomische) Transaktionen nicht nur das Resultat bestehender Beziehungen, sondern »the exchange itself produces varied forms of ties, in the sense of ›connections‹ between various entities« (Cochoy et al., 2017, S. 23), »between persons, between things, and between persons and things« (Cochoy et al., 2017, S. 27). Für Unternehmen der digitalen Ökonomie stehen analog zu den Studentinnen oder den Matsutake-Händlerinnen die guten Beziehungen zu ihren Nutzerinnen (und ihren Werbekundinnen) auf dem Spiel.

Im Kern von »good matches« der digitalen Ökonomie steht die Herstellung eines Passungsverhältnisses zwischen Nutzerin und Dingen, das »engagement« aufrecht erhält (Seaver, 2018) und weiteren Konsum motiviert. Den richtigen Film, das richtige Produkt, den richtigen News-Artikel, den richtigen Post, die richtige Werbung, den richtigen Song als Nächstes zu präsentieren, soll die Nutzerin zum Klick (oder zum Kauf) veranlassen, sie länger auf der Seite halten und so die Beziehung zur Plattform (i.e. Netflix, Instagram, Spotify, etc.) festigen.

Die Herstellung von »good matches« lässt sich dann als eine organisatorische Praxis verstehen, in der Personendaten für die Unternehmen der digitalen Ökonomie in Wert gesetzt werden (Kallinikos & Alaimo, 2019). Über Personendaten lassen sich Nutzerinnen und Dinge sowie Nutzerinnen und Dinge je untereinander in Beziehung setzen und daraus neue Relationen ableiten. »Good matches« sind die Grundlage eines (reziproken) Beziehungsgeflechts zwischen Unternehmen, Nutzerinnen, Dingen und je nach dem auch Werbekundinnen und Entwicklerinnen (Fourcade & Kluttz, 2020).

8.1 Relationen ableiten

Im ersten Moment der Datafizierung werden Nutzerinnen und Unternehmen miteinander verwickelt, um Personendaten zu erzeugen. Im zweiten Moment werden Relationen und Bedeutungen entfernt oder operativ ignoriert, damit die Verhaltensweisen zu Daten werden, mit denen sich rechnen lässt. Im dritten Moment wird gerechnet, um aus den Personendaten neue Relationen beziehungsweise »good matches« zwischen Nutzerinnen und Dingen abzuleiten. Im Idealfall – d. h. in funktionierenden Daten- und Empfehlungsinfrastrukturen – geschehen alle drei Momente mehr oder weniger gleichzeitig, so dass ein Klick zum nächsten führt. Die Relation zwischen Nutzerin und Unternehmen wird aufgefrischt, neue Daten den Profilen hinzugefügt und daraus werden neue Relationen abgeleitet, die zu weiteren Klicks motivieren.

Das ist der Idealfall. Aber wie wird die Lücke zwischen Nutzerin und dem nächsten »Ding« überbrückt? Wie werden »good matches« hergestellt?

Die kurze Antwort: Es sind Algorithmen, welche die Lücke zwischen Nutzerin und Dingen durch »inferring across the gaps« schließen (Amoore, 2011, S. 27). Die »Magie« der Algorithmen (Ziewitz, 2016) ermöglicht »inductive leaps« (Gregg, 2015), um aus Personendaten weitere Daten abzuleiten (Amoore, 2011), die über Passungsverhältnisse von Nutzerinnen und Dingen Auskunft geben.

Um dieses dritte Moment der Datafizierung im Detail zu verstehen, wechseln wir von einer »ontologischen« Perspektive auf Personendaten zu einer »epistemologischen« (Mai, 2016). Unser Fokus verschiebt sich vom ersten Verweisungshorizont darüber, was Daten repräsentieren, auf den zweiten: was aus Daten abgeleitet werden kann.

> Data collection is ontologically oriented; it focuses on data as representing facts about states of affairs in the world: people and activities and the inter-

> relation between places, times, other people, activities, and intentions. Data processing and analysis is epistemologically oriented; it focuses on the facts or realities that data can generate as they are processed and analyzed. (Mai, 2016, S. 198)

Mai illustriert die Differenz anhand eines Problems in der Debatte um Privatsphäre: Er argumentiert, dass Privatsphäre nicht nur durch die *Sammlung* digitaler Personendaten verletzt werde, sondern vor allem durch deren *Verarbeitung*. Er erläutert die Differenz am berühmten Beispiel von Targets »pregnancy prediction score« (Duhigg, 2012). Dieser veranlasste Target, einer jungen Frau Werbung für Schwangerschaftsprodukte zu senden und machte dabei ihren Vater auf die Schwangerschaft aufmerksam.[2]

> The woman's privacy was not violated due to the collection of data (she had presumably volunteered the information), but it could be argued that her privacy was violated due to data processing and analysis. (Mai, 2016, S. 198)

Mai schlägt ein »datafication model of informational privacy« vor, das den Fokus von der Sammlung auf die *Verarbeitung* von Daten verschiebt: Dies erlaubt es zu erkennen, dass nicht die, möglicherweise mit Einverständnis gegebenen, Daten das Problem sind, sondern neue Informationen und Relationen, die daraus »abgeleitet« werden können.

Das singuläre Datum, »junge Frau kauft unparfümierte Lotion«, wird in diesem Sinne erst bedeutungsvoll, wenn sich dieses an sich bedeutungslose Datum zu anderen Daten in Beziehung setzen lässt. Dass sie zum Beispiel Vitaminzusätze und extragroße Wattebäusche gekauft hat und dass diese Produkte von Frauen gekauft wurden, die sich in Targets »Baby Shower«-Programm eingeschrieben hatten (Duhigg, 2012).

> The individual datum produced from a single user at a given time and place (e.g. posting a picture of a meal to Instagram) is both nearly meaningless [...] and valueless [...] until it is linked to the user's past data produced, the user's network of other users, the user's growing network of location data, and the temporal rhythms and spatial patterns embedded in data from many users. (Thatcher et al., 2016, S. 995)

2 Ein oft verwendetes Beispiel, das wie kein anderes zugleich für die »power of the algorithm« (Beer, 2017) steht (zum Beispiel im Buch »Data Science for Business« von Provost & Fawcett 2013) und für die Gefahr der Überwachung und des Data Mining (siehe zum Beispiel: Marwick 2014).

Der Versuch, Personendaten zu individuellen »assets« der Nutzerinnen zu machen (siehe prominent: Lanier 2014), scheitert daran, dass Personendaten nicht schon an sich als Güter betrachtet werden können (Beauvisage & Mellet, 2020, S. 84). Personendaten entfalten ihren Wert erst – beziehungsweise werden erst zur »digital commodity« –, wenn sie mit anderen Daten in Verbindung gesetzt werden (siehe auch: Charitsis et al. 2018).[3]

Ich zeige zwei unterschiedliche Arten, wie Daten miteinander verlinkt werden, um neue Informationen und prospektive Relationen daraus abzuleiten. Die erste Form der Verlinkung nennen Lee et al. (2019) »folding«: Dabei werden Datensätze, Klassifikationen und Normalitäten unterschiedlichen Ursprungs miteinander verbunden, um neue Ordnungsweisen und Perspektiven auf die Welt hervorzubringen. Die zweite Form, die ich im Anschluss an Bettina Heintz' (2010; 2016) Vergleichssoziologie »Relationierung« nenne, bezeichnet die unzähligen algorithmischen Operationen des Vergleichs, in denen Nutzerinnen und/oder Dinge paarweise zueinander in Relation gesetzt werden, um für spezifische Nutzerinnen passende Dinge zu eruieren.

8.2 Faltungen

Eine wachsende sozialwissenschaftliche Literatur befasst sich mit den Folgen weitgehender Profilierungs- und Kategorisierungsmaßnahmen privatwirtschaftlicher und öffentlicher Akteure. Sie kritisiert Verzerrungen in Daten und Algorithmen, die zu ungerechten Resultaten führen – entgegen den Versprechungen, dass Algorithmen vermeintlich neutraler und weniger vorurteilsbehaftet entscheiden könnten. Wie sich zeigt, reproduzieren Algorithmen tendenziell soziale Ungleichheiten. Lee et al. (2019) weisen auf eine implizite Annahme solcher Ansätze hin: Wenn Algorithmen bloß »richtig« funktionieren würden, würden sie auch objektive und faire Resultate produzieren. Diese »objektivistische« Perspektive auf Algorithmen ist sowohl kritisch als auch affirmativ. Anstatt zu fragen, inwiefern Algorithmen oder

3 Beauvisage & Mellet (2020, S. 91) weisen auch darauf hin, dass nicht Personendaten gehandelt werden – »it appears that personal data are not marketized as ›the product‹ in this market, although they came to constitute a key element in its architecture« –, sondern Tools und Dienstleistungen, mit denen sich Personendaten nutzen lassen. Dazu später mehr.

Daten fehlerhaft sind – und damit indirekt: wie sie sich verbessern oder korrigieren lassen, um »korrekte« Resultate zu produzieren – schlagen Lee et al. (2019) eine alternative analytische Perspektive auf Algorithmen vor. Sie betrachten Algorithmen als Teil von soziotechnischen Systemen, die durch »operations of folding« neue Ordnungen und Relationen generieren:

> an analytical approach focusing on folding – on relating things that were previously unconnected – is better able to account for the varied processes by which algorithms order society and nature. (Lee et al., 2019, S. 2)

Lee et al. (2019) beschreiben drei Möglichkeiten, wie Algorithmen als soziotechnische Systeme verschiedene Einheiten in eine Relation bringen können, zwischen denen zuvor keine Relation bestanden hatte. Die Operation der *»Proximierung«* demonstrieren sie an einem Re-Mapping der Aids-Epidemie von sozialen Kategorien wie »homosexuell« oder »Heroin-süchtig« in räumliche Distanzen der Ausbreitung: »a set of social proximities was replaced with a set of spatial proximities« (Lee et al., 2019, S. 4). *»Universalisierung«* macht aus einem Flickenteppich an heterogenen, unter spezifischen Umständen erzeugten, Datensätzen eine universelle Tatsache. Als Beispiel verwenden sie eine Karte der Zika-Verbreitung, welche die Schwierigkeiten und Unsicherheiten der Datenerhebung unsichtbar machen. *»Normalisierung«* beschreibt, wie spezifische Normalitätsannahmen in Algorithmen »eingefaltet« werden. Algorithmen zur Vorhersage von Finanzmarktentwicklungen, die auf einer Glockenkurve basieren, gehen von anderen Normalitätsannahmen aus als solche, die sich auf die Power-Law-Verteilung stützen. Im ersten Fall wird angenommen, dass kleine Bewegungen normal und Krisen selten sind. Die Power-Law-Verteilung geht hingegen davon aus, dass große Veränderungen (i.e. Krisen) weitaus öfter vorkommen als die Glockenkurve suggeriert (Lee et al., 2019, S. 7). Ihr Fazit: Algorithmen bilden nicht eine soziale Realität einfach ab. Sie schaffen durch Faltungen neue Ordnungen, in denen sie Relationen zwischen verschiedenen Einheiten, Zeiten und Räumen bilden.

> Rather than thinking about objects, relations and concepts as stable entities with fixed distances and properties, we might attend to how different topologies produce different nearnesses and rifts. In this way, technologies, such as algorithms, can be understood as folding time and space as much as social, political and economic relations [...]. By analysing algorithms in this manner, we argue that we can gain a better understanding of how they become part of ordering the world: sometimes superimposing things that

> might seem distant and sometimes tearing apart things that might seem close. (Lee et al., 2019, S. 3).

»Folding« scheint mir eine geeignete Metapher zu sein, um zu beschreiben, wie und auf welcher Grundlage Algorithmen operieren. Wie Roberge und Melançon betonen, haben Algorithmen eine »double agency«: »they construct meanings as much as they are shaped by meanings« (2017, S. 308). Der Begriff des Faltens bezieht sich darauf, welche bestehenden Kategorien, Deutungsweisen und Selbstverständlichkeiten in algorithmische Systeme »eingefaltet« werden. Was Fourcade und Healy für das Verhältnis von Quantifizierung und Kategorisierung feststellen, lässt sich auf algorithmische Systeme ausweiten:

> Quantification not only implies classification, it implies classifications on top of other classifications – indeed a classificatory architecture that pulls in variegated ways of boxing and measuring people and things to some end. The pristine numerical output of a final score may bear a tangled relationship to its underlying strata of classes, groups, and types. (Fourcade & Healy, 2017a, S. 289)

Die Idee der Faltung betont, dass bei jeder weiteren Faltung bestimmte Kategorien unsichtbar werden, ohne gänzlich zu verschwinden: Sie werden selbstverständlich und können möglicherweise auch wieder mobilisiert werden.

Das folgende Beispiel von Earlybirds Kategorisierungsexperiment zeigt, wie so unterschiedliche Dinge wie Wettbewerbsantworten, die deutschsprachige Wikipedia, Marketingsegmente, der TF-IDF-»Algorithmus« und Expertenurteile ineinander gefaltet werden, um Nutzerinnen »algorithmisch Kategorien zuordnen« zu können. Aus extrem schwierigen qualitativen Urteilen darüber, welche Nutzerinnen zu welchen Kategorien gehören, werden berechenbare Distanzen, die darüber Auskunft geben, wie nahe sich Teilnehmerinnen und Kategorien im abstrakten, semantischen Raum von Wikipedia sind. Das Experiment zeigt auch, dass menschliche (Experten-)Urteile nicht überflüssig werden, sondern mit eingefaltet werden müssen. Am Ende steht Earlybird vor sauber kategorisierten Teilnehmerinnen, denen nichts mehr von Wikipedia, Experten oder Wettbewerben anzusehen ist.

Falten und Vergleichen

Erste Faltung: Wikipedia

Wir haben bereits gesehen, dass Earlybirds Wettbewerbsteilnehmer erst dann vergleichbar werden, wenn die Wettbewerbsantworten in einem gemeinsamen Kontext positioniert werden können: Das ist der von Wikipedia aufgespannte Vektorraum. Der Kontext des Reisewettbewerbs in all seinen Facetten (Formulierung der Frage, Darstellung der Benutzeroberfläche, Rekrutierung der Teilnehmerinnen, Preise, Hoffnungen der Teilnehmerinnen, etc.) wird für die weiteren Verarbeitungsschritte unsichtbar gemacht und durch den »Kontext Wikipedia« ersetzt. Der Begriff des algorithmischen Faltens macht uns darauf aufmerksam, dass die mathematische Transformation von Text keine einfache De-Indexikalisierung oder Reinigung von Kontext ist: Es resultiert kein objektiver Blick von Nirgendwo (Haraway, 1988). Wie Michael Lynch (1992) in einer Auseinandersetzung mit dem ethnomethodologischen Begriff der Indexikalität beobachtet, lässt sich Indexikalität nicht »reparieren«. Missverständnisse und Unklarheiten lassen sich nur durch einen Bezug auf weitere indexikalische Äußerungen »reparieren«. Die Formalisierung indexikalischer Äußerungen, deren Bedeutungen immer auch im Ungesagten, Unsagbaren und schon Vorausgesetzten besteht, löst das Problem der Indexikalität, indem die Äußerung in einen neuen, formalisierten Kontext (hier: Wikipedia) gestellt wird.[4]

Wie Urs, Simons Assistent an der Hochschule, ausführt, verwenden sie dazu die Methode der »explicit semantic analysis« (ESA) von Evgeniy Gabrilovich und Shaul Markovitch (2007). In ihrem Paper »Computing Semantic Relatedness using Wikipedia-based Explicit Semantic Analysis« schlagen die beiden Autoren ESA als eine neue Methode vor, um maschinelles Textverständnis dem menschlichen näher zu bringen:

> [H]umans interpret the specific wording of a document in the much larger context of their background knowledge and experience. […] in order to process natural language, computers require access to vast amounts of common-sense and domain-specific world knowledge. (Gabrilovich & Markovitch, 2007, S. 1606)

Was ein Mensch versteht, wenn er oder sie das Wort »Wald« hört, ist von individuellen und kollektiven Wissensbeständen und Erfahrungen abhängig. Das soll im Fall von ESA durch Wikipedia simuliert werden. Die Methode basiert auf einer Indexierung von Wikipedia, d.h. es wird eine Tabelle erstellt, die in den Zeilen alle vorkommenden Wörter und in den Spalten alle Artikel (»concepts«) enthalten. In den Schnittpunkten von Wörtern und Artikeln werden Gewichtungen eingetragen, die darüber Auskunft geben, ob ein Wort vorkommt und wie relevant es im betreffenden Artikel ist. Wörter, die im betreffenden Artikel oft vorkommen, im Gesamtkorpus aber eher selten sind, erhalten ein höheres Gewicht (TF-IDF): »These weights quantify the strength of association between words and concepts« (Gabrilovich & Markovitch, 2007, S. 1607).[5] Wie bereits in Kapitel 7 beschrieben, wird durch diese Tabelle ein Vektorraum mit potenziell so vielen Dimensionen, wie Wikipedia Artikel hat, aufgespannt. Für die deutschsprachige Wikipedia sind das 2.5 Millionen. Die Bedeutung eines interessierenden Worts lässt sich bestimmen, indem dieses Wort in der Tabelle nachgeschlagen wird: Wo im Vektorraum befindet sich dieses Wort und welche anderen Wörter sind am nächsten? Relationen der Ähnlichkeit und Differenz beziehungsweise Nähe und Distanz bestimmen seine Bedeutung (siehe die Grafiken 5 und 6 im vorhergehenden Kapitel).

Als größte und mittlerweile auch anerkannte Enzyklopädie betrachten die Autoren Wikipedia als geeignetes Korpus, um die maschinelle Repräsentation von Textdaten zu verbessern. Wikipedia-Artikel eignen sich insbesondere deshalb, weil es sich dabei um »natural concepts«, »defined by humans themselves« (Gabrilovich & Markovitch, 2007, S. 1606) handle und sich jeder Artikel mit nur einem spezifischen Thema im Detail befasse. Eine zentrale Rolle spielt dabei die Idee der »semantic relatedness«, die den opaken Prozess der menschlichen Interpretation approximieren soll.[6] »[B]ackground knowledge and experience«, das in den Köpfen der Interpreten steckt, wird über Wikipedia-»concepts« operationalisiert. Wikipedia, wie auch andere Enzyklopädien, scheinen die Funktion als neutrales universelles Korpus einzunehmen, in dem das Wissen und die Erfahrungen aller gleichermaßen stecken.[7] Doch Simon und sein Team ziehen in Erwägung, dass Wikipedia möglicherweise nicht der richtige »Kontext« für die Kategorisierung der Earlybird-Member darstelle. Sie stellen in Aussicht, das Archiv aller »20 Minuten«-Artikel zu verwenden, falls sie Zugang dazu erhalten.[8] »20 Minuten« sei näher an der Jugendsprache als Wikipedia und sei für den Schweizer Kontext angemessener, da darin auch spezifische Schweizer Begriffe wie »Velo« und »Glacé« abgebildet seien. »Semantic relatedness« ist davon abhängig, welcher »Kontext« in den Kategorisierungsalgorithmus »eingefaltet« wird.

Zweite Faltung: Marketingsegmente

Wie Gabrilovich und Markovitch zeigen, lässt sich die Ähnlichkeit beliebiger Wörter oder auch ganzer Texte im Kontext von Wikipedia eruieren. Earlybird ist aber nicht an irgendwelchen Wörtern interessiert. Ihnen geht es darum, die Freitextantworten der Teilnehmerinnen mit Beschreibungen von Marketingsegmenten in Beziehung zu setzen, um daraus automatisch kategoriale Zugehörigkeiten der Member abzuleiten. Simon lässt die Milieubeschreibungen, die er von Earlybird erhalten hat, von einer Kollegin an der Fachhochschule mit weiteren beschreibenden Begriffen »anreichern«.

Die Definitionen der Marketingsegmente unterliegt im Verlauf des Kategorisierungsexperiments einem starken Wandel, wie ich erfahre. Die auf 20 Schlagwörter angereicherten Beschreibungen werden weiter optimiert, so dass die Milieus zu einem späteren Zeitpunkt nur noch durch drei bis sieben Schlagwörter charakterisiert sind. Gemäß Simon und Urs hätten sie mit diesen kürzeren, dafür aber »präziseren« Schlagwortlisten die besten Resultate erzielt.

Die automatisierte beziehungsweise »algorithmische Lösung« – das heisse: ein »Computerprogramm« zu schreiben, das »Hypothesen« aufstellen kann, welche Member zu welchen Zielgruppen gehören – für das Zuordnungsproblem ist eine spezifische Variante des Vergleichs: Erst werden die unterschiedlichen Einheiten paarweise zueinander in Beziehung gesetzt, um dann diese Beziehungen zu vergleichen (siehe genauer in den Kapiteln 8.3 und 10).

Dazu werden sowohl die Milieubeschreibungen als auch die Freitextantworten in den Vektorraum übertragen. Aus den Vektoren der einzelnen Wörter eines Milieus wird der »Centroid« berechnet, d.h. das geometrische Zentrum aller Wörter eines Milieus. Das Gleiche wird für die Freitextantworten gemacht. In Pseudo-Code ausgedrückt lautet die Vorgehensweise wie folgt:

1. Generiere die ESA-Datentabellen aus Wikipedia (Wörter in den Zeilen, Wikipedia-Artikel in den Spalten, TF-IDF-Werte in den Feldern).
2. Bestimme die Wörter der Marketingsegmente; bestimme ihre Lage im Vektorraum; berechne den Centroiden für jedes Segment.
3. Für jede Freitextantwort:
    (a) Bestimme die Lage aller Wörter im Vektorraum; berechne den Centroiden.

(b) Berechne die Distanz zu jedem Segment.
(c) Ordne die Segmente aufsteigend nach dem Kriterium »Distanz zur Antwort« und retourniere jenes Segment mit der niedrigsten Distanz.

Segmente und Antworten werden vergleichbar gemacht, indem sie in einem gemeinsamen Vektorraum positioniert werden. Differenzen und Ähnlichkeiten lassen sich quantitativ als Distanzen ausdrücken. Wie wird nun verglichen? Die Spezifik des algorithmischen Vergleichs besteht darin, dass Segmente und Antworten paarweise *relationiert* werden. Das heißt, die Relationen aller Antwort-Segment-Kombinationen werden verglichen, ausgedrückt als Maß ihrer »semantic relatedness« (Gabrilovich & Markovitch, 2007). Es interessiert nicht, welche Antwort den höchsten Hedonisten-Score aufweist. Entscheidend ist, für welches Segment eine spezifische Antwort den höchsten Score erhält.

Die Zuordnung von Segmenten operiert als Vergleich: Der Vergleich von paarweisen Antwort-Segment-Relationen produziert kategoriale Relationen im Sinn von »nominal judgements« (Fourcade, 2016b). In der Herstellung handelt es sich nicht um absolute, sondern unscharfe, kontinuierliche Zuordnungen: Jede Antwort erhält für jedes Segment einen Score, der darüber Auskunft gibt, wie gut das Milieu passt.[9] Aus diesen kontinuierlichen Scores werden nominale Kategorien: »Continuous measures are cut into ranked scales, which in turn come to life as classes or categories of person, organization, or group« (Fourcade & Healy, 2017a, S. 287). Wer für das Segment »Hedonist« den höchsten Score aufweist, wird in den anschließenden Marketingkampagnen als Hedonist behandelt.[10]

Dritte Faltung: Der Goldstandard, oder: händische Kategorisierung durch Expertinnen

Die Frage sei nun: »Wie messen wir, ob das funktioniert?« Woher weiss Earlybird, ob es sich nicht einfach um einen »mehrbesseren Zufallsgenerator« handle? Für Simon und sein Team sei klar, dass sie das nicht selber entscheiden könnten: Sie müssten die Vorgehensweise mit jener einer Person vergleichen, die beurteilen kann, was zusammengehört: »das unterstellen wir euch«. Mit »euch« meint er mich, Sabina und Anna. Sabina ist die Marketingleiterin, Anna ist die Mitarbeiterin eines befreundeten Jugendmarketingbüros, wo sie »content creation« und »storytelling« macht. Sie war bei der Durchführung des Wettbewerbes für das Reisebüro ebenfalls involviert. Wir wurden einberufen, um einen »Goldstandard« zu erarbeiten, der als »benchmark« für den Algorithmus dienen kann, d.h. es soll dann verglichen werden können, wie gut der Algorithmus darin ist, Milieus mit Teilnehmerinnen zu verbinden. Gemäß Simon brauche es dazu erfahrene Marketingexperten – mir als Soziologe wird ebenfalls die notwendige Expertise zugesprochen – um die sechs verschiedenen Milieus den Teilnehmerinnen zuzuordnen.[11]

Simon bereitete eine Excel-Datei für uns vor, in der wir alle Wettbewerbsantworten vorfanden, die jeweils um zwei Spalten ergänzt waren. In die erste Spalte sollten wir dasjenige Milieu eintragen, von dem wir »vermuten«, dass es am besten passt. Die zweite Spalte sei für ein zweites Milieu reserviert, das nicht so gut wie das erste passe. Wir könnten auch angeben, dass keine Zuordnung möglich sei. Sie würden dann eine »Konsensdiagnose« vornehmen: Die erste Priorität erhalte zwei Punkte, die zweite Priorität einen Punkt. Unsere Resultate könnten sie dann zu einem »Konsens« »konsolidieren«. Es lasse sich dann noch filtern: Wenn drei Personen an einer Stelle das Gleiche sagen, sei die »reliability« hoch. Wenn alle etwas Unterschiedliches sagen, könne man den Datensatz verwerfen. Wenn wir alle unterschiedlicher Meinung seien, könne man vom Algorithmus nicht erwarten, dass er das Richtige ausgebe. Jene Fälle, in denen wir als Experten und Expertinnen übereinstimmen, verwenden sie als »Goldstandard« – als »absolute Wahrheit«, an dem sich der Algorithmus messen muss.

War im Email und im Gespräch mit Beni noch die Rede davon, dass Sabina, Anna und ich gemeinsam ausdiskutieren sollten, welchen Teilnehmerinnen wir welche Segmente zuordnen, so ist jetzt gefordert, dass wir dies unabhängig tun. Es scheint so zu sein, als wäre die »intelligence of the crowd« nicht deliberativ, sondern die Summe aller Einzelurteile. Anna fragt nach, wie sie damit umgehen soll, wenn jemand die Schweiz als Reiseland angebe – was eher bei traditionell orientierten Leuten beliebt sei – und dann aber etwas sehr Spezielles dazu schreibe. Simon antwortet, dass wir das »frei aus dem Bauchgefühl« machen sollten, aber alle Länder und alle Antworten berücksichtigen sollten: Wir sollen auf »das Ganze« schauen. Die Antworten seien auch geordnet: Was als erstes angebeben wird, sei wichtiger.

Wir einigen uns darauf, in einem Monat je die ersten 600 Wettbewerbsantworten zu kategorisieren. Ich erhalte die Rolle des Koordinators. Tags darauf schickt mir Simon den Datensatz. Beim Durchsehen der ersten 50 Antworten fällt mir auf, dass Länder und Freitextantworten verschoben sind. Zudem sind einige Textantworten italienisch und französisch. Ich kontaktiere Simon: Er ist froh, dass ich ihn auf den Fehler aufmerksam mache und schickt mir die richtige Version des Datensatzes. Die italienischen und französischen Textantworten entferne ich, bevor ich Anna und Sabina den Datensatz zur individuellen Kategorisierung schicke.

Die Kategorisierung einzelner Wettbewerbsantworten erweist sich für mich und auch die anderen als schwierig und oftmals mehrdeutig: Manche Antworten sind kurz und knapp, andere ausführlich und reich an Informationen über die Teilnehmerinnen. In beiden Fällen ist die Zuordnung schwierig. Manchmal sind zu wenig Informationen vorhanden, um eine befriedigende Entscheidung zu treffen. Oder die Antworten zeichnen sich durch einen so hohen Einfallsreichtum aus, dass es unangebracht scheint, die Teilnehmerin auf eine stereotype Kategorie zu reduzieren.

Bei der Präsentation der Resultate bedankt sich Simon, dass wir 600 solcher Zuordnungen gemacht hätten. Er witzelt, dass wir wohl mittlerweile eine Selbsthilfegruppe gegründet hätten. Damit spricht er ein für Earlybird wichtiges Problem an: Die Zuordnungen händisch vorzunehmen, braucht sehr viel Zeit und ist entsprechend teuer: Es »skaliere« nicht und sei »bloody boring«, daher sei auch ihre Ambition, eine Software zu machen, die eine solche Zuordnung automatisiert. Wie schwierig und umstritten die Zuordnungen sind, wird gleich nochmals deutlich, als Simon erläutert, dass Konsens über ein »majority voting« eruiert wurde. Er gibt ein Beispiel einer Teilnehmerin, welche die jordanische Stadt Petra besuchen, am Strand die Seele baumeln lassen, mit Walhaien schwimmen und am Burning-Man-Festival in den USA teilnehmen möchte (siehe oben). Zwei der Experten oder Expertinnen, deren Identitäten anonymisiert wurden, hätten bei dieser Antwort gesagt, sie sei »progressiv postmodern«, einer »Hedonist«. Gemäß »majority voting« werde die Antwort dem Milieu »progressiv postmodern« zugeordnet, auch wenn das etwas »hemdsärmlig« sei. Mehr Experten seien besser.

Sabina kommentiert den vorliegenden Fall: Sie meint, diese Antwort sei extrem schwierig zuzuordnen, da die drei Antworten sehr unterschiedlich seien. Simon findet interessant, wie sowohl der Reiseort als auch die Antwort in die Beurteilung eingingen. Aber auch die Formulierungen seien interessant, sage ich. Zum Beispiel töne »die Seele baumeln lassen« etwas klischiert. Es geht kleine Diskussion los, wie der Fall interpretiert werden soll. Nik ist für Young Performer, Beni wirft Action Sportler ein, was Sabina verneint. Beni verteidigt seine Antwort: Mit Walhaien schwimmen sei mit Risiko und Nervenkitzel verbunden! Nik meint »progressiv postmodern«. Simon beendet die Diskussion: man könne sehr lange über einen Fall »philosophieren« und Anna, Markus und Sabina hätten 600 zugeordnt. Bei 80 der 600 Antworten seien wir drei einer Meinung gewesen. Bei zirka 300 ließ sich mit »majority voting« ein Milieu zuordnen. Simon ist mit diesen Übereinstimmungen zufrieden und meint, dass sich damit etwas machen lasse.

4 »To attempt to ›repair‹ indexicality is to try to fix a machinery that isn't broken. Indexical expressions do present particular problems for programs in machine translation, survey analysis, linguistics, or other academic or practical endeavors for devising formal representations of practical actions. But once we no longer assume the classic posture of an objective observer, the general problem of indexicality dissolves. Ambiguities and misunderstandings sometimes arise in ordinary communicational activites, but even when they do they are repaired through further use of indexical expressions« (Lynch, 1992, S. 285).

5 TF-IDF ist das »blunt instrument« in der Schublade der Data Science, wie Simon meint. Beel et al. (2016) zeigen, dass 83 Prozent aller textbasierten Empfehlungssysteme TF-IDF benutzen. Die Idee der »term specificity« – ein Wort ist für einen Text umso charakteristischer, in je weniger anderen Texten des Korpus es vorkommt – wurde von Karen Spärck Jones eingeführt (1972, siehe auch: Rieder 2020).

6 Menschliche und algorithmische »Interpretation« sind insofern ähnlich, als beide relativ opak sind (Burrell, 2016).

7 Verschiedene Studien weisen darauf hin, dass vor allem besser gebildete, weiße Männer aktiv an Wikipedia mitarbeiten (Hargittai & Shaw, 2015).

8 »20 Minuten« ist die meistgelesene Schweizer Tageszeitung. Sie liegt an Bahnhöfen und Bushaltestellen kostenlos auf.

9 Falls der höchste Wert einen bestimmten Schwellenwert nicht übersteigt (konkret: das 10-Prozent-Quantil in der Verteilung der höchsten Similaritäten), wird die Antwort der Kategorie »special groups« zugeordnet.

10 Oder alternativ: Wer einen bestimmten Schwellenwert für ein Segment übersteigt, wird als »Hedonist« *und* »Young Performer« behandelt. Wie Martin Degeling betont, ist es von Vorteil, über mehr potenzielle Interessen Bescheid zu wissen: »Die Ungenauigkeit im Profiling macht aus der Perspektive der WerbevermarkterInnen allerdings durchaus Sinn. Es geht eben nicht darum, eine umfängliche und korrekte Persönlichkeitsbeschreibung vorzunehmen, sondern darum möglichst viele aktuelle Interessen zu kennen, für welche dann Werbung angezeigt werden kann« (Degeling, 2017, S. 24).

8.3 Die Operationen des algorithmischen Vergleichs

Am Beispiel von Earlybird lässt sich beobachten, wie bestehende Marketingsegmente (und anderes) in die Funktionsweise algorithmischer Kategorisierung eingefaltet werden. Um die Nutzerinnen den jeweiligen Kategorien zuzuordnen beziehungsweise zu bestimmen, welche Kategorien am besten passen, ist relativ unauffällig auch ein Vergleich eingefaltet.

Es scheint intuitiv klar zu sein, dass Algorithmen vergleichen. In Auseinandersetzung mit dem analytischen Vergleichsbegriff von Bettina Heintz argumentiere ich aber, dass sich die Funktionsweise des algorithmischen Vergleichs von »normalen« Vergleichen in zwei Hinsichten unterscheidet. Erstens finden algorithmische Vergleiche auf der Hinterbühne statt. Auf der personalisierten Benutzeroberfläche präsentieren Unternehmen nicht Vergleiche, sondern einfache Listen oder Empfehlungen, deren Ordnungsweise sich für die Nutzerin nicht ohne Weiteres erschließt. Zweitens zeigt ein detaillierter Blick auf die Operationen des algorithmischen Vergleichs, dass nicht Nutzerinnen oder Dinge verglichen werden, sondern paarweise Relationen. Scores beobachten nicht einzelne Nutzerinnen, sondern paarweise Kombinationen von Nutzerinnen und Dingen oder »Kategorien« wie Jugendmilieus.

Bettina Heintz (2010; 2016) stellt einen soziologischen Vergleichsbegriff zur Verfügung, der drei Aspekte des Vergleichs analytisch voneinander unterscheidet:

Erstens können Vergleiche nur dort durchgeführt werden, wo die Vergleichseinheiten als vergleichbar gelten. Vergleiche beruhen also auf einer Kategorisierung und können zur Grundlage weiterer Kategorienbildung werden. Im letzten Kapitel haben wir gesehen, dass im Bereich der Personendaten Vergleichbarkeit einerseits durch Encoding, d.h. Standardisierung möglicher Verhaltensweisen, und andererseits durch Vektorisierung hergestellt

11 Auch Gabrilovich und Markovitch vergleichen ihre Resultate mit einem »menschlichen Goldstandard«. »Humans have an innate ability to judge semantic relatedness of texts. Human judgements on a reference set of text pairs can thus be considered correct by definition, a kind of ›gold standard‹ against which computer algorithms are evaluated« (Gabrilovich & Markovitch, 2007, S. 1609). Wie Menschen die »semantic relatedness« von Wörtern beurteilen wird über ein Korrelationsmaß damit in Beziehung gesetzt, wie Algorithmen die »semantic relatedness« berechnen. ESA erzielt eine höhere Korrelation mit »human judgement« als andere Algorithmen (Gabrilovich & Markovitch, 2007, S. 1609).

werden kann. Heintz macht darauf aufmerksam, dass die Grenzen des Vergleichs nicht einfach gegeben sind, sondern das Resultat gesellschaftlicher Institutionalisierung: Personen für die Volkszählung zu zählen ergibt erst dann Sinn, wenn die Bettlerin und die Königin nicht mehr als grundsätzlich verschiedene Wesen gelten, sondern beide gleichwertig der Kategorie »Mensch« zugerechnet werden können. Gleichzeitig hat der Vergleich auch Effekte: Werden zwei Dinge wiederholt über den Vergleich zueinander in Beziehung gesetzt, kann es zu einer Plausibilisierung ihrer Gleichheit kommen – zum Beispiel technische Hochschulen und Universitäten oder private und öffentliche Universitäten, deren Vergleichbarkeit von Universitätsrankings unterstellt wird.

Zweitens benötigt jeder Vergleich ein Vergleichskriterium und dazugehörige Verfahren, um Ähnlichkeiten und Differenzen zwischen den Vergleichseinheiten fest- beziehungsweise herzustellen: zum Beispiel die von Fourcade & Healy (2017b) beschriebenen Credit-Scores. Potenzielle Schuldner müssen dazu in Bezug auf ihre Bonität vermessen oder eingestuft werden, zum Beispiel anhand ihres Einkommens. Während zählen in manchen Fällen ausreicht, ist es meist komplizierter, insbesondere dann, wenn sich das interessierende Kriterium nicht direkt beobachten oder ohne Weiteres erschließen lässt (Mayntz, 2017) – zum Beispiel in der Frage, wie die »Qualität« von Kommentaren gemessen werden kann (siehe Kapitel 10.1). Es müssen dann Entscheidungen für bestimmte »proxies« getroffen werden, die beobachtet oder gemessen werden können und als Stellvertreter Auskunft über das gesuchte Vergleichskriterium geben (zum Beispiel quantitativ feststellbare Betreuungsverhältnisse an Universitäten als Stellvertreter für die Qualität der Lehre).

Drittens funktionieren Vergleiche als »Relationierungsinstrumente«:

> Indem [Vergleiche] Sachverhalte anhand einer dritten Grösse auf ihre Unterschiede hin beobachten, stellen sie zwischen diesen einen Sinnzusammenhang her, der um einiges komplexer ist als die Ordnungssstruktur, die sich aus der blossen Zuordnung zur gleichen Kategorie ergibt. (Heintz, 2016, S. 307)

Dabei handelt es sich um kategoriale oder ordinale Relationen (siehe Fourcade 2016b; Heintz 2019 zu Ranglisten als Sonderform des Vergleichs), die Sinnzusammenhänge zwischen Einheiten herstellen, ohne dass diese sich explizit aufeinander zu beziehen brauchen: Es kommt zu Interdependenzen ohne faktische Vernetzung.

Algorithmische Vergleiche *relationieren* ihre Vergleichseinheiten auf unterschiedliche Weise. In »normalen« Vergleichen ist Relationierung ein Effekt des *öffentlichen* Vergleichs: Beispielsweise erzeugen Hochschul- oder Städterankings potenziell Effekte, indem sie zwischen den verglichenen Einheiten Sinnzusammenhänge herstellen und so einen Raum relevanter anderer Einheiten als Orientierungs- oder Abgrenzungsgrößen aufspannen: Die Zweitplatzierte kann die Verhaltensweisen der Erstplatzierten imitieren, muss aber gleichzeitig auch die aufholenden Konkurrentinnen im Blick behalten (siehe Espeland & Sauder 2007 für Law-School-Rankings). Der algorithmische Vergleich verfährt anders: Auch hier wird verglichen. Doch der Vergleich findet auf der Hinterbühne statt und wird unsichtbar gemacht. »Kommunikativ erscheinen Empfehlungen nicht als Vergleiche (von Nutzerinnen), sondern als Relationen von Dingen« (Unternährer, 2020b, S. 385).

Bei normalen Vergleichen ist Relationierung ein Effekt der *Darstellung*. Die Vergleichseinheiten (zum Beispiel Skirennfahrerinnen) erfüllen die kategorialen Gleichheitsbedingungen, die einen Vergleich sinnvoll erscheinen lassen (i.e. weibliches Geschlecht, Qualifikation). Sie werden in Bezug auf ein Kriterium verglichen (i.e. wie schnell sie den Berg hinunterfahren) und in eine (ordinale) Vergleichsordnung gebracht (i.e. die Rangliste). Die einzelnen Skifahrerinnen werden in besser-schlechter-Relationen zueinander gesetzt. Die Positionierung in der Rangliste bestimmt, wen die Skifahrerinnen und ihre Zuschauerinnen als direkte Konkurrenz wahrnehmen.

Bei algorithmischen Vergleichen ist Relationierung eine rechnerische Operation, die Einheiten gleichen Typs (Nutzerinnen mit anderen Nutzerinnen), aber auch Einheiten unterschiedlichen Typs (Nutzerinnen mit Dingen wie beispielsweise Filmen) paarweise zueinander in Beziehung setzt (zum Beispiel die Berechnung einer Korrelation oder einer Distanz). Scoring- oder Empfehlungsalgorithmen relationieren vor allem durch die Feststellung von Differenz und Ähnlichkeit, d.h. während der Durchführung des Vergleichs. Sind die Vergleichseinheiten vergleichbar (zum Beispiel Nutzerinnen eines Collaborative-Filtering-Empfehlungssystems; siehe Kapitel 10.4), wird jede Einheit (zum Beispiel Nutzerinnen) mit jeder anderen paarweise in Beziehung gesetzt. Dann werden die Relationen zwischen den Nutzerinnen in Bezug auf »Ähnlichkeit« verglichen. Hinsichtlich *einer spezifischen* Nutzerin lassen sich dann die ähnlichsten anderen Nutzerinnen bestimmen und als »genügend gleich« kategorisieren.

Die Differenz zu normalen Vergleichen besteht darin, dass nicht einzelne Einheiten verglichen werden, sondern die Relationen zwischen Einheiten.

Während zum Beispiel bei Leistungsvergleichen die Leistungsvermessung einer Einheit relativ unabhängig von den Leistungen anderer Einheiten ist, ist die Berechnung einer Empfehlung auf der Grundlage der Daten nur einer Nutzerin nicht möglich.[12] »[A]s data becomes meaningful and useful only when entries from different sources (users) are combined and analysed jointly« (Charitsis et al., 2018, S. 828). Der algorithmische Vergleich erzeugt neue Relationen durch eine relationale Verdichtung: Alle Einheiten werden zu allen anderen Einheiten in Beziehung gesetzt und für jede Einheit wird dann verglichen, welche anderen Einheiten am ähnlichsten sind.

Algorithmische Vergleiche relationieren ihre Einheiten über paarweise »matchings«. Das hat Konsequenzen. Der Vergleich neuer digitaler Technologien mit der amtlichen Statistik legt nahe, dass sich ein grundlegender Wandel vollzieht. Dieser verändert nicht nur, *wann* kategorisiert wird, sondern auch *wie* das geschieht (Heintz, 2021). Alain Desrosières beschreibt in seiner Geschichte der großen Zahlen, dass Kategorien der Messung vorausgehen: »conventions of equivalence, encoding, and classification [which] precede statistical objectification« (Desrosières, 1998, S. 236). Algorithmische Vergleiche drehen diese Abfolge tendenziell um:

> the relationship between classification and measurement is turned on its head. At least to some extent, datafication dissolves the importance of classification in measurement (in Desrosières's sense). The relationship between classification and measurement is turned upside down. Contrary to what Desrosières (1998) stated twenty years ago, classification does not precede measurement but becomes a result of it. (Mennicken & Espeland, 2019, S. 237)

Erst wird gerechnet, dann wird kategorisiert.[13] Diese Umkehrung basiert auf einer neuen Art der Datenerzeugung, die zwar nicht auf klassischen Kategorien basiert, aber auf quasi-kategorialen, encodierten Verhaltensweisen (siehe Kapitel 7). Beruhte beispielsweise die Volkszählung zuerst auf einer

---

12 Außer bei inhaltsbasierten Empfehlungen. Aber auch bei inhaltsbasierten Empfehlungen stehen die Dinge, d.h. die Inhalte, nicht für sich, sondern immer nur im Verhältnis zu allen anderen Inhalten (siehe Kapitel 10.3).

13 Natürlich ist es nicht so einfach: Encoding lässt sich im Prinzip als basale Form der Kategorisierung verstehen. Und es ist auch nicht davon auszugehen, dass Kategorisierung eine ungeordnete Wirklichkeit ordnet, sondern schon bestehende Formen von Ordnung neu sortiert.

Fremdzuschreibung der Gezählten zu verschiedenen Klassifikationen wie Geschlecht, Beruf, Religion, etc., dann auf einer Selbstzuordnung, bei der Kreuze in entsprechenden Feldern gemacht wurden, so setzen aktuelle Kategorisierungstechnologien auf Verhaltensdaten. Anstatt die Population der Internetnutzerinnen direkt nach ihren Identitätskategorien oder nach ihren Interessen zu befragen, lassen sich digitale Daten als Spuren dessen lesen, was die Nutzerinnen »tatsächlich« tun (Cardon 2017, kritisch: Rouvroy 2013, affirmativ: Pentland 2014). Statt von kategorialen Gemeinsamkeiten der Subjekte auf ihr Verhalten zu schließen, wird von Verhaltensregelmäßigkeiten auf quasi-kategoriale Gemeinsamkeiten geschlossen (siehe insbesondere: Cheney-Lippold 2017; Fisher & Mehozay 2019).

Personenkategorien und Passungsverhältnisse zwischen Nutzerinnen und Dingen werden nicht im Voraus bestimmt, sondern abgeleitet. Personen werden dabei nicht als Essenzen verstanden, sondern als Gesamtheit ihrer Verhaltensweisen in Relation zu den Verhaltensweisen aller anderen Nutzerinnen. Algorithmische Vergleiche basieren dementsprechend auf einer »ontology of association« (Amoore, 2011, S. 27). Der algorithmische Vergleich ist nicht daran interessiert, zeitlose Wahrheiten über die Nutzerinnen zu produzieren, sondern Personendaten »actionable« zu machen, d.h. neue Relationen daraus abzuleiten: »[The data derivative] is not centred on who we are, nor even on what our data says about us, but on what can be imagined and inferred who we might be« (Amoore, 2011, S. 28). Manche Relationen zwischen Nutzerinnen und Dingen erscheinen vielversprechender als andere. Dafür braucht es einen Vergleich, der für jede Nutzerin die passendsten Matches eruieren kann.

8.4 Matching Devices

Der Wert von Daten besteht nicht in den Daten per se, sondern in dem, was aus den Daten abgeleitet werden kann: »good matches«, d.h. (neue) Relationen zwischen Nutzerinnen und Dingen, welche die Relation von Nutzerin und Unternehmen festigen. Dementsprechend sind auch nicht Daten selbst das veräußerbare Produkt, sondern »tools«, die »good matches« generieren können.

> Although data brokers are fuelled with individual information from various sources, they do not sell personal data themselves, but business-oriented in-

> formational products based on specific calculations performed on personal data. Their products are lists of qualified leads for direct marketing, marketing segments describing lifestyles and consumption patterns in general terms (e.g. Personicx segmentation by Acxiom), enrichment of existing databases, i.e. adding variables to their customers' CRM bases, and risk calculation (scoring) on individuals or profiles, particularly in the banking and insurance sectors. (Beauvisage & Mellet, 2020, S. 85)

Personendaten werden in »matching devices« (siehe Karpik 2010 zu »judgement devices«, Muniesa et al. 2007 zu »market devices«) inkorporiert, welche die ökonomischen Beziehungen zwischen Plattform-Unternehmen, Nutzerinnen und Dritten organisieren und am Laufen halten.[14]

Von Personendaten zum Classifier-Tool

Meine Feldforschung bei Earlybird endet, kurz bevor Urs das Kategorisierungsexperiment an einer akademischen Konferenz präsentiert. Einige Monate später erklärt mir Nik in einer Nachbesprechung, dass sie den »classifier« zu einem Tool weiterentwickelt hätten, das nicht nur bei Earlybird, sondern auch bei anderen Partnerunternehmen eingesetzt werden kann. Earlybirds Marketingsegmente wurden fallengelassen. Nutzerinnen werden nun mit Hilfe von Clusteranalysen direkt miteinander in Beziehung gesetzt, d.h. Nutzerinnen, deren Freitexte sich im Wikipedia-Vektorraum nahe beisammen befinden, werden derselben Kategorie zugeordnet. Dieses »smart customer segmentation«-Tool kann auch in ganz anderen Kontexten eingesetzt werden, da der Bezug zum ursprünglichen Wettbewerb und den dadurch generierten Daten praktisch unsichtbar gemacht wurde.

Nik beginnt seine Erklärung mit der Aussage, dass sie die Jugendmilieus abgeschafft hätten. Diese seien schlecht und »Kacke«. Die Milieubeschreibungen hätten nichts ausgesagt. Sie würden es nun anders machen, näm-

14 Nicht nur Unternehmen befassen sich mit der Erzeugung von »good matches«: Auf Plattformen wie Amazon, Youtube, Instagram, etc. sind auch die Nutzerinnen damit beschäftigt, ihre Produkte, Videos oder Bilder so zu gestalten, dass sie für ihre Follower möglichst ansprechend sind. Sie optimieren ihre Posts und deren Verbreitung, indem sie die algorithmische Selektion und Priorisierung anhand von Alltagstheorien (»folk theories« bei Eslami et al. 2016 oder »algorithmic gossip« bei Bishop 2019) antizipieren – beispielsweise indem sie ihre Inhalte in spezifischen Zeitfenstern teilen, wenn möglichst viele ihrer Follower wahrscheinlich online sind.

lich mit Clusteringverfahren. Nik zeichnet verschiedene mögliche Wettbewerbsantworten auf: Berg, Pilatus, Macchu Pichu. Diese Antworten verorten sie dann im Wikipedia Korpus (angereichert durch das »20 Minuten«-Korpus für den Schweizer Sprachgebrauch, zum Beispiel Begriffe wie »Natel«, »Velo«, etc.) und drücken jeden Begriff der Antwort als Vektor aus. Wenn man jetzt »bergaffine Leute« heraussuchen möchte: Wie bringt man das der Maschine bei? Man müsse wissen, wie ähnlich die Wörter zueinander seien. Das macht der Algorithmus. Die Arbeit des Algorithmus stellt er als einen kreisförmigen Pfeil dar: Darin würden die Antworten so verarbeitet, dass Gruppen wie die Marketingsegmente herauskommen, nur dass sie nicht mehr die Segmente verwenden und auf die Antworten matchen, sondern direkt aus den Antworten ähnliche Gruppen generieren.

Es ließen sich dann aus den Daten verschiedene »Personas« definieren. Personas seien Vorstellungen der Firma oder der Marketingabteilung darüber, wer ihre Kunden »da draussen« sind. Er gibt ein Beispiel: Rudi ist im Sportverein, rudert, hat 10 kg Übergewicht. Seine Kunden würden sich ihre Kunden in solchen Stereotypen vorstellen. Diese Analysen würden es ermöglichen, neue und genauere Personas zu definieren oder zu überprüfen, ob bestehende Personas sich auch tatsächlich in den Daten wiederfinden lassen. Man könne den Stereotyp Rudi mit seinen tatsächlichen Interessen vergleichen.

Man müsse sich dann entscheiden, wie viele Zielgruppen man brauche und überhaupt »handlen« könne, d.h. für wie viele Zielgruppen die Marketingabteilung Kampagnen entwickeln könne. Die Kampagnen basieren dann nicht mehr auf Segmenten, sondern auf den meistverwendeten oder wichtigsten Begriffe der einzelnen Cluster. Diese Begriffe ließen sich »ausspielen«. Man erhalte also »interessensbasierte« Cluster, die man für Marketingkampagnen verwenden könne.

Nik nutzt den Classifier auch für die Kundenakquise, d.h. als Demonstration, um anderen Unternehmen Datenanalyse als Dienstleistung schmackhaft zu machen. Das Ziel des Tools sei es, Firmen dabei zu helfen, ihre Kunden dank Textdaten besser kennen zu lernen und ihnen den »Mehrwert« von Kundendaten zu vermitteln. Er konnte auch schon den ersten Erfolg verbuchen: Ein weiteres Reiseunternehmen wollte den Classifier ausprobieren, um mehr über seine eigenen Kundinnen zu erfahren. Der Classifier als »freebie« soll als Fuß in der Tür funktionieren: Potenzielle Kundinnen sollen vom Potenzial der Datenanalyse überzeugt werden, damit sie Earlybird Digital mit weiteren Analysen beauftragen.

Aus Earlybirds Kategorisierungsexperiment entsteht ein Classifier-Tool, das in zweifachem Sinn ein Beziehungsgenerator ist. Das Tool generiert prospektive Beziehungen zwischen Nutzerinnen und Dingen (beziehungsweise »Deals«, die Partnerunternehmen anbieten). Aus bestehenden Nutzerdaten leitet der Classifier kategoriale Zugehörigkeiten ab, die darüber Auskunft geben sollen, welche weiteren Dinge für die Member interessant sein könnten. Die Segmente sollen zu einem Instrument für die Marketingabteilung werden, um in ihren verschiedenen Kampagnen den einzelnen Membern die »richtigen«, für sie interessanten, »Deals« zu präsentieren.

Andererseits lassen sich aus Personendaten nicht nur prospektive Relationen zwischen dem datengenerierenden Unternehmen und seinen Nutzerinnen ableiten. Auch Relationen zu Dritten lassen sich generieren und festigen. Earlybirds Idee ist es, zu einer Werbeplattform zu werden, die den Partnerunternehmen Zugang zu spezifischen Segmenten innerhalb der Zielgruppe aller Jugendlichen bieten kann.[15] In diesem Sinn werden Personendaten – d.h. deren Generierung, Verarbeitung und In-Wert-Setzung – zur zentralen Ressource in der Generierung von Relationen zwischen der Plattform, den Werbekundinnen und den Nutzerinnen (Fourcade & Kluttz, 2020; Gerlitz & Helmond, 2013). Die durch Personendaten ermöglichten Relationierungsweisen dienen als Kitt, der Unternehmen und Nutzerinnen (und Dritte) über »good matches« von Nutzerinnen und Dingen zusammenhalten soll.

»Good matches«, die auf Personendaten beruhen, ermöglichen ökonomische Beziehungen. In dieser Herstellung von Passungsverhältnissen zwischen verschiedenen ökonomischen Akteuren (Plattformen, Nutzerinnen, (Werbe-)Kundinnen) sehe ich das zentrale Wertversprechen der digitalen Ökonomie, deren Geschäftsmodelle vor allem aus Werbung, Kunden- und Nutzerbindung besteht. Digitale Verhaltensdaten informieren über vergangene Handlungen von Nutzerinnen. Der Wert dieser Daten kommt aber erst dann zu Stande, wenn die Daten zu anderen Daten algorithmisch in Relation gesetzt werden, um daraus neue, potenziell daten-

15 Earlybird ist bereits eine Plattform, die Partnerunternehmen und Banken Zugang zur »Zielgruppe der Jugendlichen« als Ganzes bietet.

und profitgenerierende, Relationen abzuleiten. Dies führt wiederum zu neuen relationalen Verwicklungen und Personendaten.

Die Generierung *neuer* Relationen ist entscheidend und wird beispielsweise in der prominenten Kritik von Pariser (2011) übersehen. Nutzerinnen befinden sich nicht in einem »you-loop« (Pariser, 2011, S. 16): »your profile is only made meaningful and commodifiable to marketers in and alongside the context of other users' profiles« (Kant, 2020, S. 35).[16]

Dass der Classifier von Earlybird Digital am Ende selbst zu einem Geschenk wird, illustriert die Relevanz von Geschenken in der digitalen Ökonomie. Personendaten werden als beziehungsgenerierende Geschenke »hervorgerufen«. Die Beziehungen werden kurzzeitig entfernt, um Personendaten als warenförmige Ressource weiter verarbeiten zu können, um daraus neue Relationen abzuleiten. In der Form passender Empfehlungen, dem »richtigen Angebot zur richtigen Zeit« oder personalisierter Werbung, kehren Personendaten zu den Nutzerinnen zurück.[17]

---

16 Siehe auch Wendy Chun: »[V]alue is not generated by one YOU but rather by a plethora of YOUs: by the very interconnections between the various YOUs« (Chun, 2016, S. 118).

17 Minna Ruckenstein und Julia Granroth (2019) ziehen gar in Betracht, dass Unternehmen und Nutzerinnen ein »intimes« Verhältnis zueinander eingehen. Die »intimacy of surveillance« kann auf Seiten der Nutzerinnen durchaus lustvoll sein – wenn sie von den Unternehmen richtig erkannt und eingeschätzt. Aber auch negative Erfahrungen der Kategorisierung gehören zum Alltag von Nutzerinnen, wenn sie sich falsch kategorisiert werden oder eine (zu gute) Empfehlung ihnen das Gefühl gibt, in ihren heimlichen Interessen ertappt worden zu sein.

9 Empfehlungssysteme als Datafizierungsmaschinen

Empfehlungssysteme sind zu allgegenwärtigen Mediatoren digitaler Räume geworden. Empfehlungssysteme selektieren, sortieren und bewerten Informationen, Angebote und Inhalte für Nutzerinnen. Vordergründig lösen sie das Problem des »information overload«, ein Überfluss an Wahlmöglichkeiten, der die Nutzerinnen zu überfordern und handlungsunfähig zu machen droht (Kapitel 9.1). Ein Blick auf die Geschichte der Segmentationspraktiken des Marketings zeigt, dass die Entwicklung von Beobachtungstechnologien eine immer weitere Ausdifferenzierung des Publikums erlauben: Während Empfehlungssysteme auf der Benutzeroberfläche das Übermaß an Dingen reduzieren, vervielfältigen sie im Hintergrund prospektive Relationen zwischen Nutzerinnen und Dingen in Form von »Interessen«, »Segmenten« oder Ähnlichem (Kapitel 9.2). Personalisierte Empfehlungssysteme verinnerlichen unsere drei Momente der Datafizierung. Sie zielen darauf ab, dauerhafte Beziehungen zwischen Nutzerinnen und Unternehmen zu etablieren. Die viel diskutierte »Personalisierung« besteht darin, Unternehmen und Nutzerinnen weiter miteinander zu verwickeln und gleichzeitig weitere Personendaten und prospektive Relationen zu produzieren. Empfehlungssysteme gehen über traditionelle Marketingtechniken hinaus, da sie den Fokus verschieben: Sie generieren nicht nur aus Personendaten ökonomische Beziehungen. Sie sind auch Datafizierungsmaschinen, die auf der Basis von Beziehungen wertvolle Daten produzieren (Kapitel 9.3).

9.1 Die Qual der Wahl

Empfehlungssysteme präsentieren sich den Nutzerinnen als hilfreiche und benevolente Technologien, die es einfacher machen, sich angesichts einer Fülle von Wahlmöglichkeiten zu entscheiden. Sie setzen sich als Intermediäre (Morris, 2015) zwischen das überbordende Angebot an Dingen und die Nutzerin. Empfehlungssysteme selektieren und priorisieren für uns »Inhalte« und motivieren beziehungsweise »nudgen« (Thaler & Sunstein, 2009; Yeung, 2017) uns zu weiterem Konsum. Streaming-Plattformen wie Netflix, Amazon Prime Video oder Spotify, News-Aggregatoren wie Reddit, Google Newsfeed oder Blendle sowie soziale Netzwerke wie Facebook, Twitter, Instagram oder TikTok gestalten das Portal zu ihrer Welt mithilfe automatisierter Empfehlungsdienste. Welche Filme, Konsumartikel, potenzielle Liebespartnerinnen oder Werbungen uns online präsentiert werden, ist keineswegs zufällig. Auf Netflix kommen 80 Prozent der »stream time« über Empfehlungen zustande (Chong, 2020). Bei Youtube sind es 70 Prozent (Solsman, 2018). Das ist möglicherweise weniger durch die Macht der Empfehlungssysteme begründet als durch deren Allgegenwart. Xavier Amatriain (2013), von 2011 bis 2015 Teamleiter des Machine-Learning- und Recommender-Teams bei Netflix, schreibt über die Benutzeroberfläche von Netflix: »Everything is a Recommendation«. Zufällige (zum Beispiel alphabetische) oder rein chronologische Ordnungen existieren zwar, sind aber oftmals nur schwer auffindbar. Sie verbergen sich hinter den Standardeinstellungen einer Sortierung nach »persönlicher« oder »genereller« Relevanz (i.e. Hits).[1] »The ubiquity of [recommendation] systems […] quietly structures every choice made online as a recommendation« (Cohn, 2019, S. 48).

Für welches Problem sind Empfehlungssysteme eine Lösung? Im Selbstverständnis der Computerwissenschaften oder in den Erklärungen von Plattform-Unternehmen adressieren Empfehlungssysteme das Problem des Überflusses und der Unordnung der digitalen Welt. Es gibt eine zu große Menge an wählbaren Dingen, die von einfachen Nutzerinnen und Konsumentinnen nicht mehr bewältigt werden könne. »Nur durch Begrenzung ist die Freiheit der Wahl überhaupt möglich […] die Unübersichtlichkeit des Webs fordert geradezu Ordnungsstrukturen oder Hierarchien, die Signifikanz erzeugen« (Schröter, 2004, S. 117). Das Problem des »information overload« ist in der Literatur zu Empfehlungssystemen oftmals das

1 Angesichts der Allgegenwart von Empfehlungssystemen ist die Frage instruktiv, wo noch andere Ordnungsweisen verwendet werden. Ein kurzer Blick auf alternative Videostreamingportale wie Filmingo oder Mubi zeigt, dass die automatisierte Empfehlung keineswegs die einzige Möglichkeit wäre, Dinge für Nutzerinnen anzuordnen. Filmingo präsentiert zum Beispiel in der Kategorie »Director's Choice« Filmempfehlungen bekannter Regisseurinnen.

Ausgangsproblem, das von den vorgeschlagenen Systemen adressiert wird.[2] Das wird im »Recommender Systems Handbook« (Ricci et al., 2011) am Beispiel von Online-Shops illustriert:

> The appearance and growth of online markets has had a considerable impact on the habits of consumers, providing them access to a greater variety of products and information on these goods. While this freedom of purchase has made online commerce into a multi-billion dollar industry, it also made it more difficult for consumers to select the products that best fit their needs. One of the main solutions proposed for this information overload problem are recommender systems, which provide automated and personalized suggestions of products to consumers. (Desrosiers & Karypis, 2011, S. 107)

»Information overload«, »choice overload«, »analysis paralysis« (Stanley & Clipsham 1997; für einen Überblick: Edmunds & Morris 2000) oder »information glut« (Andrejevic, 2013) erscheinen als zentrales Problem des Internets und der digitalen Ökonomie. Die Konfrontation mit unzähligen Möglichkeiten paralysiere Nutzerinnen, so dass sie sich vor lauter Möglichkeiten gar nicht entscheiden könnten. Diese Problemdiagnose ist erstaunlich, gilt doch die Größe (und Qualität) des Angebotes vor allem als positiv: Nutzerinnen werden als Konsumentinnen imaginiert, deren Tätigkeit in einer freien Auswahl aus einer Reihe von Optionen besteht (Gabriel & Lang, 2015). Dholakia et al. (2019) sprechen gar von einer Ideologie der freien Wahl: »The availability and abundance of choice is seen as unequivocally good, and are readily conflated with the celebrated ideas of freedom and democracy« (Dholakia et al., 2019, S. 337). Streaminganbieter wie Spotify schließen daran an, wenn sie Zugang zu »Millionen Songs« beziehungsweise zu vollständigen oder zumindest riesigen Archiven versprechen.[3] Die »proliferation of choice« wird

---

2 »Information overload« ist ein altes Phänomen, dessen Neuheit periodisch immer wieder festgestellt wird, wie ein kursorischer Blick in die Literatur zu »information overload« zeigt (Rosenberg, 2003; Edmunds & Morris, 2000; Levy, 2008). Der Ursprung des Phänomens lässt sich wahlweise im 13. Jahrhundert (Blair, 2003, 2011), zur Zeit der Erfindung des Buchdruckes 1450–1550 (Stalder, 2016), als Ursache (Noyes & Thomas, 1995) oder Resultat der industriellen Revolution (Levy 2008 referierend auf Beniger 1986), mit dem Aufkommen der Wissensgesellschaft (Machlup, 1972) und elektronischer Datenverarbeitung (vor seiner Zeit: Bush 1945; Bell 1999) oder doch erst mit der Verbreitung des Internets (Shenk, 1997; Andrejevic, 2013) lokalisieren.

3 Plattformen profitieren auch von Netzwerkeffekten: Je mehr Nutzerinnen auf Social-Media-Plattformen oder je mehr Songs oder Filme auf Streamingplattformen zu fin-

zwar gefeiert, stellt die Konsumenten aber auch vor Probleme: »The enormity of choices create formidable difficulties. Consumers find this enormity almost impossible to navigate and must rely on a number of resources to guide them« (Gabriel & Lang, 2015, S. 28). Die Frage ist also, wie aus Millionen Songs eine Playlist von 30 Songs wird, aus tausenden von Filmen einer ausgewählt werden kann, den ich heute Abend anschauen will. Iyengar & Lepper (2000) finden in Laborstudien Evidenz, dass sogar schon die Auswahl aus 30 gegenüber sechs Wahlmöglichkeiten zu »demotivation« führen können (für eine Übersicht zum Phänomen »choice overload« siehe Chernev et al. 2015).

Die Satire-Webseite The Onion greift dieses Dilemma in einem fiktiven Bericht über ein neues Netflix-Abonnement auf:

> Streaming giant Netflix announced its new payment plan this week which offers users the option to just browse endlessly without watching any videos. According to CEO Reed Hastings: ›For just 5 Dollars a month we're giving customers affordable access to Netflix's most popular function scrolling through our robust library of titles and posters without ever deciding on a single one. The new plan will allow users to add titles to their queue that they'll never watch and we'll still give users helpful recommendations for what else to browse‹. (The Onion, 2014, k.S.)

Eine Studie von Eszter Hargittai et al. (2012) relativiert das Problem des »information overload«: »Only a scattered few participants expressed a sense of being overwhelmed by the volume of information or the type of media they encountered« (Hargittai et al., 2012, S. 171). Russell Neuman stellt lapidar fest: »It may be simply that the refined tools of digital search are keeping up with the digital information abundance« (Neuman, 2019, S. 204). Auch Hargittai et al. (2012) sehen »refined tools« wie Empfehlungssysteme als entschärfende Faktoren (siehe auch Edmunds & Morris 2000).[4] Morris und Powers

den sind, umso besser. Die damit verbundene Tendenz zur Monopolbildung bedeutet, dass gleichzeitig Massen- und Nischenmarkt bedient werden muss.

4 Gleichzeitig ist auch anzumerken, dass die Nutzerinnen selbst über Strategien verfügen, mit Überfluss umzugehen, zum Beispiel »Abstumpfung« (siehe analog Georg Simmel (1903) zur Blasiertheit der Großstädter). Nutzerinnen zeigen beispielsweise gemäß Benway & Lane (1998) sogenannte »banner blindness«, i.e. die Tendenz, Bannerwerbung relativ gezielt zu ignorieren. Diese Art des Umgangs mit Onlineinhalten verweist aber auch auf weitere Strategien der Reduktion: zum Beispiel die kategoriale Unterscheidung von legitimen, »relevanten« Inhalten und Werbung beziehungsweise

bemerken, dass der Verweis auf (musikalischen) Überfluss mit Bemühungen verbunden ist, diesen überbordenden Strom der Musik zu kanalisieren und einzugrenzen:

> discourse about constant, free-flowing and abundant access to all music all the time readily feeds into notions of control, curation and stemming the tide – a process carried out for us, expertly and discretely, by our service of choice. (Morris & Powers, 2015, S. 109)

Empfehlungssysteme sind oftmals von solchen Metaphern des Überflusses begleitet: Empfehlung erscheint als geeignete und notwendige Lösung dieses Problems. Jonathan Cohn (2019) beschreibt, wie die positive Erfahrung des Shoppens – »strolling through aisles and enjoying the variety and vastness of America's bounty and consumer choices« – durch die Erfindung automatisierter Empfehlungssysteme als ineffizient und als eine Last umdefiniert wurde.[5] 1961 führte die Warenhauskette Neyman Marcus ein automatisches »gift advisory system« ein, das auf IBM-Technologie beruhte und den Kundinnen Fragen stellte, um ihre Präferenzen – oder die Präferenzen ihrer Ehemänner – zu eruieren. »Through these recommendations, making a choice was framed as a ›burden‹, while automated computer technologies became the solution« (Cohn, 2019, S. 2).

Die Redefinition von Überfluss als Problem legitimiert Empfehlungssysteme gegenüber den Nutzerinnen und rahmt digitale Überwachung und Datensammlung als »give-to-get« (Fourcade & Kluttz, 2020). Wenn Wählen angesichts des Übermaßes eine so mühselige Tätigkeit ist, stellen Nutzerinnen gerne ihre Verhaltensweisen und Meinungen bereit, um im Gegenzug (personalisierte) Empfehlungen zu erhalten und nicht in »clutter and confusion« (Vaidhyanathan, 2011) unterzugehen.

---

zwischen Ham und Spam. Gemäß Finn Brunton (2013, S. 48) lässt sich Spam als eine »violation of salience« beschreiben, »barraging everyone indiscriminately with their lame message« (Brunton, 2013, S. 201). Spam kann man problemlos ignorieren, wodurch schon mal ein großer Teil an Emails oder Werbeinhalten wegfällt.

5 Andrew Abbott (2014) beschreibt »redefinition« als Strategie, mit Überfluss umzugehen. Er führt als Beispiel Web-Surfing an, eine Praxis, in der die zufällige Ordnung der Dinge als positiv gedeutet wird: »A common example [of redefinition] is surfing the web or, to give the equivalent for an earlier generation, reading encyclopedias. To encounter a randomly ordered source and simply read through it is to wander arbitrarily through the enormous excess of knowledge, to choose randomness as positive good« (Abbott, 2014, S. 20).

9.2 Die Differenzierung des Publikums

Unternehmen progagieren Empfehlungssysteme als Vorteil für Nutzerinnen, um die richtigen Dinge schneller zu finden. Es geht aber keineswegs nur um die Sortierung und Priorisierung der Dinge. Wie ein kleiner historischer Abriss der Konsumentenbeobachtung zeigt, geht es aus der Perspektive der Unternehmen darum, Nutzerinnen zu sortieren. Das Grundproblem, das sowohl Marketing als auch Empfehlungssysteme adressieren, ist im Anschluss an Beniger ein Kontrollproblem. Es tritt auf, wenn Produktion und Konsum räumlich, zeitlich und sozial auseinandertreten. Marketing und verschiedene Hilfstechnologien der Kundenbeobachtung sollen die Lücke zwischen Konsumenten und Dingen schließen und Tauschverhältnisse repersonalisieren.

Das Kontrollproblem

James Beniger beschreibt die Entwicklung von Informationstechnologien als Reaktion auf eine Kontrollkrise. Die Industrialisierung im 19. Jahrhundert führt zu einer massiven Beschleunigung der Produktion und Verteilung von Gütern, die sich nicht mehr mit den bestehenden Mitteln kontrollieren ließ. Durkheim beschrieb dies als Übergang von segmentär differenzierten zu funktional differenzierten, »organischen« Gesellschaften:

> The producer can no longer embrace the market in a glance, nor even in thought. He can no longer see limits, since it is, so to speak, limitless. Accordingly, production becomes unbridled and unregulated. (Durkheim 1893: 369–370; zitiert in Beniger 1986, S. 11)

Die Kontrollkrise besteht darin, dass Güter seit der Erfindung der Dampfmaschine nach Belieben hergestellt, transportiert und verschoben werden können, »with full speed of industrial production, night and day and under virtually any conditions« (Beniger, 1986, S. 12). Produktion, Verteilung und Konsum können nicht mit den bestehenden Mitteln unter Kontrolle gebracht werden, so dass es zu einer Reihe von »control revolutions« kommt: Bürokratie, Rationalisierung und die Erfindung von Informationstechnologien wie zum Beispiel Lochkarten (Driscoll, 2012), Telegrafie und Telefonie oder die »mass feedback«-Technologien der Marktforschung tauchen als Lösungen für die diversen Kontrollprobleme auf. Die Vervielfachung von Gütern ist mit einer Vervielfachung von Technologien zur Kontrolle ihrer Verteilung und Zirkulation gekoppelt: »[T]he very success of the late nineteenth century in learning how to manage accelerated flows of goods seemed to be leading to a crisis of overproduction« (Levy, 2008, S. 508).

Die Herausbildung von Werbeindustrie und Marktforschung ist die Reaktion auf das Problem der Überproduktion. Diese wiederum schufen ihre eigenen Informationsgüter, um Bedürfnisse zu erzeugen, Märkte zu erschließen und um Wissen über Konsumenten und ihre Verhaltensweisen zu gewinnen (Beniger 1986, Kapitel 8; Turow 2003, 2008). Kommerzielle Überwachungstechnologien stellen gemäß Matthew Crain eine Antwort auf die Krise der Überproduktion dar. Über Marketing und die damit verbundene Beobachtung von Konsumentinnen werden Produktion und Konsum von physischen, aber auch medialen, Gütern aneinander gekoppelt: »Increasingly, engaging in consumer surveillance is simply the price of doing business for all commercial enterprises« (Crain, 2018, S. 98). Das bedeutet, dass bürokratische Technologien der Kontrolle in den Dienst der Überwachung von Konsumentinnen gestellt werden: »the industrial construction of audiences« (Turow & Draper, 2014) beziehungsweise verschiedene Formen von »manufacturing customers« (Zwick & Denegri Knott, 2009) basieren auf einer Beobachtung von Konsumentinnen, um Informationen über ihre Vorlieben, Interessen, Geschmäcker, etc. zu erzeugen, die von Unternehmen bedient werden können.[6]

Die Differenzierung des Massenpublikums

Eine gängige Periodisierung unterteilt die Geschichte des Marketings in vier Phasen (Tedlow 1996, kritisch: Berghoff et al. 2012). Fragmentierte, regional operierende Märkte wurden nach 1880 von »mass marketing« abgelöst, das nationale Märkte zusammenführte. Zwischen 1920 und 1980 folgte eine

6 Wie Levy feststellt, kommt es dabei zu einer »ironischen« Entwicklung: »the more information that is produced to manage and control other forms of production, distribution, and consumption, the greater the need to manage this new information as well« (Levy, 2008, S. 508). Amazon Reviews sind ein illustratives Beispiel für die Selbstverstärkung und Selbstreferenzialität des »information overload«-Problems. Trevor Pinch (2012) zeigt in einer Analyse von Amazons Reviewingsystem, wie Problem und Lösung des Overflows selbstverstärkend wirken. Weinberger (2007, S. 13) bringt es auf den Punkt, wenn er über die Fotoarchivierung und die Zugänglichkeit des Archivs schreibt: »however we solve the photo crisis, it will be adding more information to images, because *the solution to the overabundance of information is more information*«.

Phase der Segmentierung, welche Konsumentinnen nach Alter, Lebensstilen, Einkommen und anderen sozioökonomischen Variablen differenzierte. Seit 1980 differenzieren Marketer noch feiner: »hyper-segmentation« tendiert dazu, »each customer as a separate market« zu sehen (Holbrook & Hulbert, 2002, S. 716). Die Geschichte des Marketings ist so gesehen eine Fortschrittserzählung, wie Marketer lernen, Kundinnen und ihre Interessen, Präferenzen und Bedürfnisse immer detaillierter zu erfassen.

Wie Pridmore und Zwick (2011) darlegen, kam es Mitte des 20. Jahrhunderts zu einer Paradigmenverschiebung im Marketing: In den 1940er-Jahren war die Überwachung von Konsumentinnen »motivated by a company's intention to align consumer preferences for products and brands with what was being produced«. Ab den 1950er-Jahren setzte sich eine Orientierung an den Bedürfnissen der Kundinnen durch. Statt Konsumentinnen dazu zu bringen, bestimmte Produkte zu begehren, empfahlen Marketingfachleute nun, zu produzieren, was die Konsumentinnen sich wünschen (Pridmore & Zwick, 2011, S. 269). Turow verdeutlicht, was dieser Paradigmenwechsel von einem relativ homogen vorgestellten Massenpublikum – durch die Figur des Durchschnittskonsumenten repräsentiert – zu heterogenen Nischen bedeutet.

In der ersten Hälfte des 20. Jahrhunderts hielten Marketingabteilungen den Konsumentinnen das Bild einer typischen amerikanischen Familie als erstrebenswertes und nachzuahmendes Ideal vor: »Keeping up with the Joneses«, beschreibt die Versuche amerikanischer Marketer, Konsumentinnen Neid auf die besser gestellten Nachbarinnen einzuträufeln und sie so zum Konsum anzuhalten. »Large numbers of Americans live a great life by getting the latest products that everybody wants – and you should too« (Turow, 2008, S. 17). Diese Orientierung an einem Idealbild der relativ wohlhabenden Kernfamilie »Jones« beinhaltet eine starke Homogenitätsannahme, die sich nicht nur im Marketing, sondern auch in den frühen Publikumsvorstellungen der Massenmedien finden. Diese setzten einen durchschnittlichen »universal receiver« (Fisher & Mehozay, 2019) voraus, der gleichermaßen als Orientierungspunkt für Konsumentinnen wie auch für Marketingaktivitäten diente.

Eine stärker differenzierende Wahrnehmung und Konstruktion von Konsumentinnengruppen löst diese Vorstellung des homogenen Massenpublikums mit seinen Durchschnittskonsumenten ab. »The notion of an average consumer has become fiction« (Gabriel & Lang, 2015, S. 231), wie Turow schreibt:

> As the mass-oriented periodicals and network radio went down in flames, new target-oriented industries arose from the ashes. Magazines and radio stations that called out to specific audience categories—by gender, race, age, lifestyle tastes—became the norm. Many advertisers found these sorts of division useful. Increased competition was leading manufacturers to design ways to differentiate products so that smaller and smaller numbers of a product could be made and marketed profitably to certain segments of society. Spurred by the need to learn about the niches that might use the products, market research firms were coming up with new ways to differentiate parts of the population of interest to manufacturers, retailers and media. Items that seemed basic suddenly were changed to fit various lifestyles. (Turow, 2008, S. 38)

Der Durchschnittskonsument weicht einer heterogenen Multitude verschiedener Typen von Konsumentinnen, deren Verhaltensweisen und Konsumentscheidungen in zunehmendem Maß Objekte der Beobachtung werden. Wurden zu Beginn vor allem anonymisierte, statistische Bevölkerungs- und Marktforschungsdaten sowie Samplingstrategien genutzt – die keine Identifikation und Rückverbindung zu einzelnen Konsumentinnen erlaubten; »[i]n the mass media era, members of the audience have no individual existence« (Fisher & Mehozay, 2019, S. 1182) –, so fußt die hochauflösende Beobachtung von Kundinnen auf digitalen Kundendatenbanken (Zwick & Denegri Knott, 2009) und Kundentreueprogrammen (Pridmore, 2010; Coll, 2013, 2016). Diese können Informationen über jede Transaktion auf einzelne Konsumentinnen zurückführen. Die US-amerikanische Firma Acxiom, gab im Geschäftsbericht von 2014 an, über die Daten von weltweit 700 Millionen Menschen zu verfügen. Datenbroker wie Acxiom unterscheiden Konsumentinnen und ihre »Lebensstile« nach Hunderten von Variablen. In den USA hätten sie über 3000 »Verhaltenswahrscheinlichkeiten« für praktisch jede Amerikanerin ermittelt.

> Acxiom's ›Consumer Data Products Catalog‹ from 2011 lists hundreds of ›data elements‹ which corporate clients can obtain about individuals or households to complete their customer databases. In addition to basic information such as name, age, gender, phone numbers, email addresses, education, occupation, children, income and credit card use, detailed records on housing and vehicle ownership are available. In the ›geography and address‹ category, 25 different attributes are available, in the ›ethnicity‹ category ten attributes – for example several ›race codes‹. In addition, data on voting party

> and ›interests‹ such as ›dieting/weight loss‹, ›casino‹, ›gambling‹, ›lotteries‹ or ›smoking/tobacco‹ are available. Data on health ›needs‹ such as ›allergy related‹, ›arthritis/mobility‹, ›disabled individual in the household‹ and ›diabetic focus‹ is ›derived from purchases and self-reported sources‹. (Christl & Spiekermann, 2016, S. 95, Hervorhebungen entfernt)

Während Konsumentinnen zuvor im Sinne von »Populationen« (Ruppert, 2012) mit bestimmten durchschnittlichen Eigenschaften gedacht wurden, rückt mit der Möglichkeit der individuellen Rückverfolgbarkeit von Verhaltensweisen die individuelle Konsumentin in den Fokus – wenn auch als Teil differenzierbarer, provisorischer und relativer (kategorialer) Zugehörigkeiten (Lury & Day, 2019, S. 21). Zentral für die individuelle Rückverfolgbarkeit sind neue Datentypen wie Transaktions- (Lauer, 2020) und Verhaltensdaten (Seaver, 2018) sowie Infrastrukturen (Alaimo & Kallinikos, 2019; Kornberger et al., 2019). Richard Rogers (2009) benennt diesen Bruch als einen Übergang zu »post-demographics«. Anstelle einer an die soziologische Meinungs- und Umfrageforschung anschließenden Marktforschung, die traditionelle Kategorien zur kausalen Interpretation von Nutzerinnen verwendet, basieren post-demografische Methoden auf neuen Datenformen:

> Demographers normally would analyze official records (births, deaths, marriages) and survey populations, with census taking being the most well known of those undertakings. Profilers, contrariwise, have users input data themselves in platforms that create and maintain social relations. They capture and make use of information from users of online platforms. (Rogers, 2009, S. 30)

Die Differenz von post-demografischen Methoden der Datengenerierung sieht Rogers (2009) vor allem darin, dass Nutzerinnen ihre Interessen selbst mitteilen. Diese Art der Mitteilung interpretiert Rogers tendenziell als explizite Mitteilung: Die Nutzerinnen füllen entsprechende Felder auf Profilseiten (i.e. Lieblingsbücher, -bands, -musikerinnen, etc.) aus, was dem Ausfüllen eines Fragebogens nahekommt. Obwohl Rogers Begriff der »post-demographics« intuitiv evident erscheint, ist die Verwandtschaft von demografischen und post-demografischen Vorgehensweisen bei ihm weitgehend erhalten: Die Art und Weise der Datenerzeugung orientiert sich an Abfragen von Interessen und Einstellungen sowie demografischen Variablen. Dennoch bleiben demografische Angaben relevant. Sie können nun aber auf andere Arten erzeugt werden, wie Cheney-Lippold (2017) zeigt (siehe auch Kapitel 8). Kategorien wie das Geschlecht werden zu »measurable types«, die aus bestehenden Personendaten abgeleitet werden können. Es kann »gemessen« werden, wie stark die Verhaltensweisen einer Nutzerin, deren Geschlecht unbekannt ist, den Verhaltensweisen des »measurable type« »Frau« entsprechen. Die Übereinstimmung von gelebten Kategorien und algorithmischen Kategorien ist für Unternehmen irrelevant. Wichtiger ist, ob die Nutzerin sich in digitalen Infrastrukturen wie eine Frau verhält: »Google's gender is a gender of profitable convenience« (Cheney-Lippold, 2017, S. 7).[7]

Das bedeutet, dass Nutzerinnen nicht mehr über bekannte und benennbare Kategorien des Sozialen definiert sind. Die einzelne Nutzerin erscheint stattdessen in Relationen zu Dingen, die sie angeklickt, angesehen oder geteilt hat und in Korrelation zu anderen Nutzerinnen, die sich ähnlich wie sie verhalten. Welchen Kategorien Nutzerinnen tatsächlich angehören, wird dabei zunehmend unbedeutend – zumindest für die Maschine: »you don't need to know whether someone is male or female, queer or straight, you just need to know his or her patterns of purchases and find similar clusters« (Bowker, 2014, S. 1796). Im Werbebereich braucht es möglicherweise eine »Rückübersetzung« von algorithmischen Protokategorien, »in order to make the information intelligible for the [ad] buyer, since most buyers are used to thinking in terms of age, gender, income, education, etc.« (Bolin & Andersson Schwarz, 2015, S. 8).

Um Interessen, Kategorien oder Konsumneigungen berechnen zu können, braucht es »mehr« Daten, d.h. es müssen vermeintlich unbedeutende, aber weitaus öfter vorkommende, Verhaltensweisen wie »linking«, »viewing«, »following«, etc. mobilisiert werden, um statistisch belastbare Rückschlüsse ziehen zu können (Alaimo & Kallinikos, 2017, S. 184f.). Soziale Netzwerke und andere Plattformen sind nicht nur »post-demographic«, sondern auch »post-transactional« insofern sie nicht nur die eher seltenen Ereignisse einer ökonomischen Transaktion aufzeichnen und auswerten.[8] Jo-

---

7 Wie David Graeber in seiner Kritik der Bürokratie formuliert, werden administrative Technologien zum Selbstzweck und Ziel der technologischen Entwicklung: Zum Beispiel lässt sich Social Media aus dieser Perspektive als eine effektivere Technologie »for the filling out of forms« (Graeber, 2015, S. 142) begreifen. Dank ihr müssen keine Häkchen mehr gesetzt werden, weil aus den sozialen, an andere Nutzerinnen adressierten, Verhaltensweisen auf kategoriale Zugehörigkeiten zurückgeschlossen werden kann.

8 Josh Lauer bemerkt in seiner Studie zu Transaktionsdaten, die über Kreditkartenzahlungen entstehen, dass die Entdeckung von Transaktionsdaten oftmals den Techgigan-

seph Konstan, eine zentrale Figur in der Entwicklung von Empfehlungssystemen, berichtet von der »Entdeckung« dieser Verhaltensdaten: aus jeglichen Online-Aktivitäten – Klicks, Views, Mausbewegungen, Scrolling, Sucheingaben, etc. – können Daten gemacht werden, die sich für Empfehlungssysteme nutzen lassen. Anfang der 1990-Jahre wurden solche Aktivitäten kaum als Daten verstanden und auch nicht aufgezeichnet: Sie verschwanden weitgehend ungenutzt (siehe auch: Zuboff 2018, vgl. das Zitat von Mary Modahl in: West 2017, S. 26).

> [Konstan] noted that much of their work in the mid1990s was inspired by the idea that the economy was becoming more focused on the value of information. They saw that there was a great deal of online user activity (in the form of, among other things, clicks, reading habits, and preferences) that at that point was simply disappearing, and he and his colleagues felt it was a ›no-brainer‹ to make this information both valuable and useful for users and companies alike; recommendation systems helped make this ›information economy‹ possible. (Cohn, 2019, S. 44)

Diese Entdeckung, aus der »interaction« von Nutzerinnen und digitalen Objekten individuell rückverfolgbare Personendaten zu machen (Fisher & Mehozay, 2019, S. 1182), erlaubte eine immer hochauflösendere Beobachtung und eine damit verbundene Multiplikation der Differenzierungsmöglichkeiten:

> The algorithmic episteme puts us in a completely different numerical universe, with possibly hundreds of variables and hundreds of values for each variable. To the extent that such data could be rendered in natural language (e.g. via a table), it would contain thousands upon thousands of rubrics, making it impossible to process. (Fisher & Mehozay, 2019, S. 1185)

Die statistische Beobachtung des Massenpublikums mithilfe sozialer Kategorien soll Nachfrage und Angebot koordinieren, wozu die Nutzerinnen in im-

---

ten, insbesondere Google, zugeschrieben wird. Transaktionsdaten seien aber schon viel früher als wertvolle Ressource erkannt worden: »The value of transactional data was recognized much earlier, not by Google, but by other capitalists—namely, credit-granting department stores during the 1920s and credit card companies during the 1970s and 1980s. Both retailers and banks mined their payment records for insight into the buying habits, interests, and future profitability of their customers. The history of payment cards thus reveals the deep roots of surveillance capitalism and efforts to transform data into capital« (Lauer 2020, S. 3, vgl. auch Dixon & Gellman 2014, S. 80).

mer feinere Kategorien eingeteilt werden. Radikalisiert durch die technologische Innovation von Kundendatenbanken lässt sich individuelles Konsumverhalten in Echtzeit registrieren. Abstrakte, durch Samplingverfahren generierte Publika, weichen individuellen Nutzerprofilen, die in Bezug auf ihre Ähnlichkeiten und Differenzen vermessen werden. Dabei werden relativ stabile, in ihrer Zahl überschaubare, soziale Kategorien tendenziell durch temporäre, nur noch von Maschinen verarbeitbaren, »patterns« ersetzt: Messbare Ähnlichkeits- und Differenzbeziehungen von Nutzerinnen werden zur Grundlage der Marktkoordination.

Die Erschließung nationaler oder globaler Märkte verunmöglichte, was historisch gesehen lange Zeit Usus war: der »personalisierte«, auf gegenseitiger Wahrnehmung und Kenntnis beruhende Austausch von Gütern und Dienstleistungen.[9] Neue Personalisierungstechniken mit unpersönlichen Verfahren sollen diese Manko beheben (siehe Moor & Lury 2018 zu Preispersonalisierung).

9.3 Personalisierung

Markttausch und Personalisierung schließen sich in der Theorie aus: Märkte sind Plattformen, auf denen Angebot und Nachfrage anonym aufeinander treffen, um Ware gegen Geld tauschen. Zwischen Käuferin und Verkäuferin braucht weder vorher noch nachher eine Beziehung zu bestehen. Sie müssen idealerweise nichts voneinander wissen, außer dass die Käuferin über den verlangten Kaufpreis und die Verkäuferin über die gewünschte Ware verfügt. Die Beziehung besteht alleine im Tausch.

Wie die Geschichte der Kundenbeobachtung und des Marketings zeigt, sind Unternehmen aber stets bemüht, Wissen über ihre Kundinnen zu erzeugen, um langfristige Beziehungen beziehungsweise »customer relationships« aufzubauen und ökonomische Beziehungen zu »repersonalisieren« (Hart, 2001; Moor & Lury, 2018).

> The shift towards ›relationships‹ as the crucial metaphor for understanding producer-consumer interactions has helped ensure a business strategy focused on developing and nurturing long-term relationships with profitable

9 »Records dating to biblical times show that merchants have adjusted the choice of merchandise, its price, and even the location for completing the sale based on an understanding of the particular shopper« (Turow, 2017, S. 135).

> consumers in order to create a sustainable competitive advantage. These relationships are seen to help retain loyal and more profitable customers, making opportunities for up-selling and cross-selling easier and more effective. This requires personal information to be actively sought and compiled about both current and potential clients in order to establish corporate-consumer relationships that go beyond a single commercial transaction. (Pridmore, 2012, S. 323)

Im Anschluss an die vorigen Kapitel schlage ich vor, die Bedeutung »personalisierter« Empfehlung, die aus dem Marketing kommt, ernst zu nehmen und Personalisierung nicht so sehr als Singularisierung zu verstehen – das ist sie offensichtlich nicht, da das Individuum sich nur durch die Linse der anderen betrachten lässt (siehe Kapitel 8) –, sondern im Sinne von »good matches«: als Intimisierung oder Familiarisierung der Beziehung zwischen Unternehmen und Nutzerin, was in der Sprache des Marketings als ein Fokus auf »customer relationships« bezeichnet wird (Pridmore, 2012, 2013).[10]

Auf der Benutzeroberfläche, d.h. auf der Vorderbühne reduzieren Empfehlungssysteme den Überfluss an Informationen, Artikeln oder Angeboten und adressieren Nutzerinnen in ihrer Singularität: Filme, die dich interessieren könnten; Songs extra für dich; weil du diesen Artikel gelesen hast, könnte dich auch jener interessieren. Die für Nutzerinnen sichtbare Ordnung der Dinge ist »personalisiert« und stellt sich jeder Nutzerin auf (mehr

---

10 Dieser in den 1990er-Jahren aufkommende, durch »database-marketing« ermöglichte Fokus auf »customer relationships« ist verbunden mit einer zunehmenden Differenzierung der Kundschaft mit der Leitunterscheidung profitabel/unprofitabel. Eine Binsenwahrheit des Marketings besagt, dass 20 Prozent aller Kundinnen für 80 Prozent aller Umsätze verantwortlich sind (zudem gilt es als sehr viel schwieriger, eine Neukundin zu gewinnen als bestehende Kundinnen zu halten). Aber welche Kundinnen gehören zu diesen 20 Prozent, und wie können sie zur Rückkehr gebracht werden? Das ist die Grundlage für Targeting: Die Identifikation, Adressierung und Belohnung der besten Kundinnen mit dem höchsten »lifetime-value«. Das Mantra des Marketings kehrt Paretos Regel um: »›Focus 80 percent of your efforts on the 20 percent of customers who provide 80 percent of your profit‹« (Turow, 2008, S. 6f.). Die Beobachtung der Kundschaft dient in diesem Sinne der Unterscheidung von profitablen und weniger profitablen Kundinnen, um den profitablen mehr Aufmerksamkeit zukommen zu lassen. Personalisierung im Sinne von Empfehlungssystemen generalisiert den »customer relationships«-Ansatz auf alle Nutzerinnen, nicht nur die vielversprechendsten.

oder weniger) unterschiedliche Weise dar.[11] Gemäß Netflix, Amazon oder Facebook sind für mich andere Dinge relevant als für andere.[12]

In Kapitel 9.1 habe ich dargestellt, dass automatisierte Empfehlungssysteme auf das Problem der Multiplikation von Konsumoptionen reagieren. Wie Chris Anderson bemerkt, lockert die Verlagerung von physischen Geschäften ins Internet eine ihrer zentralen Beschränkungen: Lohnte es sich für physische Geschäfte aufgrund von Raumknappheit nur dann, ein bestimmtes Produkt im Regal zu haben, wenn eine große Menge davon regelmäßig verkauft wird, können Webshops – und in noch gesteigertem Maß die Anbieter von rein digitalen Informationsgütern wie Musik, E-Books oder

---

11 Konnte die Personalisierung Ende der 1990er-Jahre noch als Gegenmittel zu einer nivellierenden Mono- oder Mainstreamkultur verstanden werden (z.B. Gladwell 1999; Negroponte 1996; Chayka 2019), ist Personalisierung aktuell vor allem Gegenstand der Kritik. Weil Empfehlungssysteme »personalisieren«, d.h. den Nutzerinnen unterschiedliche Dinge anzeigen, untergraben sie den demokratischen Diskurs und den gesellschaftlichen Zusammenhalt (Pariser, 2011; Sunstein, 2009, 2017) oder führen uns immer tiefer in den Kaninchenbau von Extremismus und Verschwörungstheorien (Tufekci, 2018). Die Funktion der Massenmedien, eine »shared social reality« herzustellen, werde angesichts weitgehender Ubiquität von Personalisierung erschwert (Just & Latzer 2017, S. 246, Turow 2010). Es lässt sich nicht mehr ohne Weiteres bestimmen, was als allgemein bekannt und anerkannt vorausgesetzt werden darf, da sich alle Internetbeziehungsweise Plattformnutzerinnen in ihren eigenen »filter bubbles« und »Echokammern« wiederfinden. Zu einer Kritik der Filterblasen-Kritik siehe: Bruns 2019; Flaxman et al. 2016, polemisch: Unternährer 2020a. Da personalisierte Empfehlungssysteme zudem auf Personendaten angewiesen sind, gelten sie als Inbegriff von Überwachung und Privatsphäreverletzungen (Van Dijck, 2014; Mai, 2016; Zuboff, 2015), aber auch als Verstärker von bestehenden Vorurteilen und Ungleichheiten (siehe zum Beispiel: Noble 2018; Benjamin 2019; Cohn 2019).

12 Eine Reduktion von Überfluss geschieht im Fall von Empfehlungssystemen auf spezifische Weise. Während Journalistinnen oder andere menschliche Expertinnen spezifische Relevanzkriterien kennen, um den Strom an Dingen einzudämmen (siehe Zittrain 2006 zur Geschichte des »Online-Gatekeeping«), selektieren, sortieren und priorisieren Empfehlungssysteme nach eigenen »Kriterien« der Relevanz – nach der »Relevanz« von Personalisierungsalgorithmen. Menschliche Expertise als Lösung für die zeitgenössische Informationsflut scheint weniger wichtig zu werden. Relevanz wird nicht über Beurteilung, sondern über Berechnung bestimmt. Relevant ist, was die Algorithmen automatisierter Empfehlungssysteme als relevant postulieren. »Relevanz« ist tendenziell nicht mehr etwas, das allgemeingültig ist, sondern erst in Relation zur einzelnen, spezifischen Nutzerin entsteht (Kant 2020, S. 36, Van Couvering 2007; Just & Latzer 2017).

Videos – eine weitaus größere Menge an Dingen feilhalten (siehe auch Weinberger 2007). Anderson appelliert an digitale Unternehmen, sich dies zunutze zu machen, indem sie weniger auf »Hits« und mehr auf den »long tail« fokussieren sollten, d.h. auf jene Dinge, die selten verkauft werden, von denen es aber eine sehr große Menge gibt, sofern der Katalog »tief« genug ist:

> What's really amazing about the Long Tail is the sheer size of it. Combine enough nonhits on the Long Tail and you've got a market bigger than the hits. [...] If the Amazon statistics are any guide, the market for books that are not even sold in the average [physical] bookstore is larger than the market for those that are. (Anderson, 2004)

Andersons Schlussfolgerung ist: Weg von den Hits, hin zu den obskuren, aber doch von einzelnen nachgefragten, »misses«. Weg von Massenmärkten, hin zu Abertausenden von Nischenmärkten. Er legt den Unternehmen der digitalen Ökonomie also nahe, möglichst vollständige Kataloge bereitzustellen (siehe Amazon für Bücher, Spotify für Musik) um alle auch noch so esoterischen Interessen bedienen zu können.[13]

Die Frage ist, wie Angebot und Nachfrage in diesem Überfluss an Angeboten zusammen kommen. Oder: Wie lassen sich Nutzerinnen und Dinge verbinden? Um jemandem statt den neuesten Tarantino Kassenschlager einen obskuren Film des polnischen Independent Cinema vorzuschlagen, braucht es Informationen über Nutzerinnen und ihre Vorlieben. Anderson schlägt vor: »Use recommendations to drive demand down the Long Tail« (Anderson, 2004).

Empfehlungssysteme bieten sich als Matching-Mechanismen an, »determining which content will be prioritized for which user« (Andrejevic, 2013, S. 199). Sie schalten sich als neue Intermediäre, sogenannte »infomediaries«, zwischen Konsumentinnen und Produzentinnen und vermitteln (kulturelle) Produkte (Morris, 2015). Dabei handelt es sich aber nicht um eine einfache Weitergabe, sondern um eine möglichst passgenaue Adressierung spezifischer Segmente oder einzelner Konsumentinnen. Auf der Hinterbühne der

13 Zwei Softwareingenieure eines großen Schweizer Webshops erklärten mir in einem Interview, dass Popularität für Empfehlungssysteme ein Problem darstelle, da immer wieder die gleichen, populären Dinge angezeigt würden. Ihr Ziel sei aber, die Nutzerinnen mit personalisierten Empfehlungen in den »Long Tail« ihres Warenkatalogs zu bringen.

Herstellung von Empfehlungen haben wir es weder mit einer Vereinzelung noch mit einer Reduktion zu tun, sondern mit dem Knüpfen von Relationen. Es geht nicht um die individuelle Nutzerin, sondern um die Beziehung zwischen der Nutzerin und Dingen und die Beziehung zwischen der Nutzerin und dem Unternehmen. Personalisierung ist so gesehen eine komplexe Verdichtung von Relationen zwischen verschiedenen beteiligten Einheiten, die auf die Etablierung von (langfristigen) ökonomischen Beziehungen zielt.

Wie ich in Kapitel 6 dargelegt habe, besteht eine erste Schwierigkeit darin, überhaupt Nutzerinnen auf die eigene Webseite, App oder Plattform zu locken. Oftmals braucht es dafür »inducement gifts«, welche die ökonomischen Beziehungen in Gang bringen. Sobald die Nutzerinnen beginnen, ihre Spuren zu hinterlassen, können ihre Verhaltensweisen (entweder gleichzeitig oder post-facto) zu Daten gemacht und verarbeitet werden. Über algorithmische Vergleiche werden Nutzerinnen und Dinge »relationiert« und prospektive Beziehungen abgeleitet. Diese Relationierung findet auf einer weitgehend formalen Ebene statt, indem die verschiedenen Einheiten durch Rechen- und Vergleichsoperationen zueinander in Beziehung gesetzt werden. Auf welche verschiedenen Arten und Weisen diese »Relationierung« stattfinden kann, zeige ich in Kapitel 10.

Der Clou von Empfehlungssystemen besteht darin, dass sie nicht nur Informationen über die Nutzerinnen benötigen, um ihre Vermittlungsfunktion zu erfüllen, sondern diese Informationen im Fall ihres Funktionierens auch produzieren. Personendaten sind sowohl Treibstoff als auch Produkt der Verwicklung von Nutzerinnen, Dingen und Unternehmen. Personalisierung wird dabei als »convenient« und »goodwill gesture« gerahmt, um das Tracking der Nutzerinnen als faire Gegenleistung für passende Angebote zu positionieren (Kant, 2020, S. 5).

Vom »customer relationship management« und den Kundentreueprogrammen der 1990er-Jahre zum Businessmodell der »personal information economy« (Elmer, 2004) findet eine Verschiebung statt. Plattformen und Data Broker schieben sich als Dritte zwischen Produzentinnen und Konsumentinnen. Der Fokus verschiebt sich darauf, Nutzerinnen in Datafizierungsinfrastrukturen zu verwickeln, um Personendaten beziehungsweise daraus abgeleitete »words« (Bermejo, 2009, S. 150), »Interessen« (Degeling, 2017) oder »Segmente« (Turow, 2003) zu produzieren, die dann von zahlenden Werbekundinnen bedient werden können.[14] Diese Verschiebung lässt sich am Beispiel von Googles Entwicklung illustrieren: Wie Shoshana Zuboff (2018) beschreibt, nutzte Google die von der Suchfunktion generierten Personendaten, um ihre Dienstleistungen zu verbessern und genauer auf die Bedürfnisse der Nutzerinnen eingehen zu können. Das »symbiotische« Verhältnis von Suche und Nutzerinnen, die gegenseitig voneinander lernen konnten, benennt Zuboff mit dem Begriff des »Verhaltenswert-Reinvestitionszyklus«, in dem alle von den Nutzerinnen hinterlassenen Daten in die Verbesserung des Produktes zugunsten der Nutzerinnen reinvestiert wird. Das war vor allem die Vision früher Entwickler von Empfehlungssystemen. Google machte daraus ein datenbasiertes Geschäftsmodell, wie Zuboff eingehend beschreibt: Das Nebenprodukt entwickelt sich zum Hauptprodukt und die Dienstleistungsrelationen zwischen Unternehmen und Kunden ändern sich grundlegend: Die Kunden sind nicht länger die Nutzerinnen, so Zuboff, sondern, im Fall der neu als Werbeplattformen ausgerichteten Unternehmen wie Google oder Facebook, die Werbetreibenden. Was zuvor »data exhaust« war, werde nun zu »behavioral surplus« und zur Grundlage von Profit, d.h. es werden mehr Daten erzeugt, als für die reine Verbesserung des Produkts »Suche« benötigt werden. Der Stellenwert von Personendaten verschiebt sich dabei unauffällig: Wurden Personendaten zuvor genutzt, um gute Beziehungen zu erhalten, werden nun »gute« Relationen von Personen und Dingen zum Generator weiterer Personendaten. Social-Media-Plattformen zeigen ihren Nutzerinnen Posts derjenigen Freundinnen, die sie mit größerer Wahrscheinlichkeit zu den datenförmigen Verhaltensweisen wie anklicken, liken oder teilen, etc. führen. Shoppingplattformen zeigen mir, was sich mir ähnliche Nutzerinnen auch angeschaut haben, um vielleicht doch noch das Produkt zu finden, das ich tatsächlich kaufen möchte. Indem Empfehlungssysteme ökonomische Beziehungen zwischen Unternehmen und Nutzerinnen auf Dauer stellen, erzeugen sie nicht nur neue, abgeleitete Relationen, sondern auch neue Aktivitäten, d.h. Verhaltensweisen, die wiederum zu Daten und zu neuem »engagement« umgewandelt werden können.

Wie Robert Bodle (2014) feststellt, basiert Personalisierung auf einem »algorithmically generated feedback loop«, in dem aus vergangenen Verhaltens-

14 Bei Earlybird läuft die Produktion von Interessen über eine »Taxonomie der Interessen«: Jedem Deal oder Wettbewerb wird eine (oder mehrere) Kategorien zugeordnet. Indem Nutzerinnen Deals anklicken, liken oder an Wettbewerben teilnehmen, äußern sie ihr Interesse für eine Interessenskategorie.

weisen der Nutzerinnen die Selektion passender Dinge abgeleitet wird. Personalisierte Empfehlungssysteme sind Datafizierungsmaschinen, die neue Relationen zwischen Nutzerinnen und Dingen herstellen *und aus den daraus motivierten Verhaltensweisen neue Daten produzieren.* Personendaten »are set up to multiply themselves« (Gerlitz & Helmond, 2013, S. 1360) in Rückkopplungsschleifen von »positive sentiment in which users are constantly prompted to like, enjoy, recommend and buy« (Gerlitz & Helmond, 2013, S. 1362). Während Empfehlungssysteme auf der Vorderbühne auf die Verknappung von Inhalten setzen, findet auf der (algorithmischen) Hinterbühne eine »Vervielfältigung kommunikativer Interessen« statt (Wehner, 2010, S. 18).[15] Nicht die Nutzerinnen sind das Produkt von digitalen Plattformen, sondern aus deren Verhaltensdaten abgeleitete prospektive Relationen. In ihrer Idealform sind Empfehlungssysteme der Motor, der den Kreislauf von datengenerierenden Verhaltensweisen und verhaltensgenerierenden Daten am Laufen halten.

In den drei Momenten der Datafizierung werden Nutzerinnen dazu veranlasst, sich in digitale Infrastrukturen zu begeben, sie zu nutzen und dabei Personendaten in einer Form zu hinterlassen, die ihre Verhaltensweisen auf verschiedene Weisen vergleichbar und verwertbar machen. Aus diesen Daten leiten Unternehmen neue Relationen zu ähnlichen Nutzerinnen oder passenden Dingen ab, denen sie die Form von Empfehlungen geben – »Kunden, die diesen Artikel angesehen haben, haben auch angesehen« (Amazon.de), »Personen, die du kennen könntest: Du und Y haben 7 gemeinsame Freunde« (Facebook), »Because you liked/watched Bridgerton« (Netflix). Ein Ziel dieser Form des Marketings besteht darin, die Beziehung zwischen Nutzerin und Unternehmen am Laufen zu halten, indem der Katalog aller möglichen Dinge für die Nutzerinnen auf die (individuell) »passendsten« oder »relevantesten« Dinge reduziert wird (die sich möglicherweise im Long Tail des Katalogs befinden). Was »passt«, ist dabei aber immer relativ: Insbesondere für Werbeplattformen ist es von Vorteil, für ihre Werbekundinnen möglichst viele »Interessen« beziehungsweise prospektive Relationen vorrätig zu halten. Ein »perfect match« ist weder wahrscheinlich noch das Ziel: »[Algorithms] make no claims to capture the truth, only to function« (Fisher & Mehozay 2019, S. 1186, siehe auch Van Couvering 2007). In diesem Sinne sind die beobachteten Individuen immer nur provisorisch, den Kategorien immer

15 Siehe auch Sadowski 2019 zum Imperativ der digitalen Ökonomie, aus Daten mehr Daten zu produzieren.

nur teilweise entsprechend (Lury & Day, 2019), immer bereit, anderen Kategorien teilweise zu entsprechen oder neue Interessen anzunehmen (siehe auch Kapitel 8). Empfehlungssysteme – verstanden als Momente der Datafizierung – erachte ich dementsprechend als zentrale Technologien, die nicht nur auf diese »neu erfundenen« Verhaltensdaten setzen und daraus neue Relationen erzeugen, sondern gleichzeitig prospektive Relationen zwischen Nutzerinnen und Dingen und neue Verhaltensdaten generieren.

Empfehlungssysteme reduzieren und produzieren Überfluss: Auf der Vorderbühne reduzieren sie das Angebot an »content« für Nutzerinnen auf ein Maß, das der Fortführung ihrer Aktivitäten möglichst entgegen kommt. Auf der Hinterbühne differenzieren Empfehlungssysteme ihre Nutzerinnen und produzieren »Interessen« in Form prospektiver Relationen, die genutzt werden, um darüber zu entscheiden, was einer Nutzerin als Nächstes angezeigt wird. Bei Erfolg kommt es zu einem Kreislauf von »engagement«: Daten (bzw. Verhaltensweisen) gegen Empfehlungen gegen Daten usw.

Im nächsten Kapitel widme ich mich der Frage, wie der Kreis beziehungsweise die Rückkopplungsschleife geschlossen wird: Wie verbinden verschiedene Typen von Empfehlungssystemen Nutzerinnen mit Dingen? Wie stellen Empfehlungssysteme Passungsverhältnisse zwischen Nutzerinnen und Dingen her? Dabei beschreibe ich vier Typen von Empfehlungssystemen und ihre Verfahren, wie sie Nutzerinnen von digitalen Dienstleistungen mit anderen Nutzerinnen und Dingen in Beziehung setzen.

10 Die Vielfalt der Empfehlung

In diesem Kapitel untersuche ich, wie verschiedene Typen von Empfehlungssystemen eine Brücke zwischen Dingen und Nutzerinnen schlagen und damit den Kreislauf der Momente der Datafizierung zugleich vollenden und neu starten. An den Vergleichsbegriff von Bettina Heintz (2010; 2016) angelehnt, bezeichne ich diesen Brückenschlag zwischen Nachfrage und Angebot, zwischen Nutzerinnen und Dingen als »Relationierung«. Damit meine ich die technische Operation, in der Nutzerinnen und Dinge zueinander in Beziehung gesetzt werden, um im Sinne von »good matches« die Beziehung zwischen Nutzerinnen und Unternehmen aufrechtzuerhalten und weitere Anschlusshandlungen zu motivieren.

In Auseinandersetzung mit Joseph Konstans und Michael Ekstrands Kurs »Introduction to Recommender Systems« identifiziere ich vier Idealtypen von Empfehlungssystemen, die sich in ihren Quantifizierungs-, Kategorisierungs-, Bewertungs- und Vergleichsweisen unterscheiden.[1] Während ich in den Kapiteln 6 bis 8 die drei Momente der Datafizierung analytisch isoliert und in ihrer sequenziellen Logik dargestellt habe, fokussiere ich mich nun auf das dritte Moment: Wie relationieren die vier unterschiedlichen Typen von Empfehlungssystemen Nutzerinnen und Dinge, d.h. wie verdichten sie die Beziehungen zwischen den verschiedenen Einheiten, um Empfehlungen abzuleiten?

Popularitätsmetriken bringen Dinge in besser/schlechter Relationen. Solche Ranglisten sind in dem Sinn unpersonalisiert und »objektiv«, da allen Nutzerinnen die gleichen Dinge (z.B. die besten Filme aller Zeiten) angezeigt werden. Sie unterstellen, dass das Populäre für alle gleichermaßen relevant ist, da sie keine Differenzen zwischen Nutzerinnen beobachten (10.1).

1 Sich im Betrieb befindende Empfehlungssysteme sind um einiges komplexer als die von mir beschriebenen Varianten (siehe Seaver 2019 zur Komplexitätsfrage von Algorithmen). Laufende Systeme kombinieren verschiedene dieser Logiken und basieren auch auf neueren Ansätzen, deren Beschreibung ich hier nicht vornehmen kann.

Die *stereotypisierende Empfehlung* beruht auf askriptiven, demografischen Kategorien wie Alter oder Geschlecht, die über Konventionen oder gruppenspezifische Popularitätsmetriken Relationen zwischen Gruppen und Dingen herstellen. Solche Verfahren beruhen auf einer Form der kategorialen Relationierung, einer Art Deduktion: Männer mögen Actionfilme, Frauen mögen Chick-Flicks. Nutzerin X ist eine Frau. Ergo: Empfehle Chick-Flicks (10.2).

Inhaltsbasierte Empfehlungen relationieren Nutzerin und Dinge über Matchings, d.h. über den Vergleich von paarweisen Nutzerin/Ding-Relationen (anstatt nur Dinge oder nur Nutzerinnen miteinander zu vergleichen). Die ontologische Differenz zwischen Nutzerin und Ding wird dabei irrelevant: In Suchapplikationen ist die Nutzerin als Liste von (Such-)Begriffen repräsentiert, wie auch Dinge als Kombination von Begriffen repräsentiert sind (10.3).

Collaborative Filtering relationiert Nutzerinnen und Dinge über ein doppeltes Matching. Das Matching von ähnlichen Nutzerpaaren führt zu fluiden, quasi-kategorialen »Nachbarschaften« der ähnlichsten Nutzerinnen, welche die Grundlage für das zweite Matching bieten: Den Vergleich von Nutzerin/Ding-Relationen (10.4).

Obwohl der Fokus auf der Art und Weise der Relationierung liegt, ist es nicht möglich, das erste und zweite Moment der Datafizierung vollständig auszuklammern. Insbesondere die Frage der Herstellung von Vergleichbarkeit erweist sich in den Relationierungsverfahren immer wieder als problematisch, da sich idiosynkratische Vergleichseinheiten (seien es Kommentare wie in 10.1 oder Nutzerinnen wie in 10.4) trotz weitgehendem Encoding immer noch der Vergleichbarkeit entziehen. Die Formalisierung von Verhaltensweisen wie zum Beispiel die encodierten Bewertungsmodi »upvote« und »downvote« auf Reddit oder die Bewertung von Filmen auf einer Skala von 1 bis 5 reichen nicht aus, um Kommensurabilität von Kommentaren oder Nutzerinnen herzustellen, da sie in den Augen der Expertinnen zu verzerrten Resultaten führen. Die Herstellung von Vergleichbarkeit (das zweite Moment der Datafizierung) überschneidet sich also mit der Ableitung prospektiver Relationen (dem dritten Moment der Datafizierung) und ist in die algorithmischen Verfahren der Ableitung neuer Relationen eingefaltet.

Meine Untersuchung von Collaborative-Filtering-Empfehlungssystemen macht zudem deutlich, dass für die Datenerzeugung nicht nur Reziprozität zwischen Unternehmen und Nutzerinnen eine Rolle spielt (siehe Kapitel 6), sondern auch jene zwischen Nutzerinnen. Insbesondere auf Social-Media-Plattformen sind die datengenerierenden Verhaltensweisen kommunikative

Handlungen, die sich in erster Linie an andere Nutzerinnen richten und so den Aufenthalt auf der Plattform für andere zu einem interessanten Zeitvertreib macht (siehe auch Kapitel 7.1). Würde niemand etwas teilen, wäre der Besuch einer solchen Plattform schnell langweilig.

> platform-based companies structure reciprocity in such a way that it appears to be directed at the collectivity of users rather than themselves: people ›share‹ their news with their ›friends‹ and acquaintances, rather than with Facebook; they expose their professional information for potential LinkedIn connections to peruse, rather than for LinkedIn itself; and their photos are directed at other Instagrammers, rather than Instagram. (Fourcade & Kluttz, 2020, S. 5)

Vor allem frühe Collaborative-Filtering-Systeme machen sich Formen der technisch vermittelten Sozialität zu Nutze, um ihre Empfehlungen – beziehungsweise die Art und Weise, wie sie Nutzerinnen und Dinge relationieren – darauf zu basieren. In diesem Sinne wird (algorithmische) Sozialität zu einer Ressource für »good matches« zwischen Unternehmen und Nutzerinnen (siehe Kapitel 10.4).

Wie ich zeigen werde, beruht die Personalisierung von Empfehlungssystemen ironischerweise gerade auf einer weitgehenden »Depersonalisierung«: Die formalisierten Verhaltensweisen und algorithmischen Relationierungen betrachten nicht das Individuum an sich: Nutzerinnen (und Dinge) erscheinen immer nur in Relationen zu Nutzerinnen und Dingen (Seaver, 2012). Algorithmische Sozialität ist nicht dasselbe wie Sozialität, da sie auf encodierten beziehungsweise standardisierten Verhaltensweisen beruht, die zwar auf subjektive Sinninvestitionen verweisen, diese aber gleichzeitig auch ignorieren müssen.

Die Analysen in diesem Kapitel wurden bereits in Form eines Buchkapitels und in Form eines Zeitschriftenaufsatzes veröffentlicht: *»›user item item user‹ – Zur Vergleichspraxis von Recommendersystemen«* ist im Band »Global beobachten und vergleichen: Soziologische Analysen zur Weltgesellschaft« von Bennani et al. (2020) erschienen (Unternährer, 2020b). Die Typologie der Empfehlungssysteme entwickle ich in einem Aufsatz für den Sonderband 73 *»Soziale Praktiken des Beobachtens: Vergleichen, Bewerten, Kategorisieren und Quantifizieren«* der Kölner Zeitschrift für Soziologie und Sozialpsychologie (herausgegeben von Bettina Heintz und Theresa Wobbe) (Unternährer, 2021). Für dieses Kapitel habe ich diese beiden Aufsätze neu sortiert und zusammengestellt. Ein Großteil des Texts ist aus diesen Artikeln direkt übernommen und formal nicht als Zitat ausgewiesen.

10.1 Unpersonalisierte Popularitätsmetriken

Leserinnen von Onlinemedien können zwischen meistgelesenen, meistkommentierten oder meistgeteilten Artikeln wählen (Die Zeit). Wer sich überlegt, welcher Film die geeignete Feierabendsunterhaltung sein könnte, kann aus einer Liste populärer oder aktuell aufstrebender (»trending«) Filme auswählen (Netflix: »Popular on Netflix«, »Trending Now«). Musikstreamingdienste wie Spotify haben zahlreiche Listen im Angebot, die der Logik von Musikcharts folgen, zum Beispiel Today's Top Hits, Deutsche Charts oder die beliebtesten Songs einer Künstlerin. Onlineshops zeigen ihren potenziellen Kundinnen Bestseller, angesagte Neuheiten oder Top-10-Kategorien. Bei der Auswahl von Restaurants oder Hotels helfen mir Seiten wie Yelp.com oder Booking.com, mit durchschnittlichen User-Ratings.

Unpersonalisierte Empfehlungen scheinen im Gegensatz zur vieldiskutierten Personalisierung unspektakulär zu sein, doch sind sie allgegenwärtig. Für Konstan und Ekstrand heißt »unpersonalisiert«, dass allen Nutzerinnen dieselben Dinge angezeigt werden. Alle erhalten die gleichen Empfehlungen: Die »aggregierten Präferenzen« der klickenden oder explizit bewertenden Nutzerinnen dienen als »prediction« für die Präferenzen aller Nutzerinnen. Diese Art der Empfehlung fußt auf der Grundannahme (oder für Konstan und Ekstrand der Not geschuldeten Arbeitshypothese, weil zu wenig Daten über die Nutzerinnen verfügbar sind), dass die besten oder populärsten Dinge für alle gleichermaßen relevant sind. Gemäß Tarleton Gillespie identifizieren Trending-Algorithmen nicht, »was spezifisch für ›dich‹ relevant sein könnte«, sondern »was bei ›uns‹ allgemein populär ist« (Gillespie, 2017, S. 78).

Auf Coursera beschreiben Konstan und Ekstrand verschiedene Varianten, wie unpersonalisierte Empfehlungen hergestellt und dargestellt werden können. Je nach »domain« – d.h. je nach Anwendungsbereich wie News-Webseiten, E-Commerce oder Empfehlungsportale – eignen sich unterschiedliche Arten der Berechnung von Popularität. Die vermeintliche Logik unpersonalisierter Empfehlungen ist so verlockend einfach wie irreführend: Es handelt sich mitnichten darum, einfach zählen zu können, wie viele Nutzerinnen etwas angeklickt oder mit einem Like versehen haben.

Ein einfaches Beispiel vermag das zu verdeutlichen: Würde die Webseite einer Tageszeitung die meistgelesenen Artikel *aller Zeiten* auf der Startseite anordnen, hätte sie wohl bald keine Leserinnen mehr, da sich auf der Startseite kaum je etwas verändern würde. »Meistgelesen« oder ähnliche Ranking-Kriterien sind meistens mit einem Zeitindex versehen: z.B. am meisten gelesen *in den letzten 24 Stunden*.[2] Da in den meisten Fällen nicht absolute Popularität, sondern Informationen über zeitlich, räumlich und sozial begrenzte Popularität erwünscht ist, müssen Popularitätsmetriken festlegen, welches Zeitfenster, welche Nutzerinnen und welche Beiträge wie gezählt werden (Gillespie 2017 zu Twitter-Trends).

Ekstrand bespricht das Beispiel, wie die Webseite Hacker News[3] ihre Beiträge auf der Webseite ordnet. Die Nutzerinnen der Webseite konnten Beiträge mit Up- und Downvotes bewerten. Die naheliegende Variante, wie Beiträge sortiert werden könnten, besteht darin, die Differenz von Up- und Downvotes als Score beziehungsweise Vergleichskriterium zu verwenden. Da das Ziel aber ist, »to highlight hot or new stuff« (Salihefendic, 2015), ist die Zeit in der Berechnung des Scores zentral. In die Berechnungsformel ist ein »decay factor« eingebaut, der dafür sorgt, dass der Score mit zunehmendem Alter zuerst sehr schnell und dann immer langsamer abnimmt. Das bedeutet auch, so Ekstrand, dass die ersten Up- und Downvotes einen höheren Einfluss haben als spätere. Damit Artikel auf Hackernews in Bezug auf die Kriterien »Hotness« und »Neuheit« vergleichbar sind, reicht die Aggregation nominaler Nutzerbewertungen (i.e. +1, -1) oder die reine Sortierung nach dem Alter des Artikels nicht aus. Nutzerbewertungen und Alter müssen in einer mathematischen Formel zur Berechnung des »Hotness/Newness«-Scores zusammengezogen werden. Erst dann lassen sie sich in ein ordinales Ranking bringen, das den Ansprüchen von Hackernews genügt.

Die Formel von Hackernews beinhaltet zusätzlich einen »penalty term«, »to influence the kind of community that the site owner wants to develop [...] to shape a little bit the kinds of things that come to the top to exert some influence over the flavor that the site has« (Coursera, 2017). So könnten beispielsweise der Score von Beiträgen der Kategorie »Umfragen« negativ beeinflusst werden, da die Eigentümer der Seite nicht zu viele davon auf der Seite wünschen. Auf Webseiten, die in einer anderen »Domain« operieren,

---

2 Auch analoge Rankings und Bestenlisten sind mit einem Zeitindex versehen. Sie berücksichtigen normalerweise festgelegte Perioden.

3 news.ycombinator.com

ist es womöglich sinnvoll, die Stimmen der Nutzerinnen unterschiedlich zu gewichten. Man denke an Seiten wie TripAdvisor, auf der Hoteleigentümerinnen versuchen, den eigenen Score zu erhöhen, indem sie mehrere Profile erzeugen, um sich selbst gute Bewertungen abzugeben. Der Einfluss solcher Praktiken ließe sich abschwächen, indem beispielsweise die Reputation oder das Alter des Profils als Gewichtungsfaktoren eingesetzt werden.[4]

Während im Beispiel von Hackernews Up- und Downvotes als Grundlage des Vergleichs von Artikeln dienen und ein Klick als explizite und diskrete Handlungs- und Zähleinheit relativ eindeutig bestimmbar ist, ist bei anderen Dingen weniger klar, was gezählt werden soll. Durch Entscheidung und Konvention muss festgelegt werden, was zählt: Ein Song auf Spotify zählt als gehört, wenn die Nutzerin mindestens 30 Sekunden des Songs gestreamt hat (Snickars, 2016); Netflix unterscheidet gemäß The Verge zwischen »starters«,»watchers« und »completers«: »Households that watch 70 percent of a movie or one episode in a series are considered ›watchers‹« (Alexander, 2019).

Bei manchen unpersonalisierten Empfehlungen fällt auf, dass der angegebene Score nicht mit der Positionierung im Ranking übereinstimmt. Auf Hackernews stehen Items mit niedrigeren Punktzahlen vor höheren; auf Spotify steht nicht unbedingt derjenige Song mit den meisten »listens« an erster Stelle der populären Songs einer Künstlerin.[5] Die Ordnung des Rankings unterscheidet sich von der Ordnung der aggregierten Ratings (i.e. welchen Score die Dinge ausweisen). Verschiedene Ordnungslogiken können sich überlagern, wie die Differenz zwischen »prediction« und »recommendation« zeigt:

> we typically focus on two tasks. The first is the predict task: given a user and an item, what is the user's likely preference for the item? [...] The second task is the recommend task: given a user, produce the best ranked list of n items for the user's need. An n-item recommendation list is not guaranteed to contain the n items with the highest predicted preferences, as predicted

4 Siehe zum Beispiel Pinch (2012) für die Anordnung von Nutzerreviews nach dem Kriterium der Nützlichkeit – bewertet durch andere Nutzerinnen. Orlikowski & Scott (2014) für das Beispiel TripAdvisor.

5 Die populärsten Songs einer jeweiligen Künstlerin sind nicht einfach nach totalen Streams geordnet. Sowohl zeitliche Faktoren als auch implizite Bewertungen (beispielsweise ob Nutzerinnen einen Song in ihre individuellen Playlisten aufgenommen haben) dürften eine Rolle spielen (Spotify Community, 2013).

> preference may not be the only criteria used to produce the recommendation list. (Ekstrand et al., 2011, S. 86f.)

Die Unschärfe in der angezeigten Ordnung der Dinge verweist auf ein epistemisches Problem. Popularität, Qualität oder Trends sind nicht Dinge, die irgendwo da draußen existieren und sich mit den richtigen Methoden beobachten und messen lassen.

> Trends sind keine unabhängigen Phänomene: Anders als beispielsweise Abonnentenzahlen oder die Anzahl an Likes, beanspruchen sie noch nicht einmal, verifizierbare Fakten darzustellen. ›Trends‹ können hunderte Bedeutungen annehmen oder auch gar nichts bedeuten. (Gillespie, 2017, S. 85)

Popularitätsmetriken werden hergestellt, indem kontingente, möglicherweise aber institutionalisierte Entscheidungen getroffen werden, was als Indikator für Popularität oder Qualität wie gezählt und verrechnet und wie für die Nutzerinnen aufbereitet wird. Sobald dies einmal festgelegt ist, nehmen die Scores als vermeintlich objektive Repräsentationen der Realität ein Eigenleben an.

Weil Twitters Bestenliste eine Aura der Objektivität und Relevanz anhaftet, ist höchst umstritten, was darin auftaucht oder nicht (Gillespie, 2012): Die Präsenz oder Absenz auf der Liste ist ein Politikum sondergleichen, so dass sich Twitter dem Vorwurf der Zensur aussetzt. Obwohl relativ opak ist (aber: Lotan 2011), wie Twitter die Viralität von Themen bewertet, haben soziale Bewegungen beziehungsweise Aktivistinnen Strategien entwickelt, wie sie ihre Anliegen zu Trends machen können (Tufekci, 2017). Zeynep Tufekci (2014, S. 10) beschreibt, wie türkische Aktivistinnen Hashtags im Vorfeld von Aktionen planen und in Stellung bringen, um sie von allen Followern zum gleichen Zeitpunkt posten zu lassen. Solche konzertierten Kampagnen führen »spikes« von Twitteraktivitäten herbei, die von Twitters Trending-Algorithmus registriert werden sollen. Hinter der Strategie der Spikes steckt die Annahme, dass nicht kontinuierliche, sondern plötzliche Aktivität einer bestimmten Anzahl von Accounts zu einer Aufnahme in der Bestenliste führt.[6]

Wer oder was »zählt«, ist immer auch eine Frage der Macht. Vermeintlich selbstverständliche Zählweisen werden von neuen Intermediären (Morris,

6 Für ein Update seit Musks Übernahme von Twitter siehe Narayanan (2023).

2015) wie Spotify irritiert, wie das Beispiel des französischen Musikpreises »Victoires de la musique« zeigt: In einem Jahresbericht beklagt die Organisation, die den Preis ausrichtet, eine »surexposition du répertoire rap, hip hop & R&B«, die sich korrigieren werde, wenn auch ältere Musikhörerinnen zu streamen beginnen. In der Zwischenzeit wird die Popularität von Hip-Hop nach unten korrigiert, indem nur bezahlte Musikstreams gezählt werden (Oliver, 2020).

Popularitätsmetriken stellen einerseits kategoriale Relationen von vergleichbaren Einheiten und andererseits ordinale Relationen zwischen den verglichenen Einheiten her, die das Populärere vom weniger Populären unterscheiden. Als Form der Empfehlung beziehen sich Popularitätsmetriken auf ein diffuses Wir, in dessen Namen und für dessen Erwägung sie Relevanz, Präferenz, Qualität oder Interessantheit suggerieren. Obwohl sich die Popularität beziehungsweise Qualität unpersonalisierter Empfehlungssysteme auf eingegrenzte Nutzergemeinschaften bezieht, wird sie oftmals als Ausdruck einer allgemeinen Popularität oder einer den Dingen inhärenten Qualität gelesen.

> [S]ie beanspruchen, etwas über öffentliche Aufmerksamkeit jenseits der von der Nutzerin ausgewählten Community aus Freunden oder Followers auszusagen. Sie sagen etwas über kulturelle Relevanz aus – vielleicht implizit, vielleicht auch fehlerhaft – in jedem Fall sind wir angehalten, sie als solche zu interpretieren. Sie kristallisieren populäre Aktivitäten zu etwas Lesbarem und leiten es dann an uns zurück, oftmals im gleichen Moment, in dem weitere Aktivitäten stattfinden. (Gillespie, 2017, S. 85)

Dominique Cardon (2016) identifiziert die Logik der Popularität als eine Bestärkung von Konformismus und Mainstream. Seine Kritik verweist auf die Grundannahme der unpersonalisierten Empfehlung, dass es sinnvoll sein kann, die Inhalte einer Webseite nach Popularität zu ordnen, da Popularität (zumindest in Abwesenheit besserer, personalisierter Alternativen) ein guter Prädiktor der Präferenzen aller Nutzerinnen oder einer durchschnittlichen Nutzerin ist. Cardons Kritik des Mainstreamings ist die Kehrseite des Arguments, dass Personalisierung zur Fragmentierung der Öffentlichkeit führt, die geteilte Erfahrungen zunehmend unwahrscheinlich machen. Vor dem Hintergrund der Fragmentierungsdiagnose erscheinen an allgemeiner Popularität und inhärenter Qualität orientierte Ordnungslogiken in einem positiveren Licht: »Anstatt sie zu zerreißen, rufen Trending-Algorithmen Öffentlichkeiten eher zusammen« (Gillespie, 2017, S. 85). Unpersonalisierte Empfehlungen generieren keine formalen Relationen zwischen Nutzerinnen, deren Aktivitäten aggregiert werden, und Nutzerinnen, denen Popularitätsrankings oder aggregierten Ratings angezeigt werden. Auf der formalen Ebene erzeugen unpersonalisierte Empfehlungen lediglich »ordinale« Relationen (Fourcade, 2016b) zwischen Dingen. Die Logik der Popularität erzeugt zwar die Suggestion eines gemeinsamen Wirs, das aber diffus im Sinn einer »imagined community« bleibt.

Fallanalyse Trending: »A smarter Reddit«

Angèle (Christin, 2018) beschreibt in ihrem Artikel »Counting Clicks: Quantification and Variation in Web Journalism in the United States and France« wie Besucherzahlen (»traffic numbers«) von Nachrichtenseiten die journalistische und redaktionelle Arbeit verändern und in den beiden nationalen Kontexten unterschiedlich interpretiert werden. »American and French journalists see different things when looking at web analytics« (Christin, 2018, S. 1410), je nach lokal vorherrschenden Rollenbildern, Professionalisierung und relativer Abschirmung gegenüber Marktzwängen.

Es werden aber nicht nur Journalistinnen und Redakteurinnen mit Besucherzahlen konfrontiert. Onlinemedien offerieren ihren Leserinnen unpersonalisierte Empfehlungen, die auf Klicks basieren: »Top Stories« (New York Times), »most popular« (The Guardian), »meistgelesen«, »meistkommentiert«, »meistgeteilt« (Die Zeit) oder »was heute wichtig ist« (NZZ). Diese Bezeichnungen suggerieren, dass »counting clicks« ausreichend wäre, um Artikel nach Rang zu sortieren. Die Ordnung dieser Listen ist zwar intuitiv verständlich, aber nur scheinbar unproblematisch.

Ich demonstriere im Folgenden, wie voraussetzungsreich die Anordnung von Kommentaren auf der Internetseite Reddit ist. Reddit ist die selbsternannte »front page of the internet«. Registrierte Benutzerinnen können auf der Seite sogenannte Posts, d.h. Geschichten, Nachrichten, Bilder, Witze, etc. erstellen, die von anderen Nutzerinnen bewertet und kommentiert werden. Bei jedem Post ist Benutzername, Zeitpunkt des Postings und Pfad des Unterforums (»subreddit«) vermerkt. Zusätzlich wird gezählt, wie viele Kommentare ein Post erhalten hat. Jeder Post erhält einen Score, der über seine Beliebtheit informiert. 2015 gab es gemäß Reddit 88 700 aktive Subreddits, in denen 8.7 Millionen User insgesamt 736 Millionen Mal kommentierten (Reddit, 2015).

Reddit ist ein lebhaftes und oftmals kontroverses Diskussionsforum: Leserinnen kommentieren und bewerten Artikel und Kommentare anderer Leserinnen. Hier konzentriere ich mich auf die Bewertung und Sortierung von Kommentaren. Diese einzelnen Kommentare erscheinen immer mit einem Score, der die Anzahl der »points« eines Beitrags ausweist. Die Benutzerinnen können Kommentare mit einem Up- oder Downvote bewerten, indem sie beim Beitrag auf den Pfeil nach oben (i.e Upvote) beziehungsweise unten (i.e. Downvote) klicken. Die Bewertungen der Leserinnen werden verrechnet und je nach Resultat wird die Position des Kommentars angepasst.

Nicht alle Klicks sind gleich: In Anlehnung an Christins Erkenntnis, dass Zahlen für amerikanische und französische Journalistinnen eine unterschiedliche Bedeutung haben, ist für die analytische Maschinerie des Vergleichs eine 5 nicht immer eine 5. Am Beispiel von Reddits System zur Anordnung von Kommentaren zeigt sich, wie Vergleichbarmachung, Bewertung und Quantifizierung miteinander verwoben sind.

2009 führte Reddit ein neues Verfahren zur Sortierung von Kommentaren ein. Das alte Top-Verfahren ordnete die Posts nach Punkten: Der Kommentar mit den meisten Punkten stand an erster Stelle. Diese Art der Anordnung von Kommentaren stieß auf Einwände, da Kritiker in Frage stellten, ob jene Kommentare mit den meisten Punkten tatsächlich die »besten« sind. Als Reaktion darauf wurde das neue Best-Verfahren entwickelt: Es sortiert die Kommentare nach »Qualität«, so dass der »beste« Kommentar an erster Stelle erscheint. Das muss nicht zwangsläufig der Kommentar mit den meisten Punkten sein. Das alte Verfahren zählte Klicks (i.e. Up- und Downvotes) und produzierte eine für die Kritiker unbefriedigende Anordnung der Kommentare. Das neue System misst die Qualität von Kommentaren und kann nun tatsächlich die in den Augen der Kritiker besten Kommentare priorisieren.

Wie diese Berechnungen durchgeführt und wie Kommentare verglichen und angeordnet werden, ist Gegenstand der folgenden Ausführungen. Die empirische Analyse beruht auf Erklärungen im Coursera Kurs, auf Blogbeiträgen sowie auf Reddit-Diskussionen, die den Wechsel des Rankingverfahrens für Kommentare begleiteten.

Ein Artikel auf der Frontseite von Reddit hat typischerweise einige hundert bis mehrere tausend Kommentaren.[7] Ein unpersonalisiertes[8] Empfeh-

7 2010 zählte der wohl meistkommentierte Artikel 358 000 Kommentare (Reddit, 2010).

8 Unpersonalisiert bedeutet hier, dass diese Anordnung für alle Leserinnen gleich aussieht.

lungssystem soll den Leserinnen helfen, mit diesem Überfluss an Kommentaren umzugehen, indem die Kommentare in einer (nicht nummerierten) Rangliste angeordnet werden. Die Sortierung der Kommentare ist allerdings keineswegs trivial. Im Gegenteil: Evan Miller[9] definiert in seinem Blog die Sortierung als zentrales Problem:

> PROBLEM. You are a web programmer. You have users. Your users rate stuff on your site. You want to put the highest-rated stuff at the top and lowest-rated at the bottom. You need some sort of ›score‹ to sort by. (Miller, 2009)

Reddits einfache Lösung – das Top-Verfahren – besteht darin, die aufaddierten Downvotes von den aufaddierten Upvotes abzuziehen. Die Differenz von Up- und Downvotes ergibt die Punkte, die für jeden Kommentar ausgewiesen werden. Top sortiert Kommentare absteigend nach Punkten. Miller (2009) kritisierte diese simple Art der Sortierung mit deutlichen Worten:

> Suppose one item has 600 positive ratings and 400 negative ratings: 60 % positive. Suppose item two has 5,500 positive ratings and 4,500 negative ratings: 55 % positive. This algorithm puts item two (score = 1000, but only 55 % positive) above item one (score = 200, and 60 % positive). WRONG. (Miller, 2009)

Da sich die Anzahl Bewertungen in ganz unterschiedlichen Größenordnungen bewegen kann (eine Handvoll, mehrere Hundert, mehrere Tausend), würden sowohl einfache Werte wie die absolute Differenz als auch der relative Anteil positiver Bewertungen falsche Resultate und eine falsche Ordnung produzieren. Doch weshalb ist das eine »falsche« Ordnung?

Auch für Randall Munroe, Ingenieur, Autor des Webcomics xkcd und einflussreicher Redditor, ist das Top-Verfahren problematisch. Er formuliert das Problem spezifisch für Reddit: »When a mediocre joke gets posted in the first hour a story is up, it will become the top comment if it's even slightly funny«, und er folgert: »The ›top‹ list was simply a list of the best jokes from within the first hour« (Munroe, 2009). Top identifiziere nicht die besten Kommentare, sondern die frühesten. Munroe untersucht als Beispiel

---

9 Miller entwickelt Statistiksoftware für Unternehmen und Wissenschaft. Der hier zitierte Blogeintrag gehört zu Courseras Lernmaterialien.

die Kommentare eines beliebigen, acht Stunden alten, Posts: Von den 10 Top-Kommentaren waren alle sieben oder acht Stunden alt, d.h. sie wurden in der ersten Stunde seit Erscheinen des Posts abgegeben. Beim Top-Verfahren kämen also oftmals nicht die besten, sondern nur mittelmäßige Kommentare an die Spitze des Rankings.

Munroe ist der Auffassung, dass es einen besten Kommentar gibt. Das Problem besteht nur darin, ihn zu erkennen und richtig einzuordnen. Zur Verdeutlichung gibt er ein Beispiel. In einem Post frage jemand: »Which Redditor took a pic of me while I was blackout drunk at the bar this weekend?« (Munroe, 2009). Gemäß Munroe sollte jener Kommentar am besten abschneiden, der tatsächlich die Frage des Posts beantwortet. Da Reddit seinen Nutzerinnen beide Ordnungsverfahren anbietet, lässt sich direkt vergleichen, wie die beiden Verfahren Top und Best abschneiden: Sortiert nach Top – dem alten Verfahren – erscheint ein zusammenhangsloser Kommentar an erster Stelle. Sortiert nach Best erscheint der richtige Kommentar, nämlich die Antwort des Fotografen – beziehungsweise das von ihm aufgenommene Bild des betrunkenen Redditors.

Das Problem besteht für Munroe darin, dass beim Top-Verfahren frühe gegenüber späteren Kommentaren einen Vorteil haben. Um dieses Problem zu beheben, schlagen Miller (2009) und Munroe (2009) vor, den unteren (konservativeren) Grenzwert des Wilson-Konfidenzintervalls anzuwenden. Die Vergleichbarkeit von Kommentaren mit wenigen Bewertungen und jenen mit vielen Bewertungen wird hergestellt, indem die momentane Anzahl Bewertungen als Stichprobe behandelt wird: Der Kommentar bekommt einen provisorischen Score, den er mit einer Sicherheit von 95 % erreichen wird. Kommen weitere Bewertungen hinzu, wird der Score laufend angepasst (Munroe, 2009; Salihefendic, 2015). Die Vergleichbarkeit von Kommentaren wird hergestellt, indem neue Kommentare mit wenigen Bewertungen mathematisch so behandelt werden, als hätten sie schon viele Bewertungen erhalten (Salihefendic, 2015). Es handelt sich um eine Vorhersage des Scores aufgrund des Verhältnisses von Up- und Downvotes zum Berechnungszeitpunkt.

Der vorliegende empirische Fall ist instruktiv, um die Differenz zwischen Zählen und Messen zu beleuchten, wie sie sich in den Verfahren Top und Best widerspiegelt. Die Ausgangslage für beide Verfahren ist die Formalisierung der auf Reddit möglichen Verhaltensweisen (Kommentieren sowie Bewerten mit Up- oder Downvote) und die Gleichheitsunterstellung der Vergleichseinheiten (i.e. Kommentare).

Auf Reddit sind verschiedene (Un-)Gleichheitsunterstellungen zu beobachten. Kommentare und Posts werden als unvergleichbar behandelt: Auf der Startseite sind nur die beliebtesten und bestbewerteten Posts zu finden, obwohl auch denkbar wäre, die besten Kommentare als lesenswerte Einheiten zu präsentieren.

Kommentare werden nur auf jeweils einer Ebene miteinander verglichen: Ein Hauptkommentar zu einem Post wird nur mit anderen Hauptkommentaren zum gleichen Post in Beziehung gesetzt. Ein Kommentar zu Kommentar X nur mit anderen Kommentaren zu Kommentar X – nicht aber mit Kommentaren zu Kommentar Y.[10] Die Handlungsmöglichkeiten auf Reddit sind durch die Benutzeroberfläche dermaßen formalisiert, dass keine Unsicherheit darüber bestehen kann, ob es sich nun um einen Hauptkommentar, einen Unterkommentar oder einen Post handelt.

Um Differenzen zwischen Kommentaren einer Ebene feststellen zu können, lässt Reddit die Kommentare von seinen Leserinnen mit einem einfachen Ratingsystem bewerten: Leserinnen können Kommentare entweder mit einem Up- oder einem Downvote versehen. Sowohl Top als auch Best geben vor, auf der Basis dieser Bewertungen Differenzen in der Qualität von Kommentaren feststellen zu können. Sie produzieren diese Differenzen aber auf unterschiedliche Weise.

Es lassen sich drei unterschiedliche Arten der Bewertung beobachten: nominale, kardinale und ordinale »judgements« (Fourcade, 2016b).[11] Die Nutzerinnen bewerten Kommentare nominal, indem sie Up- oder Downvotes *vergeben*. Das Top-Verfahren produziert kardinale Bewertungen, indem es Up- und Downvotes *zählt*. Best *misst* die »Qualität« von Kommentaren und erzeugt so eine ordinale Rangordnung.

Up- und Downvotes sind zufällige Symbole einer binären Bewertung. Es spielt im Grunde keine Rolle, ob es Pfeile, Daumen oder Einsen und Nullen

---

10 Reddit ignoriert diese Vergleichssperre, wenn Posts verglichen werden: Reddit zählt für jeden Post die Anzahl Kommentare, ohne zwischen Hauptkommentaren und Unterkommentaren zu unterscheiden.

11 Nominale Bewertungen sind an Essenzen orientiert: Sie definieren, was etwas oder jemand ist. Bei kardinalen Bewertungen wird gezählt: Die Anzahl beziehungsweise die Akkumulation von Dingen ist ausschlaggebend. Ordinale Bewertungen erzeugen relative Positionierungen: Nicht Größenordnungen oder absolute Differenzen sind von Interesse, sondern die Einordnung von Dingen als besser oder schlechter als andere Dinge (Fourcade, 2016b, S. 176 ff.).

sind (Heintz, 2018). Nutzerbewertungen sind »nominal judgements« (Fourcade, 2016b, S. 176f.), die in der Unterscheidung von Up- und Downvotes als diskrete und zählbare Ereignisse formalisiert sichtbar gemacht und regelmäßig produziert werden.[12]

Das Top-Verfahren ist ein »cardinal judgment«, das als Vergleichskriterium direkt Beobachtbares und Zählbares verwendet (Fourcade, 2016b, S. 177): Es zählt die Up- und Downvotes eines Kommentars und weist die Differenz aus, so dass jener Kommentar mit der höchsten positiven Differenz an erster Stelle steht. Das Vergleichskriterium, mit dem Differenz konstatiert wird, ist im Top-Verfahren alleine die Größenordnung von Up- und Downvotes, wenn auch die Benennung suggeriert, dass es sich um ein Qualitätskriterium handelt. Wie aus der Diskussion um das am besten geeignete Ranking-Verfahren hervorgeht, scheint das simple Zählen von Punkten aber nicht die erwünschten Resultate zu produzieren, da sich darin nicht die »Qualität« der Kommentare ausdrücke. Top als »cardinal judgment« funktioniert nicht als Indikator für Qualität.

Im Gegensatz zum Punktestand ist »Qualität« nicht direkt (beziehungsweise durch Zählen) beobachtbar.

> Wenn Erkenntnisgegenstände nicht physisch gegeben und direkt beobachtbar sind, wachsen die kognitiven Probleme ihrer Erfassung schlagartig. Wo man nicht mehr die Einheiten einer Gesamtheit zählen und einfache statistische Maßzahlen wie Durchschnitte, Verteilungen und Raten (zum Beispiel Anteil der Bevölkerung unterhalb der definierten Armutsgrenze) bilden kann, beginnt das Reich des Messens. (Mayntz, 2017, S. 7)

In der Argumentation für das Best-Verfahren wird in Frage gestellt, ob Top als Zählverfahren die gewünschte Ordnung der Kommentare produziert: Es kann nicht Qualität wiedergeben, sondern nur Kommentare mit den höchsten Punkteständen. Wie Munroe (2009) argumentiert, eruiere Top nicht die besten Kommentare, sondern die frühesten:

12 Leserinnen können sich zwar der binären Logik von Up- und Downvote verweigern, indem sie beispielsweise einen schlechten Kommentar mit einer vernichtenden Antwort kommentieren. Diese Art der Bewertung »zählt« aber nicht, wenn sie auch in der inhaltlichen Diskussion wichtiger sein mag.

> [O]nce a comment gets a few early upvotes, it's moved to the top. The higher something is listed, the more likely it is to be read (and voted on), and the more votes the comment gets. It's a feedback loop that cements the comment's position, and a comment posted an hour later has little chance of overtaking it. (Munroe, 2009)

Wie gesehen, plädiert er dafür, das simple Zählen des Punktestandes durch ein Messverfahren zu ersetzen, das diesen »time bias« und den damit verbundenen Rückkopplungseffekt in Betracht zieht. An dieser Diskussion um das »richtige« Verfahren lässt sich beobachten, dass Konventionen der Quantifizierung (Espeland & Stevens, 1998, 2008) und Gleichheitsunterstellungen kontingent und wandelbar sind. Zu Beginn galt Top – das Zählen der Punkte – als zuverlässiger Indikator, um den besten Kommentar zu ermitteln. Um Qualität verlässlich messen zu können, führte Reddit das Messverfahren Best ein, um die von Munroe kritisierte quasi-kategoriale Ungleichheit von früheren und späteren Kommentaren mathematisch einzuebnen. Das Best-Verfahren stellt so im Prozess der Differenzbeobachtung selbst kategoriale Gleichheit her: Es wird nicht mehr die Differenz von Up- und Downvotes gezählt, sondern die »Qualität« von Kommentaren gemessen. Während sich Top als kardinales Verfahren auf absolute Größen fokussiert, ist Best als ordinales Verfahren nicht an der Größe der Differenz interessiert, sondern an der relativen Rangordnung (Fourcade, 2016b, S. 178). Entsprechend werden weder ein Best-Score noch Rangziffern angezeigt: Entscheidend ist bloß die Anordnung.

Das Reddit-Beispiel verweist auf die Relevanz unterschiedlicher Arten von Zahlenförmigkeit, die für die Operationsweise des Vergleichs maßgebend sind. Es macht deutlich, wie im Falle des untersuchten Best-Verfahrens nicht Zahlenförmigkeit an sich einen für die Teilnehmenden sinnvollen Vergleich garantiert. Die Vergleichbarkeit von Kommentaren basiert auf der Formalisierung von Kommentar- und Bewertungsfunktion, welche die kategoriale Gleichheit der Kommentare und das Material für die Differenzbeobachtung (beider Verfahren) verlässlich und regelmäßig erzeugen (siehe Kapitel 7).

Diese Formalisierungsleistung alleine genügt aber nicht (mehr): »counting clicks« ist in den Augen der Entwickler nicht ausreichend. Am Beispiel der Entwicklung des Best-Algorithmus zeigt sich, wie Kritiker wie Munroe eine zu Beginn unproblematische Gleichheit von Kommentaren in Frage stellen, so dass die Vergleichbarkeit durch einen Messprozess neu hergestellt werden musste. Das Problem der quasi-kategorialen Ungleichheit von frühen und späten Kommentaren löste Reddit durch ein mathematisch elaboriertes Messverfahren, das im Prozess selbst eine Gleichheit von frühen und späten Kommentaren herstellt.

10.2 Stereotypisierung: »I'm not a 15-year-old girl«

Die Stärke von Popularitätsmetriken liegt darin, dass sie auch dann Empfehlungen machen können, wenn über die Nutzerin nichts bekannt ist.[13] Was populär ist, trifft aber womöglich nicht den Geschmack der Nutzerin, der Empfehlungen präsentiert werden sollen:

> Popularity as I said can be useful. If I'm looking for popular new songs, I might look at the top 10 chart or the top 100 chart. On the other hand that chart might be dominated by songs popular among high schools girls. And I don't know how well you can see me in these videos but I'm not a 15-year-old girl. (Coursera, 2017)

Eine Lösung könne darin bestehen, »to loosely personalize if not to the individual then to some attributes of the individual« (Coursera, 2017). Etablierte Kategorien wie Geschlecht, Alter, Wohnort, Einkommen, etc. aber auch Kombinationen daraus wie Lebensstile könnten als Stellvertreter für Geschmack, Interessen und Konsumentscheide dienen. Solche Informationen werden bei der Registrierung erhoben oder können von Drittanbietern erworben werden (Bivens & Haimson, 2016; Crain, 2018). Gemäß Konstan sind demografische Daten für Empfehlungssysteme eine wertvolle Ressource, weil sie relativ einfach zu erheben sind und für neue Nutzerinnen – über die sonst wenig bekannt ist – stereotypisierende Empfehlungen generieren können. Ich bezeichne solche Empfehlungen als »stereotypisierend« (statt »stereotypisch«), da sie auf Konvention und vermeintlichen Selbstverständlichkeiten beruhende Relationen zwischen Gruppen und Dingen herstellen.

Die Herstellung einer stereotypisierenden Empfehlung schließt in ihrer Logik an Popularitätsmetriken an. Anstatt Popularität über die Gesamtpopulation von Nutzerinnen zu erheben, lässt sich mithilfe der demografischen Kategorien »desaggregieren«. Damit wird eine weitere Vergleichsebene eingeführt. Ein einfaches Beispiel: Eine Population von Nutzerinnen und Nut-

---

13 Das ist das sogenannte Kaltstart-Problem (siehe Kapitel 6).

zern bewertet Filme auf einer Skala von 1 bis 5. Aus diesen Bewertungen lassen sich Durchschnittswerte für alle bewerteten Filme berechnen, um sie dann absteigend nach bester Bewertung zu sortieren: Es resultiert ein Vergleich oder konkret eine Bestenliste der von der Community bewerteten Filme. Da die Nutzerinnen und Nutzer bei der Registrierung ihr Geschlecht angegeben haben, lassen sich die »global averages« zudem nach den Kategorien »männlich« und »weiblich« aufschlüsseln, wodurch zwei weitere Bestenlisten entstehen: »Beliebt bei Frauen« und »Beliebt bei Männern«.

> You're selling things, and it turns out that the most popular products for women are different from the most popular products for men. Break down those summary statistics, and display the relevant products on your page when a man or woman arrives. (Coursera, 2017)

Die Liste »Populäre Filme bei Frauen« behauptet keine allgemeine Relevanz, sondern bringt spezifische Nutzer-Kategorien mit spezifischen, für diese Gruppe relevanten, Dingen in eine Relation. Stereotypisierung beruht auf kategorialen Relationen zwischen Nutzerinnen und nutzt diese Relation, um Affinitäten zwischen diesen kategorialen Gruppen und Dingen festzustellen.

Kategoriale Zugehörigkeiten dienen als Indikatoren für bestimmte Interessen und Geschmackspräferenzen der Webseitenbesucher. Diese Intuition schließt sowohl an sozialwissenschaftliche Erkenntnisse und Methoden als auch an Methoden des »mass marketing« des 20. Jahrhunderts an (Fisher & Mehozay, 2019). Riedl & Konstan (2002) verweisen auf historische Vorläufer und Abgrenzungsfolien, von denen sich Technologien der Personalisierung rhetorisch abgrenzen – obwohl sie nach wie vor damit verquickt sind (Pridmore & Hämäläinen, 2017; Bolin & Andersson Schwarz, 2015). Joseph Turow (2003) erzählt die Geschichte der Segmentationspraktiken in der Werbebranche als eine der langen Präsenz, aber zögerlichen Anwendung: Demografisches »targetting« – »Personalisierung« avant-la-lettre – war zwar als Technik bereits bekannt, schien jedoch in der ersten Hälfte des 20. Jahrhunderts ineffizient zu sein, da Werber mit möglichst wenig Aufwand ein möglichst großes Publikum erreichen wollten. Targetting beginnt in den USA erst mit einer Ausdifferenzierung von Konsumprodukten und einer Ausdifferenzierung der Medienlandschaft Fuß zu fassen: Produzenten materieller Güter versuchen mit leicht unterschiedlichen Varianten derselben Produkte unterschiedliche Marktsegmente zu erreichen (Turow, 2000, S. 240f.) beziehungsweise ihre Produkte von generischen zu Produkten mit Wiedererkennungswert – d.h. Markenprodukten – zu machen (Beniger, 1986, K.

8). Radiosender, Magazine und später Kabelsender richten sich an spezifische demografische Segmente, die mit spezifischen Lebensstilen und Produktpräferenzen in Verbindung gebracht werden (Turow 2003, K. 2, Fisher & Mehozay 2019). Demografisches und später Lifestyle-Targetting setzt sich erst durch, als sich (unter Werbeleuten) Theorien einer zunehmend fragmentierten Gesellschaft verbreiten. Die kulturelle Plausibilisierung, dass unterschiedliche Gruppen unterschiedlich konsumieren sowie die technischen Entwicklungen von Computerisierung und statistischer Methode der Konsumentenforschung waren verbunden mit einer faktischen Ausdifferenzierung von Öffentlichkeiten (Turow, 2003, K. 3).

Sowohl die Publikumsforschung des »mass marketing« als auch die stereotypisierenden Empfehlungssysteme stellen Interessen und Präferenzen nicht nur beschreibend dar. Turows historische Aufarbeitung von Segmentationspraktiken, aber auch Konstan und Ekstrand selbst, weisen auf das ko-konstitutive Verhältnis von Konsumentenkategorien und Produkten hin. Unternehmen stellen nicht nur Produkte her, sondern, in Zusammenarbeit mit Marketingabteilungen und Datenbanken, auch die zugehörigen Konsumentinnen (Zwick & Denegri Knott, 2009). Konstan argumentiert anhand einer Anekdote, dass stereotypisierende Empfehlungen in vielen Fällen funktionieren, weil schon in der Produktion an bestimmte Zielgruppen gedacht wurde.

> [The recommender] worked way too well to believe that the machine learning could simply learn your preferences in many cases. With six or seven preferences, it nailed people's television watching behaviors. And as they explored this, part of what they explained was, this is not an accident. Television programs […] are targeted towards particular demographics. If you watched back then 60 Minutes and Murder She Wrote, you were probably a senior citizen. If you watch certain sports programs, you have a 70 % or 80 % chance of being male. If you watch certain soap operas, you had a 70 % or 80 % chance of being female. […] the reason that content was created to reach audiences was because advertisers were trying to reach audiences. And the history of mass media was advertisers driving content so that, that content could be used to pitch advertisements for products and generate sales. (Coursera, 2017)

Produktkategorien erzeugen nicht nur Differenz gegen außen und Homogenität gegen innen. Sie beinhalten oftmals auch relationale Komponenten wie die von Cynthia Cockburn und Susan Ormrod (1993, K. 4) beschriebenen Kategorien der »white goods« – langweilige, simple Haushaltsgeräte für (Haus)Frauen – sowie »technische«, zur Unterhaltung gedachte, interessante »brown goods« für Männer. Marianne Lien schreibt in ihrer Studie zu den Marketingpraktiken eines norwegischen Nahrungsmittelherstellers: »there is a marked tendency to describe the product in terms of its consumers (and vice versa) thus blurring the conceptual distinction between product and consumer« (Lien, 2000, S. 162).

Konstan und Ekstrand beschreiben eine Art stereotypisierender Empfehlung, die dem Paradigma der Demografie- und Marktforschung verhaftet ist. Demografische Kategorien werden explizit abgefragt und über Häufigkeitsauswertungen oder Regressionsanalyse mit spezifischen Verhaltensweisen, Interessen und Werten in Verbindung gebracht. Fisher und Mehozay sprechen von einer »ascriptive conception of the individual: each individual could be assigned to a category, which could then be sociologically and culturally characterized« (2019, S. 1181). Soziale Kategorien sind weiterhin relevant: Werbekundinnen von Plattformen fragen weiterhin binäre Genderkategorien nach. Rena Bivens und Oliver Haimson (2016) konnten aufzeigen, dass auf der Nutzeroberfläche von Facebook mittlerweile zwar aus über 50 Genderkategorien ausgewählt werden kann, diese im Hintergrund für Werbekunden aber wieder binarisiert werden. Sie unterscheiden drei Arten, wie Genderkategorien auf Social-Media-Plattformen zugeschrieben werden. Erstens: Nutzerinnen sortieren sich selbst bei der erstmaligen Anmeldung auf der Plattform in ihre präferierte Genderkategorie ein. Zweitens: Gender wird indirekt über Daten von Drittanbietern zugeschrieben, die beispielsweise über Emailadressen oder über die angegebenen präferierten Pronomen zugeordnet werden können. Drittens: Aus datafizierten Verhaltensweisen wird (beispielsweise) auf Genderkategorien rückgeschlossen, d.h. die Relation zwischen Nutzerin und Ding wird nicht mehr über stereotype Kategorisierung hergestellt, sondern über den Vergleich von Verhaltensweisen mit einem etablierten Muster:

> While Twitter and LinkedIn maintain genderless sign-up pages and profile pages, both of these platforms use user data and actions to algorithmically infer a binary gender category to satisfy their advertising and marketing clients«. (Bivens & Haimson, 2016, S. 6)

Zwischen diesen beiden Arten der Zuschreibung von Genderkategorien und der dritten besteht eine qualitative Differenz, die mit Fisher & Mehozay als algorithmisches Paradigma bezeichnet werden kann: »the rubrics in the algorithmic episteme [...] represent not social categories, but patterns of data« (Fisher & Mehozay, 2019, S. 1185f.).

Was versteht Google unter »verheiratet sein«?

Wenn Google von einer kleinen Subpopulation weiß, dass sie verheiratet sind, können sie daraus ein Modell erstellen, um meine Verhaltensweisen mit diesem Modell zu vergleichen. Sind meine Verhaltensweisen dem Modell genügend ähnlich, stecken sie mich ebenfalls in die Gruppe der Verheirateten und präsentieren mir entsprechende Werbung.

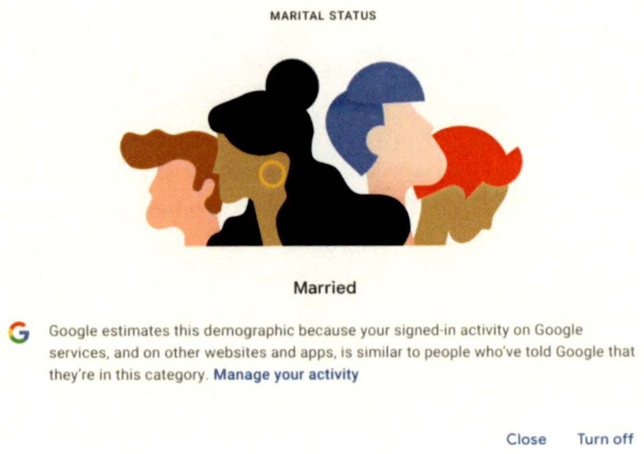

Abb. 7: Quelle: https://adssettings.google.com (nicht öffentlich verfügbar, Screenshot vom 30. Oktober 2020

Während demografische Identitätskategorien oftmals essenzialistisch gedacht sind, sind Identitätskategorien als »patterns of data« formbarer und sozusagen agnostisch (Cheney-Lippold, 2011). Cheney-Lippold beschreibt solche Protokategorien als »measurable types«:

> A measurable type is a data template, a nexus of different datafied elements that construct a new, transcoded interpretation of the world. These templates are most often used to assign users an identity, an algorithmic identification that compares streams of new data to existing datafied models. Categorical membership is assigned based on algorithmic fit: if one's data is spoken for ›as if‹ it was produced by a ›terrorist‹, for example, one is seen to be a terrorist. And fit is subsequently based only on what data is available to

be measured, so membership – and identity at large – is based exclusively on data. (Cheney-Lippold, 2017, S. 47)

Was versteht Facebook unter »hispanic«?

Zwischen Facebooks und Googles Kategorien der »profitable convenience« (Cheney-Lippold, 2017, S. 7) und den gebräuchlichen Alltagskategorien besteht eine qualitative Differenz. Alltagskategorien sind oftmals essenzialistisch oder biologistisch gedacht. Das Beispiel von Facebook macht deutlich, dass das bei algorithmischen Kategorien gerade nicht so ist. Ihre Kategorie »hispanic« ist eine »als ob«-Kategorie: Es spielt für Facebook keine Rolle, ob jemand »tatsächlich« lateinamerikanischer Herkunft ist – was immer das auch heißen soll –, solange diese Nutzerin sich so verhält als ob, d.h. solange das Verhalten mit dem »Modell Hispanic« übereinstimmt und solange sie auf Werbung und Empfehlungen reagiert, die sich an entsprechende Personen richten, kategorisiert Facebook die Nutzerin als »hispanic«.

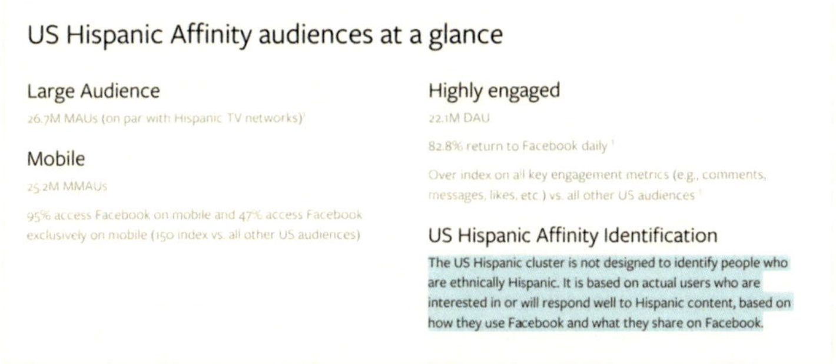

Abb. 8: Quelle: https://www.facebook.com/business/a/us-hispanic-affinity-audience (mittlerweile nicht mehr abrufbar; Screenshot vom 18. Januar 2019

Techniken des Maschinellen Lernens verändern, wie traditionelle Identitätskategorien verstanden werden: Plattformen wie Google und Facebook sind nicht mehr darauf angewiesen, dass Nutzerinnen ihnen diese Kategorien selbst mitteilen.

Der Referenzpunkt von »measurable types« ist aber nach wie vor die soziale Kategorie, zumindest wenn das Identitätsmodell mit Verfahren des »supervised learning« erstellt wurde. Demografische Kategorien werden also nicht gänzlich überflüssig. Sie müssen aber nicht mehr explizit nachgefragt werden, sondern lassen sich aus Mustern in den Daten ableiten. Solange Kunden von Werbeplattformen mit stereotypisierenden Segmenten arbeiten, werden demografische Kategorien wohl relevant bleiben (Bivens, 2017; Bolin & Andersson Schwarz, 2015).

10.3 Inhaltsbasierte Empfehlungen: User = Item?

Stereotypische Empfehlungen verwenden demografische Variablen als Stellvertreter für Interessen und Präferenzen. Die Zugehörigkeit zu verschiedenen kategorialen Gruppen wie Frauen, Bisexuellen oder über 65-Jährigen kann ein Prädiktor für Risikoverhalten, Konsumentscheidungen oder Einstellungen sein – wie die Versicherungsstatistik, Marktforschung oder empirische Sozialforschung herausgefunden haben.

Im Gegensatz dazu basieren inhaltsbasierte Empfehlungen nicht auf kategorialen Zugehörigkeiten, um daraus Rückschlüsse auf etwas anderes zu ziehen. Bei inhaltsbasierten Empfehlungen spielt die Ähnlichkeit von Nutzerinnen keine Rolle: Nutzerinnen solcher Systeme werden weder kategorialen Kollektiven zugeordnet noch zu einer Nachbarschaft ähnlicher Nutzerinnen in Relation gesetzt. Was für den einzelnen als relevant oder interessant eruiert wird, basiert nicht auf einer Relationierung von Nutzern – sei es pauschal wie bei Popularitätsmetriken, kategorial wie bei Segmentation oder über Matching wie bei User-User-Collaborative-Filtering (UUCF) –, sondern auf einem Vergleich von Dingen (Englisch: »items«). Dementsprechend können sogar dann Empfehlungen berechnet werden, wenn nur eine einzige Nutzerin im System ist (Jannach et al., 2011, S. 51).

Steht bei der Segmentation die Kategorisierung der Nutzerinnen im Vordergrund, geht es in inhaltsbasierten Empfehlungssystemen primär um die Kategorisierung beziehungsweise Modellierung von Dingen. Nutzerinnen werden analog zu den Dingen modelliert, um die Vergleichbarkeit von Dingen und Nutzerinnen herzustellen: Nutzerinnen müssen wie Dinge zu »Vektoren« in einem gemeinsamen Vektorraum werden: Der zuletzt gelesene Artikel, angehörte Songs oder gesehene Film wird zum Stellvertreter für die Nutzerin. In einem dritten Schritt wird ein Matching von neuen, aber bereits kategorisierten Dingen und Nutzermodellen vorgenommen, um sie nach Item-User-Ähnlichkeit zu sortieren. Ich will nun am Beispiel eines fiktiven Recommenders von Zeitungsartikeln, den Konstan und Ekstrand in ihrem Kurs entwerfen, diese drei Schritte demonstrieren.

Die Kategorisierung der Dinge: Wie Konstan darlegt, ist die zentrale Frage, welche Attribute von Artikeln für die Leserinnen relevant sind: Welche »terms« sind »descriptive of our data set [...] what we're looking for is a set of keywords that's descriptive of the items, that we can map to the items, and that seem related to people's preferences« (Coursera, 2017). Bei der Empfehlung von Artikeln geht es darum, Schlagwörter zu finden, die beschreiben, um was es in einem Artikel geht.[14] Diese Arbeit der »Indexierung« beziehungsweise der Akt des Coding (Stäheli, 2016, S. 15) kann auf mehrere Arten vorgenommen werden. Indexierung wird traditionellerweise von Expertinnen vorgenommen, wie es beispielsweise in Bibliotheken getan wird. Gerade wenn die Arbeit der Indexierung über eine Aufzahlung technischer Eigenschaften hinausgeht und qualitative, subjektive Eigenschaften von Dingen benennen soll, werden auch in der digitalen Ökonomie Expertinnen hinzugezogen (Jannach et al., 2011, S. 52).[15] Typischerweise sind es aber nicht Expertinnen, sondern die Nutzerinnen selbst, welche die Dinge mit inhaltlichen Attributen versehen – wenn auch tendenziell auf chaotische Weise (siehe zum Beispiel Lamere (2008) zu »music information retrieval«). Die Möglichkeiten des »tagging« von Items durch normale Nutzerinnen gilt als eine der Errungenschaften des Web 2.0 (Beer & Burrows 2007; Keshet 2011 zu Folksonomies) durch welche die digitale Ökonomie die Arbeit von »prosumers« (Ritzer & Jurgenson 2010, technisch: Peters & Stock 2008, Lops et al. 2011, S. 94f.) zu Nutze machen kann (kritisch: Terranova 2000). Inhaltsbasierte Empfehlungssysteme können Empfehlungen generieren, selbst wenn sie nur eine einzige Nutzerin im System haben. Bei der Frage, wie die Artikel (oder andere kulturelle Produkte) zu ihren Attributen kommen, kann eine große Nutzerbasis aber von Vorteil sein: »Content-based techniques work without a large set of users, but they need that set of item data.

14 Auch hier bestehen Unterschiede in der Domain: Sollen Filme empfohlen werden, erscheinen Schauspielerinnen womöglich als relevante Attribute von Filmen.

15 Pandoras »music genome project« beschäftigt ein »team of trained musicologists«, die Musik hören und jeden Song mit bis zu 450 Attributen versehen. Netflix ließ Filmexperten jeden Film mit Attributen taggen: »Using large teams of people specially trained to watch movies, Netflix deconstructed Hollywood. They paid people to watch films and tag them with all kinds of metadata. This process is so sophisticated and precise that taggers receive a 36-page training document that teaches them how to rate movies on their sexually suggestive content, goriness, romance levels, and even narrative elements like plot conclusiveness. They capture dozens of different movie attributes. They even rate the moral status of characters« (Madrigal, 2014, k.S.).

And sometimes a large set of users helps you get that item data« (Coursera, 2017).

Die Repräsentation von Dingen durch eine »explicit list of features for each item« (Jannach et al 2011: 52) kann aber auch automatisiert werden. Gerade bei Nachrichtenartikeln, die schnell wieder verschwinden und vor allem aus Text bestehen, erscheint die automatische Indexierung von Vorteil. Die zentrale Differenz zu den oben beschriebenen Kategorisierungsmodi durch Expertinnen oder die Crowd besteht darin, dass die Kategorien (i.e. »features«, »attributes«) nicht mehr von außen kommen, sondern von »innen«. Im ersten Fall entscheiden Dritte, welche Kategorien ein Item beschreiben. Im zweiten Fall wird der Inhalt selbst durch ein automatisiertes »pre-processing« in beschreibende Features transformiert.[16] Die Unterscheidung von Daten und Metadaten – Daten über Daten bzw. die Repräsentation von Daten in einfacherer Form (Pomerantz, 2015) – wird damit unscharf: »everything is metadata« (Weinberger, 2007).[17]

Eine wichtige Methode zur Repräsentation von Textdokumenten ist das Vektorraummodell (vorgeschlagen von Salton et al. 1975; Jannach et al. 2011; Ricci et al. 2011, siehe Kapitel 7). Dazu werden Artikel von einer analogen, kontinuierlichen Einheit in Form eines Narrativs oder Arguments in eine »digitale«, diskontinuierliche Liste von Attributen transformiert (siehe Stäheli 2016 zur Transformationsarbeit der Indexierung). Die Einheit des Artikels wird in eine Liste von Wörtern aufgebrochen, so dass ein Artikel in der Datenbank durch eine Liste von Attributen repräsentiert wird. Die Attribute sind alle Wörter, die im Korpus vorkommen (d.h. das Vokabular des Gesamtkorpus) – repräsentiert durch eine 1 oder eine 0 (oder eine Zahl, die über die relative Relevanz des Worts im Text Auskunft gibt), je nach dem, ob sie in einem bestimmten Text vorkommen oder nicht. Dieser »bag of words«-Ansatz behandelt Wörter als Einheiten, deren semantische Beziehung zu vorhergegangenen und nachfolgenden Wörtern gekappt wurde (vgl. Burrell 2016,

16 Nicht nur Texte, sondern auch Audioinhalte können maschinell in Features transformiert werden, wie an der Differenz zwischen Pandora und Spotify exemplarisch verdeutlicht werden kann: Pandora lässt Musikstücke von »musicologists« kategorisieren; Spotify nutzt die Software von EchoNest, die formale Charakteristiken von Musikstücken in Features übersetzt.

17 Das zeigt sich beispielsweise daran, dass die Suchrichtung umgekehrt werden kann: Die klassische Suche nach einem Musikstück verfährt über Titel, Künstlerin, Album – klassische Metadaten. Die Mobile-App Shazam (o.Ä.) »hört« (d.h. transformiert) einige Takte des Stückes, um daraufhin Künstlerin und Titel des Stückes auszugeben.

S. 7–8, 9): Ein Dokument mit dem Inhalt »Franz liebt Fritz« wird dadurch ununterscheidbar von »Fritz liebt Franz«.

Nicht alle Wörter kommen als Attribute in Frage: Wörter sind nicht gleich Wörter. Bestimmte Wörter werden transformiert oder entfernt: Im Bereich des »natural language processing« spricht man von Lemmatisierung. Wörter werden auf ihre Grundform reduziert (aus Häuser, Hauses, hausen, etc. wird die Grundform Haus) und »stopwords« – d.h. Wörter wie »der«, »eine«, »und«, etc. – werden entfernt, da sie in allen Texten sehr oft vorkommen, aber nicht bedeutungstragend seien.[18]

Sind diese Reduktionsmaßnahmen durchgeführt, ist ein Artikel durch die in ihm vorkommenden Lemmata definiert. Sie lassen sich nun auf verschiedene Arten relationieren, um herauszufinden, wie wichtig sie für den vorliegenden Artikel sind. Zwei »naive« Möglichkeiten bestünden darin, einfach zu zählen, wie oft ein Wort vorkommt, oder binär mit 1 oder 0 zu codieren, ob ein Wort vorkommt oder nicht (Coursera, 2017). Je nach Domain mag es ausreichen, die binäre Option zu wählen. Bei Texten gilt die Annahme: Je öfter ein Wort in einem Text vorkommt, umso besser charakterisiert es diesen Text. Andererseits scheint ein Wort, das im Gesamtkorpus verhältnismäßig selten vorkommt, für einen Text, in dem es vorkommt, umso aussagekräftiger zu sein. Diese beiden Annahmen stecken in der Formel zur Berechnung des TF-IDF-Scores (»term frequency–inverse document frequency«). »Term frequency« *zählt*, wie oft ein Wort in einem Text vorkommt. »Inverse document frequency« ist ein *Maß* dafür, wie selten ein Wort im Gesamtkorpus ist.

> What TF-IDF does as a concept is create a profile of a document that says: Hey, here's an indicator for each keyword, tag or term in the document of how important this term is as a descriptive term for this document. This book you just said that you like, well it's very much about the Civil War, and a little bit about romance, and a lot about General Grant, and a little bit about Robert E. Lee. (Coursera, 2017)

TF-IDF ist ein algorithmischer Score zur automatischen Indexierung von Texten. Er bewertet, welche Wörter einen Text besonders auszeichnen. Ein

18 Verschiedene Probleme, die dabei entstehen, werden hier nicht behandelt: Wörter oder Phrasen, die in Kombination mit anderen auftauchen oder die höhere Relevanz von Titeln und Überschriften.

Wort, das nur in einem Text vorkommt und dort gleich mehrmals, gilt dementsprechend als für diesen Text charakteristisch – möglicherweise werden die Wörter auch ordinalisiert und zum Beispiel nur die wichtigsten Wörter weiter verwendet (Jannach et al., 2011, S. 57).

TF-IDF macht die Relevanz von Wörtern in Texten im Verhältnis zum Gesamtkorpus vergleichbar. Das heißt aber noch nicht, dass die Texte untereinander vergleichbar wären. Interessanterweise verhindert nicht ein qualitatives Merkmal wie beispielsweise Stil, die Vergleichbarkeit, sondern ein quantitatives: Textlänge. Das selbe Wort taucht in langen Texten tendenziell öfter auf als in kurzen. Und: Ein langer Text enthält tendenziell mehr verschiedene Wörter als ein kurzer. Längere Texte haben deshalb eine höhere Wahrscheinlichkeit, der Leserin empfohlen zu werden (Singhal et al., 2017). Um »Äquivalenz« von kürzeren und längeren Texten herzustellen, wird »normalisiert«: Wörter in einem längeren Text (ein Text mit mehr Attributen) erhalten niedrigere Gewichtungen, die im Verhältnis zur Anzahl Attribute stehen: Es wird so getan, als ob jeder Text (oder jeder Vektor) gleich lang wäre.

Aus der Sicht eines inhaltsbasierten Empfehlungssystems ist jedes Item durch einen Punkt in einem multidimensionalen Raum repräsentiert. Dieser Raum hat so viele Dimensionen, wie unterschiedliche Item-Attribute (hier: lemmatisierte Wörter) über alle Items hinweg aufsummiert vorkommen.

Das Nutzerprofil: Inhaltsbasierte Empfehlungssysteme sind eng mit Systemen zur Informationssuche – wie Bibliothekskataloge sowie Datenbank- und Websuche – verwandt. Solche Systeme müssen auch dann funktionieren, wenn sie nur eine Nutzerin haben und (fast) nichts über sie wissen.[19] Bei der Suche in einem Bibliothekskatalog oder in einer Datenbank bilden die eingegebenen Suchbegriffe sozusagen ein kurzfristiges Nutzerprofil. Sucht die Nutzerin nach den Begriffen »Pferde in der Landwirtschaft« wird sie als Vektor repräsentiert, der ihr Suchinteresse analog zu den formalisierten Items im Katalog darstellt. Die Nutzerin beziehungsweise ihr kurzfristiges Profil wird zu einem Item, das mit anderen Items verglichen werden kann. Die direkte Eingabe von Suchbegriffen nach dem »information retrieval«-Modell ist aber nur eine Variante, wie Nutzerprofile generiert werden. In-

19 Es besteht hier in mehreren Hinsichten auch eine Verwandtschaft zu Produktassoziationen (Apriori-Algorithmen bei Mackenzie 2018), die ausgehend von einem ausgewählten Produkt weitere Produkte empfehlen, die »oft zusammen gekauft« wurden oder andere Gemeinsamkeiten aufweisen.

Tab. 1: Suchanfrage als Nutzerprofil

	wort-1...	landwirtschaft	pferd	...wort-n
Suchanfrage1	0	1	1	0

haltsbasierte Empfehlungssysteme können auch längerfristige Interessens profile generieren, die als Filter funktionieren, um aus allen möglichen Items jene herauszupicken, die den breiten Interessen einer Nutzerin entsprechen. Die Idee eines solchen personalisierten inhaltsbasierten Empfehlungssystems popularisierte Nicholas Negroponte, Direktor am MIT, am fiktiven Beispiel des »Daily Me«, einer Zeitung mit der Auflage von 1.

> What if a newspaper company were willing to put its entire staff at your beck and call for one edition? It would mix headline news with ›less important‹ stories relating to acquaintances, people you will see tomorrow, and places you are about to go to or have just come from. It would report on companies you know. In fact, under these conditions, you might be willing to pay the Boston Globe a lot more for ten pages than for a hundred pages, if you could be confident that it was delivering you the right subset of information. You would consume every bit (so to speak). Call it The Daily Me. (Negroponte, 1996, S. 153)

Die Idee koinzidierte mit der am MIT entwickelten Software Fishwrap, die es den Studierenden und Angestellten des MIT ermöglichte, News online zu lesen und ihren Interessen anzupassen (Chesnais et al. 1995; aber auch andere inhaltsbasierte Recommender zu dieser Zeit, z.B. Krakatoa Chronicle).[20] Erstmalige Nutzerinnen von Fishwrap mussten verschiedene Fragen beantworten, aus denen ihr Nutzerprofil generiert wurde (Chesnais et al. 1995, S. 275, Harper 2009).

Statt die Nutzerinnen direkt nach ihren Interessen zu befragen, können komplementär dazu auch explizite oder implizite Bewertungen (z.B. Verweildauer) von Artikeln Teil des Profils werden. Ein Beispiel: Eine Nutzerin gibt einem Artikel zu Pferden in der Landwirtschaft und einem zur Zucht

20 Die Computerwissenschaftliche Erforschung und wirtschaftliche Anwendung von Empfehlungssystemen gehen Hand in Hand (vgl. Cohn 2019 zu Netperceptions, mitbegründet durch Joseph Konstan und John Riedl), wie ich auch in meiner ethnografischen Feldforschung in der Schweiz beobachten konnte.

von Pferden je einen Upvote und einem Artikel zu Traktoren in der Landwirtschaft einen Downvote: »[w]e're going to model that as a vector and that vector will be folded into the user's profile« (Coursera, 2017).

Tab. 2: Item-Vektoren (ungewichtet)

	wort-1...	zucht	land-wirtschaft	pferd	traktor	..wort-n
item-1	0	0	1	1	0	0
item-2	0	1	0	1	0	0
item-3	0	0	1	0	1	0

Im Referenzbeispiel verwendet Konstan »binary accumulation«, um das Nutzerprofil anzupassen: Items mit positiven Bewertungen werden addiert, solche mit negativen subtrahiert. Grundsätzlich lassen sich also drei Modi unterscheiden, wie Interessen ins Nutzerprofil kommen: Per Eingabe im Suchfeld, per Fragebogen oder per expliziter oder impliziter Bewertung. In allen drei Fällen resultiert jeweils ein spezifischer Vektor oder ein »bag of words«, der ein formales Äquivalent der Item-Vektoren darstellt.

Tab. 3: Nutzerprofil

	wort-1...	zucht	land-wirtschaft	pferd	traktor	..wort-n
user-1	0	1	0	2	-1	0

Matching: Sobald Items in ihre Bestandteile zerlegt und ein kurz- oder langfristiges Nutzerprofil erstellt wurde, können Items und Interessen gematcht werden. Oftmals wird dazu die »cosine similarity« verwendet. Dieses Ähnlichkeitsmaß beinhaltet bereits eine Normalisierung der Textlänge. Zwei Vektoren – hier: Item-Vektor und Profil-Vektor – werden zueinander ins Verhältnis gesetzt, indem der Winkel zwischen ihnen gemessen wird. Je kleiner der Winkel zwischen den Vektoren, desto höher die Ähnlichkeit der beiden Vektoren und, so die Annahme, umso höher die Ähnlichkeit zwischen Text und Interesse der Nutzerin. Dieses Ähnlichkeitsmaß lässt sich für jede Kombination von Nutzerprofil und Item berechnen, um die Items hinsichtlich ihrer Ähnlichkeit zum aktiven Nutzerprofil vergleichen zu können und sie in der Empfehlungsliste entsprechend zu positionieren.[21] Statt einer Relationierung von neuen Items und Nutzerprofil könnte auch nach den fünf ähnlichsten, von der Nutzerin bereits bewerteten, Items gesucht werden. Wurden vier von fünf Items positiv bewertet, wird das entsprechende Item präsentiert (Jannach et al., 2011, S. 58f.).

Inhaltsbasierte Empfehlungen gelten als »schwach personalisiert«. Matchings werden über paarweise Ähnlichkeitsberechnungen hergestellt, die dann nach den höchsten Ähnlichkeitswerten geordnet werden können. Demografische Zugehörigkeiten oder User-User-Affinitäten spielen keine Rolle (auch wenn bei Fishwrap davon ausgegangen wird, dass sich die Nutzer für News ihres Heimatortes interessieren). In dieser Hinsicht ließen sich inhaltsbasierte Empfehlungen auch als personalisierteste aller Empfehlungen beschreiben, da sie die Nutzerin »in splendid isolation« (Vgl. Prey 2018, hier: S. 1090) betrachten.

Bei inhaltsbasierten Empfehlungssystemen geht es aber nur am Rand um Nutzerinnen. Im Zentrum steht die Katalogisierung von Dingen. Nehmen wir an, wir haben einen Katalog von drei Filmen: »Crazy Rich Asians«, »Forrest Gump« und »Matrix«. Expertinnen haben die Filme nach Romantiklevel und Schlüssigkeit des Plots bewertet. »Crazy Rich Asians« ist sehr romantisch und sehr schlüssig; »Matrix« und »Forrest Gump« haben beide einen relativ hohen Romantikwert, »Forrest Gump« ist aber einiges schlüssiger. Wir haben nun eine Nutzerin, die sich den Film »Crazy Rich Asians« angesehen hat. Wir wollen ihr eine Empfehlung machen, welchen Film sie sich als nächstes anschauen soll. Dieser Film soll »Crazy Rich Asians« – das temporäre Nutzerprofil – möglichst ähnlich sein.

Um der Nutzerin eine Empfehlung zu machen, matcht das System das Profil der Nutzerin – i.e. »Crazy Rich Asians« – mit allen zur Verfügung stehenden Filmen. Konkret berechnen wir, wie ähnlich sich »Crazy Rich Asians« und »Matrix« und wie ähnlich sich »Crazy Rich Asians« und »Forrest Gump« sind. Die Filme lassen sich dazu in einen Vektorraum übertragen. Damit das Beispiel anschaulich bleibt, haben wir uns auf die zwei Dimensionen der Romantik und der Schlüssigkeit beschränkt. Bei Netflix hätten

21 Die Anordnung der Resultate muss nicht unbedingt nach dem Kriterium der Ähnlichkeit geschehen. Auch hier: Die Ordnung der Prediction muss nicht der Ordnung der Recommendation entsprechen. Beispielsweise könnte zusätzlich nach einem Autoritätsmaß (Cardon, 2016) wie dem plutokratischen PageRank (Introna, 2007, S. 19), einem Popularitätsmaß oder einem Aktualitätsmaß gerankt werden.

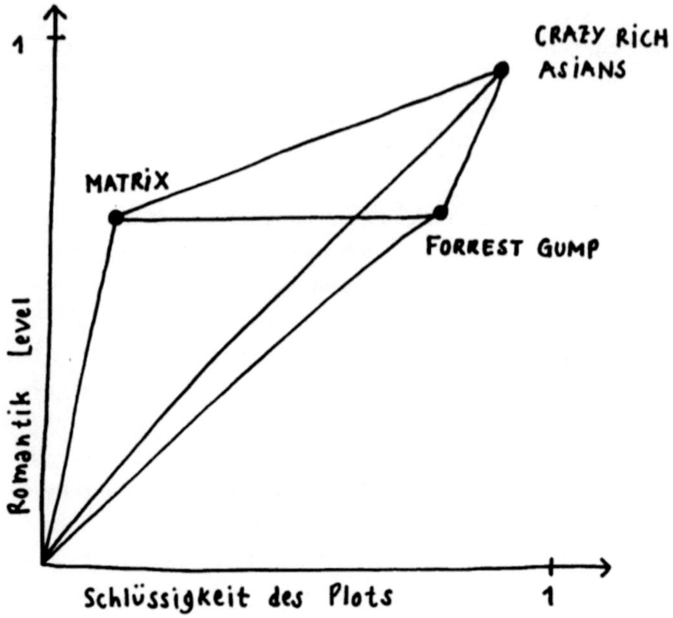

Abb. 9: Hypothetischer Vektorraum eines inhaltsbasierten Empfehlungssystemes

wir einen Raum mit mehreren Dutzend Dimensionen. Wenn wir die Filme als Punkte in einem zweidimensionalen Raum betrachten, geben wir ihnen eine quantitative Form, so dass sich Ähnlichkeiten berechnen lassen. Beispielsweise indem wir den Winkel zwischen den Vektoren messen oder die Distanz zwischen den Punkten. Dann kommen wir zum Beispiel auf Ähnlichkeitsscores von 0.2 für »Crazy Rich Asians« und »Forrest Gump« und 0.8 für »Crazy Rich Asians« und »Matrix«. Wir empfehlen also »Forrest Gump« als nächsten Film, weil dieser näher liegt.

Inhaltsbasierte Empfehlungssysteme scheinen einzelne Nutzerinnen in Isolation zu betrachten, tatsächlich behandeln sie Nutzerinnen aber als äquivalent zu Dingen.

10.4 Collaborative Filtering

Algorithmische Sozialität

Stereotypisierende Empfehlungen brauchen kategoriale Informationen über die Nutzerinnen. Inhaltsbasierte Empfehlungen brauchen Informationen über die »Substanz«, i.e. den Inhalt von Dingen. Collaborative Filtering braucht weder das eine noch das andere.

> In Collaborative Filtering, we ignore the user and item attributes. We don't care what's in the item. We don't care who the user is. We only look at the interactions between users and items. And we mine patterns from these, such as looking at what people like you also bought. (Coursera, 2017)

Mit »interactions« sind hier Bewertungen durch die Nutzerinnen gemeint. Das klassische Collaborative Filtering benötigt solche Bewertungen als Grundlage aller Berechnungen. Die Nutzerinnen werden entweder dazu aufgefordert, explizite Bewertungen abzugeben, oder aus Verhaltensdaten werden implizite Bewertungen abgeleitet (Seaver, 2018). Damit radikalisiert Collaborative Filtering das schon in der Stereotypisierung angelegte dualistische Verständnis von Individuen: Eine Nutzerin ist durch ihre Bewertungen von Dingen definiert; ein Ding durch seine Bewertungen der Nutzerinnen (Seaver, 2012). John Riedl und Joseph Konstan sehen in diesem Verzicht auf Identitätskategorien eine Chance, Empfehlungen nicht mehr auf diskriminierende Stereotypisierungen basieren zu müssen und grenzen dies explizit von Segmentationstechniken des Marketings ab:

> The problem is, simple demographics don't begin to tell the story of individuals. People who like chess can also like football and chili contests. People cross taste lines all the time if they're permitted to. [...] The vestiges of mass marketing still hound us, however. Businesses insist on feeding the same products and ads to people who share the same age, race, gender, and class. [...] If it's drilled into us that because we're young, white, middle-class girls we should drink Pepsi and like Britney Spears, we probably will. But it doesn't mean, in a world where we weren't pigeonholed, that we wouldn't buy something else. [...] Racial profiling and profiling your customers both spring from the same lazy, prejudiced philosophy. (Riedl & Konstan, 2002, S. 112f.)

Stereotypisierung beruht auf einer Relationierung von Nutzerinnen und Dingen über kategoriale Zugehörigkeit. Wie aber wird eine Relation hergestellt, ohne sich auf Kategorien zu berufen? Collaborative Filtering eruiert »patterns of data« über zweifache Matchings – eine spezifische Variante des Vergleichs, die die paarweise Relationierung von Einheiten (Nutzerinnen, Dinge) als Vergleichskriterium verwendet: Erstens durch ein Matching der Nutzerinnen untereinander (user-user), um »Nachbarschaften« festzulegen; zweitens durch ein Matching von Nutzerinnen und Items, um Empfehlungen zu generieren (user-item).

Im ersten User-User-Matching wird eine Nutzerin Alice mit allen anderen Nutzerinnen Barbara, Carla und Nora paarweise in Relation gesetzt, um ihre Ähnlichkeit mit anderen Nutzerinnen festzustellen. Es wird berechnet, wie ähnlich sich Alice und Barbara, Alice und Carla und Alice und Nora, usw. sind. Ähnlichkeit mit Alice wird zum relationierenden Vergleichskriterium, durch das Barbara, Carla und Nora verglichen und als temporäre Nachbarinnen (»people like you«) von Alice »kategorisiert« und von »people unlike you« unterschieden werden können. Die Nachbarinnen bilden die Berechnungsgrundlage für den zweiten Schritt.

Im zweiten User-Item-Matching wird ein Item ausgewählt, das Alice noch nicht bewertet hat, ihre Nachbarinnen aber schon. Aufgrund der Bewertungen ihrer Nachbarinnen wird eine Vorhersage errechnet, die darüber Auskunft gibt, wie gut Alice dieses Item bewerten wird. Diese Berechnung wird für alle Items, die Alice noch nicht bewertet hat, durchgeführt. Noch nicht bewertete Items können jetzt anhand des Kriteriums der höchsten, vorhergesagten Bewertung durch Alice verglichen werden. Jenes Item mit der höchsten vorhergesagten Bewertung wird Alice auf der Benutzeroberfläche präsentiert.

Steht Stereotypisierung exemplarisch für ein askriptives Verständnis von Individuen, so drückt sich im hier präsentierten Empfehlungsmodus des User-User-Collaborative Filtering ein algorithmisches Verständnis von Individuen aus (vgl. Fisher & Mehozay 2019; Cheney-Lippold 2011). Im Gegensatz zu den relativ fixen und benennbaren Identitätskategorien, transformieren sich algorithmische Identitäten »from one click to the next« (Cohn, 2019, S. 46) und tauchen gar nicht erst als benennbare Kategorien auf. Sobald Alice und die anderen Nutzerinnen zusätzliche Bewertungen abgeben, lassen sich Nachbarschaften und vorhergesagte Bewertungen neu berechnen. Nachbarschaften mögen sich durch eine relative Persistenz auszeichnen.[22] Die »patterns of data« sind aber prinzipiell fluid und nicht durch Grenzen sozialer Kategorien fixiert. Alice wird bei der nächsten Empfehlungsberechnung möglicherweise neue Nachbarinnen dazugewinnen und andere verlieren.

Collaborative Filtering beinhaltet nicht nur eine algorithmische Identität, sondern vor allem auch eine algorithmische Sozialität (Vgl. Bucher 2013, S. 190, Alaimo & Kallinikos 2017, zu »computed sociality«). Genügt inhaltsbasierten Empfehlungen eine einzige Nutzerin in »splendid isolation«, ist hier die Relationierung zu allen anderen der Ausgangspunkt einer Empfehlung. Personalisierung im Sinne einer singularisierenden Adressierung auf der Nutzungsoberfläche beruht ironischerweise auf algorithmischer, technisch hergestellter Sozialität. Einer Sozialität, die in digitalen Infrastrukturen ohne das Wissen der Nutzerinnen hergestellt wird. Nutzerinnen, die nie miteinander in direkten Kontakt getreten sind oder jemals treten werden, »kooperieren« insofern, als ihre Bewertungen von Dingen zur Ressource für Empfehlungen für andere werden. Collaborative Filtering ermöglicht Kollaboration ohne Gemeinschaft. Die Empfehlungen für Alice kommen nur zustande, weil andere Nutzerinnen ebenfalls Dinge bewerten.

Matchings als spezifische Form des Vergleichs verdeutlichen, dass Nutzerinnen auf der Hinterbühne des User-User-Collaborative-Filtering (UUCF) nur in Relationen vorkommen. Um zu sehen, was mit algorithmischer Sozialität gemeint ist – was das Kollaborative an Collaborative Filtering ist –, ist es erhellend, die ersten Collaborative-Filtering-Empfehlungssysteme anzuschauen, die als Online-Interessensgemeinschaften konzipiert wurden. Eine frühe, nicht-automatisierte Variante von Collaborative Filtering war »Tapestry«, ein Empfehlungssystem für Dokumente.

> Collaborative filtering simply means that people collaborate to help one another perform filtering by recording their reactions to documents they read. Such reactions may be that a document was particularly interesting (or particularly uninteresting). These reactions, more generally called annotations, can be accessed by others' filters. (Goldberg et al., 1992, S. 61)

22 Die tatsächliche, positive Bewertung einer Empfehlung macht Alice möglicherweise ihren Nachbarinnen ähnlicher, d. h. sie erhält weiterhin Empfehlungen, die auf ungefähr derselben Nachbarschaft beruhen. Das ist das Filterblasen-Argument (Pariser, 2011).

Diese frühe Form des Collaborative Filtering hebt dessen soziale Komponente hervor (Cohn, 2019, S. 72 ff.): Der Filter ist ein kollektives Produkt, das ermöglicht wird, indem unterschiedliche Leute mit den Dokumenten »interagieren« (i.e. Kommentare schreiben, antworten, weiterleiten, etc.). Vorausgesetzt ist, dass Nutzerinnen für andere Nutzerinnen identifizierbar und untereinander bereits bekannt sind:

> you know that Smith, Jones and O'Brien read all of comp.unix-wizards newsgroup material, and reply to the more interesting documents. Tapestry allows you to filter on ›documents replied to by Smith, Jones, or O'Brien‹. (Goldberg et al., 1992, S. 62)

Tapestry verlangte von den Nutzerinnen, explizite Filter zu definieren, indem sie sich auf bekannte und vertrauenswürde Beziehungen berufen: Es brauchte »human effort to establish the relationship between the people making and the people receiving the recommendation« (Riedl & Konstan, 2002, S. 5f.).

Das Musikempfehlungssystem RINGO und seine Weiterentwicklung Firefly automatisierten »word of mouth«-Empfehlungen: »instead of having to ask a couple friends about a few items, a social information filtering system can consider thousands of other people« (Shardanand & Maes, 1995, S. 211). Pattie Maes entwickelte RINGO zu Firefly weiter, das zu einem der ersten sozialen Netzwerke werden sollte. Collaborative Filtering, so Maes, habe großes Potenzial in »fostering community« (zitiert in: Cohn 2019, S. 74). Um das Potenzial auszuschöpfen, ermöglichte es Firefly über eine Chat-Funktion mit ähnlichen Nutzerinnen Kontakt aufzunehmen (Cohn, 2019, S. 74). In diesem Sinne empfahl Firefly nicht nur Musik, sondern auch ähnliche Nutzerinnen. Der Begriff Collaborative Filtering kommt daher, dass einige dieser frühen Systeme tatsächlich als Interessensgemeinschaften konzipiert waren: Nutzer kollaborierten miteinander, um Empfehlungen für Musik und andere Dinge auszutauschen – vermittelt über das Empfehlungssystem.

Im Unterschied zu Bestenlisten, von denen ich auch dann profitieren kann, wenn ich selbst keine Bewertungen abgebe, ist das bei Collaborative Filtering gerade nicht möglich. Und im Unterschied zu inhaltsbasierten Empfehlungen reicht es nicht aus, wenn das System über mein Profil verfügt, ohne Informationen über andere zu besitzen. Die Relationierungsmethode der Stereotypisierung, die anhand kategorialer Zugehörigkeiten auf Präferenzen schließt, erscheint gegenüber Collaborative Filtering als diskriminierend.

User-User-Matching ist eine algorithmische Form der Relationierung, die mich (verstanden als »interactions« mit Dingen) und andere (verstanden als deren »interactions« mit Dingen) in Bezug auf »Ähnlichkeit« vergleicht. Relationen zu ähnlichen Nutzerinnen dienen als Ressource für die Berechnung von Empfehlungen. Am Beispiel von Tapestry – das erste Empfehlungssystem, das unter der Bezeichnung Collaborative Filtering figurierte – lässt sich erkennen, dass diese Art der Empfehlung auf sozialen Beziehungen beruht. Collaborative Filtering automatisiert die Erzeugung dieser Beziehungen unter dem Motto: Wir wissen nicht, ob zwischen euch beiden eine Beziehung besteht. Basierenden auf euren Gewohnheiten, eurem Geschmack oder Ähnlichem tun wir aber so, als ob es eine Beziehung gäbe, um daraus eine Empfehlung zu generieren. Algorithmische Relationen treten an die Stelle sozialer Beziehungen. Wie Bucher für Facebook argumentiert, haben unsere digitalen Freundschaften Konsequenzen dafür, was uns angezeigt wird:

> the [digital] connections we forge with other people may have real consequences as the conditions of the intelligible and sensible is increasingly calculated on the basis of who our friends are, what they have done, and how many of them there are. (Bucher, 2013, S. 490)

Collaborative Filtering nimmt uns sogar die Aufgabe ab, digitale »Freundschaften« selbst zu artikulieren.

Herstellung von Vergleichbarkeit

Die personalisierte Empfehlung basiert nicht auf einem abstrakten und dekontextualisierten Verständnis von Qualität wie in Kapitel 10.1 gesehen sondern auf der Annahme, dass es sinnvoll ist, unterschiedlichen Nutzerinnen unterschiedliche Dinge zu empfehlen. Das System sucht auf der Basis bereits aufgezeichneter Verhaltensweisen wie Bewertungen – »interactions between users and items« – nach ähnlichen Nutzerinnen und empfiehlt mir Dinge, die solche ähnlichen Nutzerinnen positiv bewertet haben. Um mir ein Produkt zu empfehlen, ist es nicht entscheidend, dass möglichst viele Nutzerinnen etwas positiv bewertet haben, sondern was mir ähnliche Nutzerinnen mögen. Anstatt mir die Nummer eins der aktuellen Hitparade vorzuschlagen, würde mir ein UUCF ein Lied vorschlagen, das Nutzerinnen positiv bewertet haben, die mir in Bezug auf ihre Bewertungen und ihr Hörverhalten ähnlich sind (zu Empfehlungssystemen im Bereich der Musik siehe Passoth et al. 2014; Prey 2016).

Ich will nun aufzeigen, wie Formalisierung, Bewertung und Vergleich im Prozess eines UUCF ineinander verschachtelt werden. Dabei möchte ich sichtbar machen, auf welche Weise verschiedene Arten der Kategorisierung und des Vergleichs aufeinander aufbauen (Fourcade & Healy, 2017a). Zweitens zeige ich, analog zum Beispiel von Reddit, dass und wie Vergleichbarmachung im Prozess der Quantifizierung stattfindet. Eine 5 ist eben nicht immer eine 5. Und drittens werde ich darstellen, wie UUCF von Relationen zwischen Nutzerinnen ausgeht, diese Relationen aber neue sortiert und angeordnet werden, so dass am Ende Empfehlungen als Relationen zwischen Dingen präsentiert werden können.

Joseph Konstan, Computerwissenschaftler an der Universität Minnesota, erklärt die Funktionsweise eines UUCF für Filme folgendermaßen:

> The story is very simple. Let's say we want to build a recommender system for movies. So we have a *bunch of people*. They're all sitting around here, sometimes those people are in a role where they're *rating movies*. They're inputting into our system their opinion of some movie. And when we get that rating, we're gonna *store it in a database* and we're also going to *compute the pairwise correlations between all pairs of people* in our system. That correlation is a measure of agreement between people and it's something that's very easy to maintain and incrementally update as you go. Now once we have that pairwise correlation table and we have the ratings we wait for somebody to ask for something. So somebody comes in and makes a request. They might just say find me a good movie, or they might say what am I gonna think about this particular movie. When that request comes in, the first thing we're gonna do is we *look at those correlations to find a good neighborhood*. Who are the people who are most like – in their past opinions – this person who is asking the question? Once we have that neighborhood, we can look up those people's ratings, and our collaborative filtering engine really does just three things: *it takes these ratings and it normalizes them*, it weights them by the correlations and then it combines them and denormalizes them back to the user's scale«. (Konstan, 2012, 31′–34′)

Anhand von Konstans Erklärung greife ich nun drei Aspekte auf, die ich in diesem Zitat kursiv hervorgehoben habe: Wie »Leute« zu Usern werden (I), wie Ähnlichkeit zwischen Usern konstruiert wird (II) und wie unterschiedliche Bewertungsweisen mathematisch gleich gemacht werden (III).

I) »have a bunch of people [...] rating movies. [...] store ratings in a database«

Die Grundlage von Empfehlungssystemen sind Datenbanken, in denen Relationen zwischen Dingen und Nutzerinnen, hier: zwischen Filmen und Zuschauern, erfasst werden. Es dürfte zwar jede Kinogängerin Meinungen und Lieblingsfilme haben: Für das Recommendersystem einer Internetplattform sind diese Relationen aber weder verfügbar noch beobachtbar und auch nicht in der Sprache der Datenbank verfasst. Nur Nutzer der Plattform lassen sich in den Vergleichsraum inkludieren. Damit aus einem »Haufen Leute« Nutzerinnen (fortan: User) werden, müssen Personen Profile anlegen. Durch das Anlegen eines Benutzerprofils und das Login werden Leute zu Usern und damit für die Datenbank sichtbar – wenn auch ein UUCF damit alleine noch keine Vergleiche anstellen kann.

Im Alltag ist eine Vielzahl verschiedenster Relationen zwischen Filmen und ihren Zuschauern möglich: Jemand ist ein Fan und schaut sich denselben Film jeden Tag an. Jemand anderes hasst den Film und schreibt vernichtende Blogposts darüber. Ein anderer empfiehlt den Film einer Freundin weiter. Im Gegensatz dazu ist für das UUCF-Empfehlungssystem nur eine dieser Relationen sichtbar und relevant: die formalisierte Bewertung im System. Beispielsweise können User auf der Webseite von Movielens.org Filme mit 1 bis 5 Sternen bewerten. Das Verhältnis von User und Film muss über die Benutzeroberfläche und die dahinterliegende Datenbank auf formale Weise erfasst werden: »Their opinion of some movie« ist nur als Rating von 1 bis 5 Sternen relevant, alles andere bleibt unsichtbar.[23]

Auch wenn Personen durch den Akt des Logins zu »Usern« werden: Um personalisierte Empfehlungen zu bekommen, müssen sie erst selbst Filme bewerten. Ein neuer »User« – also jemand, der sich ein Benutzerkonto zugelegt hat – ist erst dann ein User (ohne Anführungszeichen) im Sinn des Recommendersystems, wenn »interactions between users and items« vorliegen: In der Fachsprache wird dies das Kaltstart-Problem genannt (siehe: Schein et al. 2002, Kapitel 6). Das Problem kann durch verschiedene Strategien gelöst werden: Beispielsweise zeigt Movielens.org Popularitätsmetriken an, die dem »User« nicht-personalisierte Empfehlungen anzeigen (zum Beispiel Filme mit der besten durchschnittlichen Bewertung). Sobald ein User 15 Filme bewertet hat, sind personalisierte Empfehlungen möglich. Netflix zeigt neuen »Usern« beim ersten Login Listen von Filmen an, die sie eventuell

---

23 Zumindest in einem basalen UUCF, das nur Ratings berücksichtigt.

schon gesehen haben und bewerten können. Eine weitere Möglichkeit wäre die Verwendung traditioneller Kategorien – wie zum Beispiel auf Geschlecht oder Alter basierende Empfehlungen.

Um Differenzen konstatieren zu können, müssen User insofern gleich sein, als dass sie eine minimale Anzahl von Items bewertet haben. Erst das macht sie zu Usern, die mit anderen Usern vergleichbar sind. Vorher sind sie nur eine leere Zeile in einer User-Item-Kreuztabelle oder ein leerer Datenbankeintrag. User_a hat in der folgenden Tabelle beispielsweise keine Bewertung abgegeben und bekommt deshalb keine personalisierten Empfehlungen. User_b hat hingehen bereits einige Filme bewertet und kann zum Beispiel für das noch nicht bewertete item_1 eine Empfehlung erhalten (falls dafür genügend Bewertungen vorhanden sind).

Tab. 4: User-Item-Ratings

	item-1	item-2	item-3	item-n
user-a	?	?	?	
user-b	?	3	5	
user-c	1	4	5	
user-m				

Was Konstan als relativ unproblematisch voraussetzt – »have a bunch of people [...] rating movies« –, erweist sich als voraussetzungsreicher Formalisierungsprozess: Bevor überhaupt eine Empfehlung berechnet werden kann, müssen also User *definiert*, Verhaltensweisen *formalisiert* und in ausreichender Menge *registriert* werden.

II) »compute pairwise correlations [and] find a good neighborhood«

Die Berechnung einer Vorhersage, wie ein user_a den Film »Wonder Woman« bewerten wird, basiert nicht auf den Bewertungen aller anderen User, die »Wonder Woman« bereits gesehen und bewertet haben. Nur User, die user_a genügend ähnlich sind – »people like you« bzw. »Nachbarn« – und »Wonder Woman« bereits bewertet haben, bilden die Grundlage der Berechnung der Empfehlung. Bevor die Empfehlung für »Wonder Woman« für user_a berechnet werden kann, wird festgelegt, auf der Basis welcher anderen User in der »Nachbarschaft« von user_a diese Berechnung durchgeführt werden soll.

Aber wie werden »ähnliche« User identifiziert und von »nicht-ähnlichen« unterschieden?

Die User wurden durch die Formalisierung ihres Bewertungsverhaltens bereits vereinheitlicht: Es lassen sich nur User vergleichen, deren Verhaltensweisen als Bewertungen von 1 bis 5 registriert werden und die eine Mindestmenge an Bewertungen vorgenommen haben. Das ist die Voraussetzung für die folgenden Kategorisierungsprozesse, welche die Ähnlichkeit für jedes User-Paar messen. Darauf basierend lassen sich »ähnliche« und »nicht-ähnliche« User kategorial unterscheiden: Nachbarinnen, oder eben nicht. Im Falle eines UUCF entsteht »Ähnlichkeit« erst durch eine Kombination unterschiedlicher »classificatory judgements« (Fourcade, 2016b).

Bevor eine konkrete Empfehlung berechnet werden kann, muss in einem vorhergehenden Schritt der Pearson-Korrelationskoeffizient für alle Userpaare bestimmt werden, um die hinreichend ähnlichen Nachbarn für die Berechnung der konkreten Empfehlung für den Film »Wonder Woman« zu selektieren. Dieses Ähnlichkeitsmaß soll darüber Auskunft geben, wie ähnlich sich zwei User sind. Um den Pearson-Korrelationskoeffizient überhaupt berechnen zu können, müssen zwei User in einem weitergehenden Sinn hinreichend »gleich« sein: Sie müssen nicht nur für sich eine Mindestmenge an Bewertungen abgegeben haben. Es braucht auch Überschneidungen der bewerteten Filme. Mindestens zwei gleiche Filme müssen sowohl von user_a als auch von user_b bewertet sein (auch wenn die Filme nicht gleich bewertet sein müssen). Haben sie keine Filme gemeinsam, kann nichts berechnet werden. Bei nur einer Überschneidung resultiert eine 0 beziehungsweise keine Ähnlichkeit von user_a und user_b; bei zwei gemeinsamen Filmen resultiert eine 1, d.h. eine sehr hohe Ähnlichkeit von user_a und user_b. Der hohe Ähnlichkeitswert bei nur zwei von beiden bewerteten Filmen kann aber trügerisch sein, wenn beide User noch viele weitere, aber je unterschiedliche Filme bewertet haben (Ekstrand, 2013).[24]

Für jedes Userpaar wird nun periodisch – zum Beispiel jede Woche – der Pearson-Korrelationskoeffizient berechnet. Es resultiert eine Kreuztabelle aller User-User-Kombinationen, die für jede User-User-Kombination den Ähnlichkeitswert ausweist. Ein hoher Wert steht für eine große Übereinstim-

24 Wenn zwei User viele individuelle Bewertungen abgegeben haben, aber nur wenige Filme von beiden bewertet wurden, kann eine Signifikanzgewichtung angewendet werden, welche die Ähnlichkeit abschwächt, bis eine Mindestmenge an paarweisen Bewertungen erreicht ist (Herlocker et al., 1999).

Tab. 5: User-User-Ähnlichkeit

	user-a	user-b	user-c	user-m
user-a	1			
user-b	0.7	1		
user-c	0.2	0.1	1	
user-m				1

mung der Bewertungsweisen bzw. Präferenzen der zwei in Relation gesetzten User.

Nachbarn zu selektieren heißt, aufgrund der für alle User-Kombinationen errechneten Ähnlichkeitswerte ein »nominal judgement« (Fourcade, 2016b) darüber vorzunehmen, wer die »people like you« (im Unterschied zu »people unlike you«) sind. Das heißt, der Ähnlichkeitswert wird als Vergleichskriterium verwendet, um genügend ähnliche Nachbarinnen auszuwählen. Diese ausgewählte Nachbarschaft dient als Basis für die Berechnung einer konkreten Empfehlung für einen von user_a noch nicht bewerteten Film. Dabei bestehen drei grundsätzliche Möglichkeiten, Nachbarschaften zu definieren: Alle User als Nachbarn definieren, einen Grenzwert der Ähnlichkeit festlegen oder eine begrenzte Zahl der ähnlichsten Nachbarn auswählen.

Wenn sehr viel Rechenkapazität zur Verfügung steht – oder die Datenbank nicht zu viele User oder Items beinhaltet – liegt die naheliegende Möglichkeit darin, alle User als Nachbarschaft zur Berechnung einer Filmempfehlung zu verwenden. Angesichts der Menge an Usern und Items ist diese Möglichkeit aber in vielen Fällen schon technisch ausgeschlossen: »Commercial collaborative filtering systems are beginning to handle millions of users, making considerations of every neighbor infeasible. The system must select the best neighbors, discarding the remaining users« (Herlocker et al., 1999, S. 234). Die schiere Menge möglicher Berechnungen ohne eingeschränkte Nachbarschaften ist ein Problem der Rechenkapazität, wie Konstan verdeutlicht: »All the pairwise correlations is m squared times n. You think about that and m is 100 million users, and n is a million items. Ew. That's 10'000 trillion or 10 quadrillion. Yuck. That's a lot of computation« (Coursera, 2017). Zudem könne die Verwendung aller User als Nachbarschaft dazu führen, dass die höher korrelierten Nachbarinnen im »noise« der tiefer korrelierten untergehen würden.

Es gibt zwei weitere Möglichkeiten, um Nachbarschaften auszuwählen, die »people like you« von »people unlike you« unterscheiden: Grenzwerte der Ähnlichkeit sowie Festlegen der Nachbarschaftsgröße (Herlocker et al., 1999). Wird ein Grenzwert von beispielsweise 0.5 festgelegt, sind für user_a jene User Nachbarn, deren Ähnlichkeitswerte höher liegen. Beim sogenannten Top-N-Verfahren entscheiden sich die Entwickler im Voraus für eine optimale Nachbarschaftsgröße: Entscheiden sie sich beispielsweise für Top-30, werden für user_a alle anderen User nach ihren Ähnlichkeitswerten mit user_a geordnet und die dreissig mit den höchsten Werten als Nachbarn ausgewählt, um daraus Empfehlungen zu berechnen. Die Wahl zwischen einem Grenzwert und Top-N ist ein Zielkonflikt: »If you have a minimum similarity, you may not get very many neighbors. If you limit the size, you may not have very good similarity« (C2W1-02A).

User_a unterscheidet sich von anderen Usern durch die spezifische Kombination der ihr ähnlichsten anderen User. Die Nachbarn von user_a sind mit aller Wahrscheinlichkeit nicht dieselben wie jene von user_b, obschon user_a möglicherweise Teil der Nachbarschaft von user_b ist und umgekehrt. Während im ersten Schritt User als »user-item-interactions« erfasst wurden (I.), sind sie nun über ihre User-User-Relationen, d.h. über ihre Nachbarschaften definiert.

III) »normalize ratings«

Im dritten Schritt wird das Problem adressiert, dass nicht alle User die Bewertungsskala auf die gleiche Weise verwenden. User_a ist schnell begeistert und vergibt meist gute Bewertungen. User_b ist sehr kritisch und vergibt nur selten gute Bewertungen. Um nun Ähnlichkeiten festzustellen, werden die Bewertungsweisen »normalisiert«:

> When I talk about normalization and denormalization, it's a compensation for the fact that people have different levels of positivity or enthusiasm. What we learn when we run these systems is that [for] some people [...] everything is a four or five, you know. A four means it was okay and a five means I loved it. There are other people who've never actually gotten to the number five. Most things are twos and there are a few threes and a couple of fours, and a two means it's okay, and a three means, okay I guess I might spend money on it, and a four means this is wonderful but I've never seen anything better than that. And if you don't make your adjustment it's really hard to match somebody who thinks everything is wonderful with somebo-

> dy who ehm is the other side: I think everything is pretty miserable. But if you normalize you can usually match those people if they at least agree that the most wonderful things are about the same. (Konstan, 2012, 33′–34′)

Die »interactions between [user_a] and items« und die »interactions between [user_b] and items« liegen zwar in einer gemeinsamen Metrik vor, dennoch ist eine 5 von user_a nicht mit einer 5 von user_b gleichzusetzen, wie das konstruierte Beispiel in der Tabelle 3 zeigt. Beide haben item_4 mit einer 5 bewertet. Das heißt aber nicht, dass sie sich in ihrem Urteil einig sind. Um die spezifischen Bewertungsweisen miteinander vergleichen zu können, wird für jeden User der Mittelwert all seiner Bewertungen berechnet und von den ursprünglichen Bewertungen abgezogen. Erst dann wird die »richtige« Differenz von user_a und user_b sichtbar. Obwohl beide auf den ersten Blick die gleiche Bewertung vergeben haben, ist die normalisierte Bewertung unterschiedlich: Zwischen den normalisierten Bewertungen von user_a und user_b für item_4, das sie beide mit einer 5 bewertet haben, besteht nun eine Differenz von 1,5.

Tab. 6: Nicht normalisierte Bewertungen

	user-a	user-b
item-1	5	3
item-2	4	2
item-3	4	2
item-4	**5**	**5**
Mittelwert	4.5	3

Die Bemessung der Ähnlichkeit zweier User beruht darauf, die vorliegenden Bewertungen eines Items zum Durchschnitt aller Bewertungen eines Users in Beziehung zu setzen. Die Vergleichbarkeit der User gilt erst dann als gegeben, wenn einkalkuliert wird, wie User die Ratingskalen nutzen. Auch wenn numerische Daten vorliegen, werden diese Daten mathematisch behandelt, um die Vergleichbarkeit von Usern zu gewährleisten. »Commensuration« (Espeland & Stevens, 1998, 2008) ist nicht ein Prozess, der abgeschlossen ist, sobald ein Sachverhalt in numerischer Form vorliegt. Im vorliegenden Fall heißt das, dass ich erst einmal nur meine eigenen Filmbewertungen vergleichen kann – und auch nur dann, wenn man davon aus-

Tab. 7: Normalisierte Bewertungen

	user-a	user-b
item-1	0.5	0
item-2	-0.5	-1
item-3	-0.5	-1
item-4	**0.5**	**2**
Mittelwert	0	0

geht, dass mein Bewertungsverhalten und Geschmack zeitlich stabil sind. Um die Ratings eines Users mit den Ratings anderer User vergleichen zu können, muss die Differenz der Bewertungsweisen miteinbezogen und mathematisch auf eine gemeinsame Ebene gebracht werden. Erst dann gelten Ratings verschiedener User als kommensurabel.

Das Ziel des Empfehlungssystems besteht darin, einem user_c eine oder mehrere Empfehlungen von Filmen zu präsentieren. Die Erzeugung von Empfehlungen umfasst mehrere Schritte der Vergleichbarkeitsherstellung und des Vergleichs. Wir haben mit einer voraussetzungsreichen Tabelle begonnen, die User und Items über Bewertungen zueinander in Beziehung setzt. Um überhaupt in potenziell bedeutungsvoller Weise in dieser Tabelle aufzutauchen, müssen »User« zu Usern werden, indem sie Items bewerten. Erst dann können User miteinander verglichen werden.[25] User_c muss also eine Mindestmenge an Filmen bewerten, die auch andere User bewertet haben.

Besteht eine genügend große Überschneidung von user_c und anderen Usern, kann die Ähnlichkeit dieser User berechnet werden. Es resultiert eine Kreuztabelle aller möglichen User-User-Relationen. Für jeden User können nun genügend ähnliche User ausgewählt werden, die als Basis zur Berechnung von Empfehlungen dienen sollen. Für user_c wird nun eine bestimmte Menge an Nachbarn ausgewählt, die entweder einen bestimmten Schwellenwert der Ähnlichkeit überschreiten oder, zum Beispiel, die dreissig höchsten Ähnlichkeitswerte aufweisen.

25 Das gilt auch für die umgekehrte Perspektive: Ein »Item« ist erst dann ein mit anderen vergleichbares Item, wenn es von Usern bewertet wurde.

Obwohl die User des Systems alle die gleiche Bewertungsskala verwenden müssen, sind ihre Bewertungen noch nicht mit den Bewertungen anderer User kommensurabel. Verschiedene User gelten erst dann als vergleichbar, wenn ihre Bewertungsweisen mathematisch normalisiert, das heißt ihre Differenzen – »different levels of positivity and enthusiasm« (Konstan, 2012) – eingeebnet sind.

Um nun vorherzusagen, wie user_c noch nicht bewertete Items bewerten wird, werden die Bewertungen aller Nachbarn von user_c normalisiert und miteinander verrechnet. Dabei erhalten die einzelnen Nachbarn einen nach ihrer Korrelation gewichteten Einfluss. Für jedes noch nicht bewertete Item wird diese Berechnung durchgeführt, woraus eine Liste vorhergesagter Bewertungen resultiert, die sich nach der Höhe des Scores sortieren lässt. Das Empfehlungssystem präsentiert den Film mit dem höchsten Score.

Alle hier beschriebenen Prozesse werden in Sekundenschnelle im Verborgenen abgewickelt, sobald sie in laufende Systeme implementiert sind. Was die Endanwenderin sieht, das heißt, wie ihre Welt am Bildschirm geordnet ist, ist das Endprodukt einer verdichtenden Relationierung von Nutzerinnen und Dingen. Was sichtbar wird, ist kaum als Vergleich zu erkennen, insbesondere wenn es sich bloß um die Präsentation einzelner Items handelt. Der mehrdimensionale Vergleichsprozess, der User und Items, User und User sowie Bewertungsverhältnisse von Usern und Items zueinander in Relation setzt, wird im letzten Schritt zu einem Vergleich von Items. Dabei werden die Relationen zwischen verschiedenen, immer auch wechselnden Benutzerkollektiven unsichtbar gemacht: Die Beziehungen zwischen Usern werden zu Beziehungen zwischen Dingen.

Präsentiert wird dieser Vergleich aber als Ausdruck meiner Persönlichkeit: In der Sprache der Anbieter heißt es dann zum Beispiel »Playlists extra für dich« (Spotify) oder »Top Picks for Markus« (Netflix). Der Prozess der Empfehlung führt raffinierte Gleichheitskonstruktionen durch, damit ich als User mit anderen Usern verglichen werden kann, verdeckt aber gleichzeitig seine Vergleichsoperationen und die daraus entstehenden User-User-Relationen, um meine Einzigartigkeit als Person hervorzuheben.[26]

Diese Umkehrung ist bezeichnend für ein spezifisches Verständnis von Publikum (Fisher & Mehozay, 2019; Passoth et al., 2014), das man

26 Andere Beschreibungen, die auf User-User-Relationen aufmerksam machen, sind möglich, wie das Beispiel von Amazon deutlich macht: »Kunden, die diesen Artikel gekauft haben, kauften auch«.

sich nicht mehr notwendigerweise in demografischen Termini von Alter, Wohnort oder Geschlecht vorstellen muss. Entscheidend für die Gruppierung von Usern sind Gemeinsamkeiten und Differenzen der beobachteten und quantifizierten Verhaltensweisen. User beziehungsweise Usergruppen können durch die (kulturellen) Produkte definiert werden, die sie konsumieren. Produkte können durch die User definiert werden, von denen sie konsumiert werden. Seaver bringt es auf den Punkt: »users are known as a collection of relations to items and items are known as a collection of relations to users«, oder zugespitzter: »pizzas in terms of people and people in terms of pizza« (Seaver, 2012, k.S.). Dies trifft zwar zu, doch ist die Relation User-Item (»people«-»pizza«) nur der Ausgangspunkt eines Collaborative-Filtering-Recommendersystems. Wie ich zeigen konnte, durchläuft ein UUCF-Empfehlungsdienst für Filme im Zuge seiner eingebetteten (mathematischen) Vergleichbarkeitskonstruktionen und Differenzbeobachtungen eine Reihe anderer Relationierungen: User-Item, User-User, User/Item-User/Item, Item-Item.

Inhaltsbasierte Empfehlungssysteme und Collaborative Filtering bewerten und vergleichen nicht Nutzerinnen oder Dinge, sondern Relationen zwischen Nutzerinnen und Nutzerinnen und Relationen zwischen Nutzerinnen und Dingen. Solche »matchings« – eine spezifische Variante der Relationierung – relationieren die Nutzerinnen paarweise zu allen anderen Nutzerinnen. Es sind diese Relationen zwischen den Nutzerinnen (oder zwischen Nutzerinnen und Dingen), die im Zentrum von Empfehlungssystemen stehen.

Die Analyse verschiedener Typen von Empfehlungssystemen zeigt eines deutlich: Empfehlungssysteme bewerten keine Nutzerinnen. Im Gegensatz zu Loyalty-Marketing (Turow, 2008) oder Credit-Scoring (Fourcade & Healy, 2017b) geht es nicht darum, jene Kundinnen mit dem höchsten Wert für das Unternehmen ausfindig zu machen, um sie zu belohnen – oder gar Kundinnen mit niedrigem Wert von Leistungen auszuschließen. Netflix, Amazon, Facebook, etc. zeigen allen ihren Nutzerinnen Empfehlungen. Wer die Plattform stärker nutzt, mag »passendere« Empfehlungen erhalten, doch werden keine Nutzerinnen davon ausgeschlossen. Neue Nutzerinnen erhalten möglicherweise nur unpersonalisierte oder stereotypisierende Empfehlungen. Es ist aber kaum vorstellbar, einer Nutzerin gar nichts anzuzeigen, wenn sie auf der Seite erscheint.

Die Bedeutung der Personalisierung liegt nur vordergründig in einer Berücksichtigung des Individuums. Personalisiert wird mit formalen, für alle gleichen Mitteln der Relationierung. Nutzerinnen sind in diesen Empfehlungssystemen relational gedacht und haben keine »ontologische Dignität« (Heintz, 2021). Sie treten in Relation zu Dingen in Erscheinung – was sie anklicken, anschauen, kaufen (durch Encoding) – und in Relation zu anderen Nutzerinnen (durch algorithmische Relationierung). Digitale Personalisierung operiert über De-Personalisierung, d.h. einer mit den formalen Mitteln des Encoding und des algorithmischen Vergleichs erzeugten Verdichtung von Relationen von Nutzerin, anderen Nutzerinnen und Dingen.[27]

27 Das heißt auch, dass die kategorialen Grenzen des Vergleichs tendenziell wegfallen. Besser gesagt: Sie werden durch proto-kategoriale Grenzen ersetzt, d.h. die in die Software eingelassenen prä-kategorialen Formalisierungsprozesse entscheiden darüber, welche Nutzerinnen zueinander in Relation gesetzt werden können – zum Beispiel Nutzerinnen die eine Mindestmenge an Items bewertet haben und nicht: Nutzerinnen, die einer gemeinsamen Kategorie wie Geschlecht angehören.

11 Fazit

Momente der Datafizierung können sich über mehrere Monate erstrecken, wie das Beispiel von Earlybirds Datenexperiment zeigt. Sie können aber auch in Bruchteilen von Sekunden stattfinden, wenn die Datafizierungsinfrastruktur erst einmal funktioniert und Nutzerinnen diese »nutzen«: Empfehlungssysteme verkörpern die drei Momente aus maschineller Sicht zwar hintereinander, aus der Position der Nutzerinnen aber mehr oder weniger gleichzeitig. Ein Klick führt zum nächsten. Wenn die Nutzerin auf eine Empfehlung eingeht, erscheint potenziell die nächste, die aufgrund neuer Informationen errechnet wurde.

Mit dem Konzept der Momente der Datafizierung habe ich versucht, die blitzschnell stattfindenden Austausch-, Kommensurabilisierungs- und Relationierungsprozesse analytisch auseinanderzuziehen, um die konstitutiven Elemente des »algorithmischen Feuerwerks« (Tolentino, 2019) sichtbar zu machen, welches für die Ordnungsweise eines großen Teils der digitalen Welt verantwortlich ist. Die In-Wert-Setzung digitaler Verhaltensweisen durch Prozesse der Datafizierung ist um einiges komplexer als die Vorstellung einer säuberlichen Trennung verschiedener Phasen von Sammlung, Bearbeitung und Verwertung von Daten suggeriert. Um Datafizierung in ihrer Widersprüchlichkeit zu zeigen, verwendete ich als Sensibilisierungskonzept Anna Tsings Arbeit zur Warenkette der Matsutakepilze. Dabei werden Gleichzeitigkeiten, ökonomische Heterogenität und Relationen sichtbar. Sodann nahm ich auf soziologisch vertrautere Konzepte aus der Quantifizierungs-, Kategorisierungs-, Bewertungs- und Vergleichssoziologie sowie der Marktsoziologie Bezug, um die Vielschichtigkeit der Datafizierung auszuleuchten.

Gleichzeitigkeiten

Im Moment des Klicks (oder einer anderen Verhaltensweise der Nutzerin) konvergieren in jedem Moment der Datafizierung je zwei Gegensätzlichkeiten bzw. Gleichzeitigkeiten: Der Klick ist ein Austausch von Geschenk *und* Gegengeschenk, eine individuell bedeutsame Handlung auf der Seite der Nutzerin *und* generischer Datenpunkt in der Datenbank, Resultat der Verwicklung von Nutzerinnen und Unternehmen *und* Generator zukünftiger Verwicklungen.

Die drei Momente eignen sich als analytisches Instrument, um verschiedene Phasen der Datenerzeugung und der In-Wert-Setzung von Daten beobachten zu können: Das erste Moment macht darauf aufmerksam, dass Daten nicht ohne Weiteres gegeben sind – auch wenn die Techgiganten vermeintlich schon immer über uns Bescheid wissen. Ich argumentiere, dass Daten erst aus Verwicklungen von Unternehmen und Nutzerinnen entstehen. Die analytische Perspektive auf Datendeals als Gabentausch soll die Datenökonomie nicht als romantischen Ort der desinteressierten Reziprozität verharmlosen, sondern den Fokus verlagern: auf die aktive Gestaltung von Relationen zwischen Nutzerinnen und Unternehmen mithilfe von Geschenken und Daten, auf die Suggestion von Verpflichtungen sowie die Organisation der Datenerzeugung als Geschenk, das erwidert werden muss, sobald es angenommen wird. Für weitere Untersuchungen stellt sich daran anschließend die Frage, mit welchen Maßnahmen der »data solicitation« Plattformen und andere digitale Unternehmen ihre Nutzerinnen zu datengenerierenden Verhaltensweisen motivieren und wie sie dadurch die Beziehungen zu den Nutzerinnen, aber auch zwischen den Nutzerinnen, rekonfigurieren und wie (bzw. ob) reziproke Verpflichtungen eingegangen oder suggeriert werden. Gleichzeitig lässt sich auch fragen, wie Nutzerinnen diesen Datendeal wahrnehmen oder sich diesem womöglich mit subversiven Strategien zu entziehen versuchen. Dies wurde in diesem Buch zwar angedeutet, aber nicht eingehend behandelt.

Am Schnittpunkt des ersten und zweiten Moments zeigt sich eine Gleichzeitigkeit und Gegensätzlichkeit der Datenerzeugung: Der Austausch von Daten gegen Dienstleistung ist nicht als ökonomischer beziehungsweise vertraglicher Tausch organisiert, sondern als Gabentausch. Unternehmen stellen zum Beispiel Kommunikationsinfrastrukturen zur Verfügung, die Nutzerinnen frei nutzen können. Durch diesen Gebrauch entsteht gleichzeitig die »missing commodity« der Personendaten. Die Nutzung solcher Angebote konstituiert bereits das Gegengeschenk. Diese Gleichzeitigkeit beruht auf einer Enodierung möglicher Verhaltensweisen beziehungsweise einer Formalisierung von Objekten und möglichen »actions«, welche diese Objekte bei Ausführung der »actions« in Relation setzen. Diese »grammars of action«

sind zwar weitgehend standardisiert, sollen den Nutzerinnen aber gleichzeitig »echte«, d.h. für die Nutzerinnen selbst bedeutsame, Verhaltensweisen ermöglichen.

Das zweite Moment macht auf eine falsche Selbstverständlichkeit der Digitalisierung aufmerksam: Nur weil Verhaltensweisen in digitalen Räumen stattfinden, heißt das nicht, dass sich damit ohne Weiteres rechnen lässt – wie sich ja auch nicht mit allen Zahlen (z.B. Hausnummern) rechnen lässt. Das Rechnen mit digitalen Verhaltensweisen ist äußerst voraussetzungvoll, wie ich anhand der Enodierung und Formalisierung (zum Beispiel durch Vektorisierung) von Verhaltensweisen und digitalen Objekten (wie Nutzerinnen, Dingen, Posts, etc.) zeige. In der Bearbeitung von Personendaten wird deutlich, dass die Sinninvestitionen und Eigenheiten der Nutzerinnen weitgehend ignoriert und weggearbeitet werden müssen, um Daten zu wertvollen, weiter verarbeitbaren, Ressourcen zu machen.

Zwischen dem zweiten und dritten Moment kommt es ebenfalls zu Überlappungen: Die Kommensurabilisierung digitaler Verhaltensweisen ist tendenziell unabgeschlossen und in die algorithmischen Vergleichsverfahren selbst eingefaltet. Gerade die Vektorisierung ist an diesem Schnittpunkt zu verorten, da sie die Vergleichbarkeit qualitativ singulärer Texte erlaubt, indem es diese quantitativ in einem gemeinsamen Vektorraum repräsentiert. Andererseits verkörpert die Vektorisierung auch die relationierende Logik des dritten Moments, da es verschiedene Datensätze und Einheiten, zwischen denen bis anhin kein direkter Bezug bestand, zueinander in Beziehung setzt.

Die Transformation von Verhaltensweisen in kommensurable »data sets« eröffnet neue Anwendungsmöglichkeiten: Es lassen sich nun neue Relationen aus den Daten ableiten. Das ist das dritte Moment der Datafizierung. Dazu müssen Personendaten zu anderen Daten in Beziehung gesetzt werden: Das einzelne Nutzerprofil ist an sich wertlos. Erst durch die Verknüpfung mit anderen Nutzerprofilen oder durch die Einfaltung zusätzlicher Datensätze lässt es sich in Wert setzen. Am Beispiel von Earlybirds Datenexperiment haben wir gesehen, dass die Wettbewerbsantworten und Lifestyle-Segmente in einem von Wikipedia – als Datensatz verstanden, der aus Artikeln und Wörtern besteht – aufgespannten Vektorraum verortet werden, um Ähnlichkeiten eruieren zu können. An verschiedenen Typen von Empfehlungssystemen habe ich gezeigt, wie Nutzerinnen und Dinge auf unterschiedliche Weisen »relationiert« werden können, um neue, prospektive Relationen zwischen Nutzerinnen und Dingen zu eruieren.

Ökonomische Heterogenität

Der Wert von Daten basiert in ihrem Lebenszyklus auf verschiedenen Wertregimes, die sich mit den Idealtypen von Gabe und Ware approximieren lassen. Im Wertregime der Gabe sind es die Beziehungen, die Wert begründen und möglicherweise ökonomische Anschlusshandlungen motivieren. Im Wertregime der Ware kommt Wert über Vergleichbarkeit und Standardisierung zustande – wodurch es erst möglich wird, Nutzerinnen oder andere Einheiten formal zueinander in Beziehung zu setzen. Datafizierung changiert zwischen diesen beiden Wertregimes, indem Relationen zwischen Unternehmen, Nutzerinnen, Dingen und Dritten motiviert und rekonfiguriert werden. Die Spuren dieser Beziehungen werden aber auch immer wieder weggearbeitet, damit gerechnet und (ironischerweise) neue, prospektive Relationen abgeleitet werden können. Die Datenökonomie ist auf diese Heterogenität angewiesen, um Daten als wertvolle Ressourcen zu produzieren.

Eine Ergänzung der Momente der Datafizierung wäre eine stärkere marktsoziologische Fokussierung auf die Frage, wie Plattformen spezifische Märkte und die Beziehungen zwischen unterschiedlichen Marktakteuren neu organisieren (Plantin et al., 2017; Gillespie, 2010; Helmond, 2015; Kornberger et al., 2017; Kirchner & Beyer, 2016). Dabei könnte es um die Fragen gehen, wie Daten zu einer handelbaren Ware werden, wie mithilfe von Daten Nachfrage und Angebot gematcht werden oder wie in »digitalen Ökosystemen« (wie beispielsweise für »digital payments«) über Daten und ihre Zirkulation die Beziehungen neuer und etablierter Akteure rekonfiguriert werden. Marion Fourcade und Daniel Kluttz (2020) haben angeregt, Daten als Geschenk zu begreifen, welches die Entstehung von Märkten begünstigt: Gerade bei Plattformmodellen, die von Netzwerkeffekten abhängig sind, kann es sich lohnen den Nutzerinnen (d.h. der preissensitiven Seite) freie und attraktive Leistungen umsonst zur Verfügung zu stellen, so dass unter sogenannten »data sharing agreements« Drittparteien wie Entwicklern Zugang zu diesen Nutzerinnen und ihren Daten offeriert werden kann. Die zusätzliche Funktionalität, welche die Entwicklerinnen der Plattform hinzufügen, machen im Gegenzug die Plattform für die Nutzerinnen attraktiver (auf Facebook zum Beispiel Quiz oder Spiele wie Farmville). Die Entwicklung von Plattformen als »multi-sided markets« basiert auf einer »generalisierten Reziprozität« (Bearman, 1997), in welcher Reziprozität nicht nur direkt, sondern auch indirekt ausgeübt wird. Das heißt, nicht nur zwischen Plattform und Nutzerinnen, sondern in einer kreisförmigen Reziprozität, in der Plattformen ihre Nutzerinnen und deren Daten an die API-Entwicklerinnen weiterreichen und die Entwicklerinnen sich bei den Nutzerinnen erkenntlich zeigen (Fourcade & Kluttz, 2020, S. 9). Insbesondere die aktuelle Entwicklung im Bereich »digital payment« dürfte sich als fruchtbares Forschungsfeld für die Untersuchung solcher »data-sharing agreements« und generalisierter Reziprozität erweisen.

Relationen

Die theoretische Figur der Momente der Datafizierung fokussiert auf Relationen, d.h. auf die Gestaltung der sozialen und ökonomischen Beziehungen zwischen Unternehmen und Nutzerinnen, die Verhaltensweisen in Datafizierungsinfrastrukturen motivieren, auf die formalen Datenrelationen, die daraus entstehen und auf die neuen, prospektiven Relationen, die daraus abgeleitet werden. In der Datenökonomie sind Personendaten sowohl Resultat als auch Anstifter sozialer oder ökonomischer Beziehungen. Unternehmen bemühen sich, diese Relationen stets zu erneuern. Ihre Geschäftsmodelle beruhen darauf, »good matches« zu erzeugen, welche die ökonomischen Beziehungen erhalten – sei es zwischen dem Unternehmen und den Nutzerinnen wie bei Streamingportalen, zwischen den Nutzerinnen und Werbekundinnen wie bei Werbeplattformen oder zwischen Angebot und Nachfrage (siehe Langley & Leyshon 2017 zu verschiedenen Plattformtypen und ihren Funktionen als Intermediäre, auch: Srnicek 2017).

Das relationale Konzept der »good matches« betont, dass Empfehlungssysteme nicht Nutzerinnen bewerten, wie es beispielsweise Credit-Scores tun, sondern die Relationen von Nutzerinnen und Dingen. Es geht nicht darum – wie beispielsweise in einer Variante des »customer relationship marketing« –, die besten Kundinnen mit weiteren Angeboten und Vergünstigungen zu belohnen und die schlechten Kundinnen fernzuhalten. Die Empfehlung ist insofern demokratisch:[1] Alle erhalten Empfehlungen – auch wenn diejenigen, die mehr Daten hinterlassen, möglicherweise bessere Empfehlungen erhalten.

1 Das ist möglich, weil Empfehlungssysteme die Marketingfunktion automatisieren (siehe Hwang 2020 zu »programmatic advertising«).

Dieses Buch zeigt auch, dass die Rede von »Personalisierung« und die individuelle Adressierung der Nutzerinnen auf der Benutzeroberfläche trügerisch ist: Nicht die Nutzerinnen stehen im Rampenlicht, sondern ihre Relationen zu anderen Nutzerinnen, zu Dingen und zu Unternehmen. Insbesondere die Empfehlungsweise des Collaborative Filterings verdeutlicht, dass Nutzerinnen nur in Relationen zu Dingen oder zu anderen Nutzerinnen und in deren abgeleiteten Passungsverhältnissen zu Dingen auftauchen. In diesem Sinn sind »personalisierte« Empfehlungen nicht das Resultat einer vereinzelnden Berücksichtigung des Individuums, sondern von de-individualisierenden algorithmischen Vergleichen.

Mit dem Konzept der »good matches« will ich darauf aufmerksam machen, dass der Punkt der personalisierten Empfehlung nicht die individualisierende Ansprache auf der Benutzeroberfläche ist, sondern die Evozierung einer »persönlichen« *Beziehung* zwischen Nutzerinnen und Unternehmen mit de-personalisierenden, unpersönlichen Verfahren. Das datenbasierte Aufrufen einer gemeinsamen Vorgeschichte und die Suggestion wechselseitiger Verpflichtungen, die sich aus dem Austausch digitaler Geschenke und Daten ergeben, tragen möglicherweise zu einer Re-Personalisierung der als unpersönlich theorisierten Ökonomie bei. Keith Harts (2001; 2005) Arbeiten zu einer anthropologischen Theorie des Geldes sind inspirierend: Seine Konzeption von »money as token« – bzw. die durch digitale Technologien ermöglichte Re-Virtualisierung von Geld – macht darauf aufmerksam, dass Geld nie nur Zahlungsmittel, sondern immer auch ein Zeichen für soziale Beziehungen ist. Die soziale Funktion von Geld als soziale »memory bank« bzw. als Datenbank, wer wem was schuldet, und die aus Beziehungen generierten und beziehungsgenerierenden Personendaten beginnen sich so gesehen zu überlappen. Personendaten entstehen aus und stehen für vergangene Beziehungen zwischen Nutzerinnen, Dingen, Unternehmen und Dritten und tragen via »good matches« zu einer profitablen Verlängerung und Vertiefung dieser Beziehungen in der Zukunft bei.[2] Das ist zumindest die Sicht der Unternehmen, die Personendaten zur Gestaltung und Konfiguration von Beziehungen zu ihren Nutzerinnen und zu ihren Kundinnen einsetzen. Ob die Nutzerinnen das auch so sehen, ist eine andere Frage.

Die Perspektive der Momente der Datafizierung ließe sich durch einen Fokus auf die »Arbeit« der Nutzerinnen und ihre Wahrnehmung des Da-

2 Ob das tatsächlich zu einer humaneren Ökonomie führt, wie Keith Hart hofft, ist anzuzweifeln.

tendeals gewinnbringend ergänzen. Ein stärkerer Fokus auf die Nutzerinnen und ihre Wahrnehmung des Austauschs von Daten gegen Geschenke in der Form kostenlos zur Verfügung stehender Dienste oder personalisierter Empfehlungen, könnte eine wichtige Ergänzung liefern: Wie nehmen sie die Beziehung zu den Unternehmen und den Datendeals wahr? Welche Strategien verfolgen sie, um ihre Privatsphäre zu regulieren,[3] Einfluss auf die Gestaltung ihrer Feeds zu nehmen oder für sich das Beste aus einer tendenziell asymmetrischen Beziehungen herauszuholen? Zu unterscheiden wären dabei verschiedene Kategorien von Nutzerinnen wie beispielsweise Influencerinnen oder »content creator«, die ihre Relation zu den algorithmischen Empfehlungssystemen und ihre Position in der Datenökonomie aller Wahrscheinlichkeit nach anders auffassen als »einfache« Nutzerinnen (siehe z.B. Bishop 2019).[4]

In den Kapiteln 7 und 10.4 spreche ich zwar an, dass die Sozialität von Nutzerinnen zu einer Ressource für Datafizierung und Empfehlungssysteme wird (siehe aus der Perspektive der Unternehmen: Riedl & Konstan 2002). Eine mit meinem relationalen Verständnis von Datafizierung kompatible Perspektive liefern Ekbia & Nardi (2017): Unter dem Begriff der »heteromation« verstehen sie eine Kombination menschlicher und maschineller Fähigkeiten, die für andere Wert generieren. Heteromation setzt dabei auf eine Logik der Inklusion und des aktiven »engagement«:

> [H]eteromation succeeds by sneaking in on little cat feet, insinuating itself everywhere in computer-mediated networks through nearly imperceptible, dispersed, delicate methods of incitement. Heteromation extracts value through billions of tiny moments of labor in networks, rather than blatantly, visibly ripping away resources for capital as is typical of accumulation by dispossession. (Ekbia & Nardi, 2017)

---

3 danah boyd (2014) beschreibt die Strategien von Jugendlichen, um die Privatsphäre ihrer öffentlich einsehbaren Profile auf Social-Media-Plattformen zu regulieren. Den Jugendlichen geht es dabei vor allem darum, ihre Privatsphäre vor den neugierigen und taktlosen Blicken von Eltern, Lehrerinnen oder anderen Erwachsenen zu schützen. Welche Strategien gibt es gegenüber Unternehmen außer Resignation (Turow et al., 2015), totaler Kommodifizierung (Lanier, 2014) oder dem totalen digitalen Rückzug (Lanier, 2018)?

4 Siehe Eszter Hargittai und Alice Marwick (2016) zum »privacy paradox«, d.h. zur Frage, weshalb Nutzerinnen trotz weitgehender Kenntnis und Missbilligung der Datenpraktiken von Social-Media-Unternehmen weiterhin deren Dienste nutzen.

Gerade im Fall von Social Media und anderen nützlichen und im Alltag hilfreichen Apps setzt die Produktion wertvoller Personendaten auf »small but pleasing rewards, relying on opportunities that we choose to accept that permit us to get through our days more easily, and often to feel better about ourselves« (Ekbia & Nardi, 2017). Für Facebook und andere ist das Soziale in »social media« ein Produktionsfaktor: Die vielfältigen Aktivitäten der Nutzerinnen motivieren weitere Aktivitäten anderer Nutzerinnen. Wenn das nicht funktioniert, greift Facebook selbst ein, indem es beispielsweise »Highlights« vergangener Aktivitäten im Feed positioniert. Diese unzähligen Erinnerungen, Anfragen oder Pop-ups lassen sich als Hinweis auf soziale Verpflichtungen verstehen, denen die Nutzerinnen nachzukommen haben, wenn sie »in the loop« bleiben wollen.

Im Idealfall funktionieren Momente der Datafizierung zirkulär. Ist das Kaltstart-Problem einmal überwunden, werden aus Personendaten mehr Daten produziert: Aus datengenerierenden Verhaltensweisen werden verhaltensgenerierende Daten. Empfehlungssysteme verkörpern diese Zirkularität: Sie leiten Empfehlungen aus bestehenden Daten ab. Wenn diese Empfehlungen funktionieren, entstehen mehr Daten, die für weitere Empfehlungen genutzt werden können, welche die Nutzerin im Feedback-Loop halten. Die Frage danach, ob Nutzerinnen von solchen Systemen »korrekt« erfasst werden, nimmt dabei eine spezifische Wendung. Wie ich in Bezug auf Mai (2016) argumentiert habe, ist die Logik von Empfehlungssystemen nicht daran ausgerichtet, Daten als Repräsentationen der Nutzerinnen oder Wissen über die Nutzerinnen zu generieren: Das primäre Interesse richtet sich nicht auf »Korrektheit« – d.h. darauf, korrekt zu repräsentieren, *wer* jemand ist –, sondern darauf, zu funktionieren, d.h. »engagement« aufrecht zu erhalten (Seaver, 2018). Im Vergleich der Empfehlungssysteme verdeutlicht sich, dass traditionelle Kategorien tendenziell unwichtiger werden. Sie bilden nicht mehr den Ausgangspunkt der Beobachtung von Nutzerinnen, können aber – falls überhaupt noch benötigt – aus Verhaltensweisen und dem Vergleich mit Modellen abgeleitet werden (siehe das Beispiel von Earlybird in Kapitel 8). Die Voraussetzung dafür ist aber die weitgehende Formalisierung (ex post oder ex ante) aller Verhaltensweisen der Nutzerinnen, oder anders gesagt: die Umstellung von demografischen Daten auf Transaktions- und Verhaltensdaten. Demografische Kategorien werden nicht irrelevant, doch verändert sich deren Konstituierung: Anstatt von kategorialen Zugehörigkeiten auf Interessen oder ähnliches zu schließen, wird von manifestem Verhalten und Verhaltensregelmäßigkeiten auf kategoriale Zugehörigkeiten geschlossen. Als kausal wirksam gilt nicht mehr die kategoriale Zugehörigkeit, sondern das »tatsächliche« (wenn auch encodierte) Verhalten (Heintz, 2021). Algorithmische »Kategorien« sind agnostisch: Es spielt keine Rolle, ob jemand »tatsächlich« männlich, 36 Jahre und verheiratet ist, solange diese Person sich online so verhält (Cheney-Lippold, 2017).

Die Frage nach der »Korrektheit« – im Sinne von: korrekt ist, was funktioniert – von Empfehlungssystemen erschien mir in diesem Buch nicht zentral, habe ich doch den Fokus auf die Relationen zwischen den verschiedenen, an der Datafizierung beteiligten Einheiten gelegt. Dabei argumentierte ich, dass Unternehmen der digitalen Ökonomie versuchen, diese Relationen im Sinne von »good matches« zu ihrem Vorteil, aber auch – zumindest aus der Sicht der Unternehmen – zum Vorteil der Nutzerinnen zu gestalten. Die Argumentation in diesem Buch beruht aber auf einer folgenschweren und unhinterfragten Prämisse, die den Kern des Wertversprechens der Datenökonomie betrifft: Die Annahme, dass Empfehlung und insbesondere »Personalisierung« überhaupt funktioniert.

Den drei Momenten wäre ein viertes Moment beizufügen, welches die Evaluation von Empfehlungssystemen betrifft. In der Praxis werden Empfehlungssysteme ständig evaluiert und optimiert. Verschiedene Varianten von Empfehlungssystemen und solche mit unterschiedlichen Parametern konkurrieren um die Klicks der Nutzerinnen und werden in Bezug auf ihre Fähigkeit, Klicks zu generieren, verglichen. Wie erfolgreich sie sind und an was Erfolg gemessen wird (zum Beispiel am relativen Misserfolg konkurrierender Empfehlungssysteme), sind Fragen für weitere Untersuchungen.

Die soziologische Auseinandersetzung mit Datafizierung und Algorithmen sollte den Behauptungen digitaler Unternehmen kritisch begegnen, da wir diesen Unternehmen sonst den Gefallen tun, ihre Macht durch eigene Mythen zu bestätigen. Empfehlung und Personalisierung mögen zwar funktionieren. So gut funktionieren sie möglicherweise aber auch wieder nicht. Die erste digitale Bannerwerbung von 1994 wurde von sagenhaften 44 % der Nutzerinnen angeklickt. 2018 war die durchschnittliche »click-through-rate« der über Google geschalteten Bannerwerbungen 0.46 Prozent (Hwang, 2020). In Anbetracht dessen, dass Google oftmals unterstellt wird, mehr über uns zu wissen, als wir selbst, erscheint dieses Resultat eher mäßig. Gleichzeitig ist aber zu berücksichtigen, dass auch marginale Verbesserungen ins Gewicht fallen – insbesondere wenn ein Unternehmen über sehr viele Nutzerinnen verfügt oder Differenzmargen klein sind (wie beispielsweise bei Wahlen). Auf Facebook sieht es nicht besser aus. In den Worten von Cory Doctorow, Schriftsteller und aufmerksamer Beobachter der Datenökonomie: »surveillance capitalism's margins on behavioral modification suck« (2020). Die Hoffnungen, welche Unternehmen in die Technologie der Personalisierung stecken, ist möglicherweise größer als ihr tatsächlicher Erfolg. Die soziologische Untersuchung von Datenökonomie, Datafizierung und Algorithmen muss sich deshalb in Acht nehmen und ihre Relevanz nicht (nur) in der Manipulation der Nutzerinnen begründen, sondern in der Art und Weise, wie sie soziale und ökonomische Relationen neu konfigurieren, um datengenerierende Verhaltensweisen und (möglicherweise) verhaltensgenerierende Daten zu erzeugen.

Dank

Ein ganz großer Dank geht an Nik und Beni und alle Mitarbeiterinnen und Mitarbeiter von Earlybird für ihre Bereitschaft, mir Einblick in ihre Unternehmen zu geben. Ohne euch wäre das nicht möglich gewesen.

Ich bedanke mich herzlich bei meinen beiden Betreuerinnen Sophie Mützel und Bettina Heintz: Bei Sophie Mützel bedanke ich mich für das große Vertrauen, das sie mir und meiner Arbeit entgegenbringt. Bei Bettina Heintz bedanke ich mich für die Inspiration und ihre unglaubliche Großzügigkeit, mit der sie ihre Ideen mit mir teilt.

Mein Dank geht auch an die Teilnehmerinnen und Teilnehmer des Gipfeli-Kolloquiums für die genaue, kritische und anregende Lektüre meiner Texte und die hilfreichen Kommentare: Martin Bühler, Luca Tratschin, Hannah Bennani, Sophia Cramer, Andrea Glauser, Christian Hilgert, Miriam Tag, Sven Kette, Clemens Eisenmann, Ralf Rapior, Sebastian Hoggenmüller, Andreas Wenninger, Vera Tauber.

Die Retraiten vom Lehrstuhl Mützel und die Diskussionen mit Philippe Saner, Lisa Kressin, Rahel Estermann und Bernd Wurpts haben mir sehr dabei geholfen, meine Ideen für dieses Buch zu systematisieren.

Paul Buckermann ist mir immer wieder mit Rat, Tat und guten Ideen beigestanden.

Meinen Eltern Peter und Lucia bin ich sehr dankbar für ihre Unterstützung und Geduld.

Meine beiden Liebsten, Valeria und Jakob, zeigen mir immer wieder, dass es auch wichtigere Dinge gibt im Leben...

Literatur

Alle Internetverweise wurden vor der Drucklegung geprüft.

Abbott, A. (2014). The Problem of Excess. *Sociological Theory*, *32*(1), 1–26.

Agre, P. E. (1994). Surveillance and capture: Two models of privacy. *The Information Society*, *10*(2), 101–127.

Akrich, M. (1992). The description of technical Objects, Bijker, WE. In W. E. Bijker, & J. Law (Eds.) *Shaping technology/building society*, (pp. 205–224). Cambridge, MA: MIT Press.

Alaimo, C., & Kallinikos, J. (2016). Encoding the Everyday: The Infrastructural Apparatus of Social Data. In C. R. Sugimoto, H. R. Ekbia, & M. Mattioli (Eds.) *Big data is not a monolith*, Information policy series, (pp. 77–90). Cambridge, Massachusetts: The MIT Press.

Alaimo, C., & Kallinikos, J. (2017). Computing the everyday: Social media as data platforms. *The Information Society*, *33*(4), 175–191.

Alaimo, C., & Kallinikos, J. (2019). Social Media and the Infrastructuring of Sociality. *Research in the Sociology of Organizations*, *62*, 289–306.

Alexander, J. (2019). Netflix tracks shows by measuring »starters,« »watchers,« and »completers«. *The Verge*. URL https://www.theverge.com/2019/10/21/20924954/netflix-viewers-numbers-metrics-data-stranger-things-tuca-bertie-oa-renew-cancel

Amann, K., & Hirschauer, S. (1997). Die Befremdung der eigenen Kultur. Ein Programm. In S. Hirschauer, & K. Amann (Eds.) *Die Befremdung der eigenen Kultur. Zur ethnographischen Herausforderung soziologischer Empirie*, vol. 1, (pp. 7–52). Frankfurt a.M.: Suhrkamp.

Amatriain, X. (2013). Big & personal: data and models behind netflix recommendations. In *Proceedings of the 2nd International Workshop on Big Data, Streams and Heterogeneous Source Mining Algorithms, Systems, Programming Models and Applications - BigMine '13*, (pp. 1–6). Chicago, Illinois: ACM Press.

Amoore, L. (2011). Data Derivatives: On the Emergence of a Security Risk Calculus for Our Times. *Theory, Culture & Society*, *28*(6), 24–43.

Anderson, C. (2004). The Long Tail. *Wired*. URL https://www.wired.com/2004/10/tail/

Anderson, C. (2008). The End of Theory: The Data Deluge Makes the Scientific Method Obsolete. *Wired*. URL https://www.wired.com/2008/06/pb-theory/

Andrejevic, M. (2013). *Infoglut: How too much information is changing the way we think and know*. New York: Routledge.

Arvidsson, A. (2016). Facebook and Finance: On the Social Logic of the Derivative. *Theory, Culture & Society*, *33*(6), 3–23.

Barbrook, R. (1998). The Hi-Tech Gift Economy. *First Monday*, *3*(12). URL https://firstmonday.org/ojs/index.php/fm/article/view/631

Barocas, S., & Nissenbaum, H. (2014). Big Data's End Run around Anonymity and Consent. In H. Nissenbaum, J. Lane, S. Bender, & V. Stodden (Eds.) *Privacy, Big Data, and the Public Good: Frameworks for Engagement*, (pp. 44–75). Cambridge: Cambridge University Press.

Bearman, P. (1997). Generalized Exchange. *American Journal of Sociology*, *102*(5), 1383–1415.

Beauvisage, T., & Mellet, K. (2020). Datassets: Assetizing and Marketizing Personal Data. In K. Birch, & F. Muniesa (Eds.) *Assetization: turning things into assets in technoscientific capitalism*, Inside technology, (pp. 76–95). Cambridge, MA: The MIT Press.

Bechmann, A., & Bowker, G. C. (2019). Unsupervised by any other name: Hidden layers of knowledge production in artificial intelligence on social media. *Big Data & Society*, *6*(1), 1–11.

Beel, J., Gipp, B., Langer, S., & Breitinger, C. (2016). Recommender systems: a literature survey. *International Journal on Digital Libraries*, *17*(4), 305–338.

Beer, D. (2017). The social power of algorithms. *Information, Communication & Society*, 20(1), 1–13.

Beer, D., & Burrows, R. (2007). Sociology and, of and in Web 2.0: Some Initial Considerations. *Sociological Research Online*, 12(5), 67–79.

Bell, D. (1999). *The coming of post-industrial society: a venture in social forecasting*. New York: Basic Books.

Beniger, J. R. (1986). *The control revolution: technological and economic origins of the Information Society*. Cambridge, Massachusetts: Harvard University Press.

Benjamin, R. (2019). *Race after technology: abolitionist tools for the new Jim code*. Medford, MA: Polity.

Bennani, H., Bühler, M., Cramer, S., Glauser, A., & Campus Verlag (Eds.) (2020). *Global beobachten und vergleichen: Soziologische Analysen zur Weltgesellschaft*. Frankfurt/New York: transcript.

Bennholdt-Thomsen, V., Mies, M., & von Werlhof, C. (1992). *Frauen, die letzte Kolonie: zur Hausfrauisierung der Arbeit*. Zürich: Rotpunktverlag.

Benway, J. P., & Lane, D. M. (1998). Banner blindness: Web searchers often miss »obvious« links. *Itg Newsletter*, 1(3), 1–22.

Berg, M. (1997). Of Forms, Containers, and the Electronic Medical Record: Some Tools for a Sociology of the Formal. *Science, Technology, & Human Values*, 22(4), 403–433.

Berghoff, H., Scranton, P., & Spiekermann, U. (Eds.) (2012). *The Rise of Marketing and Market Research*. New York: Palgrave Macmillan.

Bermejo, F. (2009). Audience manufacture in historical perspective: from broadcasting to Google. *New Media & Society*, 11(1-2), 133–154.

Bhatia, R. (2016). The inside story of Facebook's biggest setback. *The Guardian*. URL https://www.theguardian.com/technology/2016/may/12/facebook-free-basics-india-zuckerberg

Biruk, C. (2018). *Cooking data: culture and politics in an African research world*. Critical global health: evidence, efficacy, ethnography. Durham: Duke University Press.

Bishop, S. (2019). Managing visibility on YouTube through algorithmic gossip. *New Media & Society*, *21*(11-12), 2589–2606.

Bivens, R. (2017). The gender binary will not be deprogrammed: Ten years of coding gender on Facebook. *New Media & Society*, *19*(6), 880–898.

Bivens, R., & Haimson, O. L. (2016). Baking Gender Into Social Media Design: How Platforms Shape Categories for Users and Advertisers. *Social Media + Society*, *2*(4), 1–12.

Blair, A. (2003). Reading Strategies for Coping with Information Overload ca. 1550-1700. *Journal of the History of Ideas*, *64*(1), 11–28.

Blair, A. (2011). Information Overload's 2,300-Year-Old History. *Harvard Business Review*. URL https://hbr.org/2011/03/information-overloads-2300-yea

Bobadilla, J., Ortega, F., Hernando, A., & Bernal, J. (2012). A collaborative filtering approach to mitigate the new user cold start problem. *Knowledge-Based Systems*, *26*, 225–238.

Bodle, R. (2014). Predictive Algorithms and Personalization Services on Social Network Sites: Implications for Users and Society. In S. Lomborg, & A. Bechmann (Eds.) *The Ubiquitous Internet: User and Industry Perspectives*, (pp. 130–145). London: Routledge.

Boellstorff, T. (2015). Making Big Data, In Theory. In T. Boellstorff, & B. Maurer (Eds.) *Data: now bigger and better!*, (pp. 87–108). Chicago, IL: Prickly Paradigm Press.

Bolin, G. (2009). Symbolic Production and Value in Media Industries. *Journal of Cultural Economy*, *2*(3), 345–361.

Bolin, G., & Andersson Schwarz, J. (2015). Heuristics of the algorithm: Big Data, user interpretation and institutional translation. *Big data & Society*, *2*(2), 1–12.

Borgman, C. L. (2015). *Big data, little data, no data: scholarship in the networked world*. Cambridge, Massachusetts: The MIT Press.

Bowker, G. (2014). Big Data, Big Questions: The Theory/Data Thing. *International Journal of Communication*, *8*, 1795–1799.

Bowker, G. C. (2013). Data flakes: An afterword to »Raw Data« is an oxymoron. In *Raw data is an oxymoron*, (pp. 167–172). Cambridge, Massachusetts: The MIT Press.

Bowker, G. C., & Star, S. L. (1999). *Sorting things out: classification and its consequences*. Cambridge, Massachusetts: The MIT Press.

boyd, d. (2006). Friends, Friendsters, and Top 8: Writing community into being on social network sites. *First Monday*, *11*(12). URL https://firstmonday.org/ojs/index.php/fm/article/view/1418

boyd, d. (2014). *It's complicated: The social lives of networked teens*. New Haven/London: Yale University Press.

boyd, d., & Crawford, K. (2012). Critical Questions for Big Data: Provocations for a cultural, technological, and scholarly phenomenon. *Information, Communication & Society*, *15*(5), 662–679.

Bruns, A. (2008). *Blogs, Wikipedia, Second life, and Beyond: from production to produsage*. Digital formations. New York: Peter Lang.

Bruns, A. (2019). *Are filter bubbles real?*. Digital futures. Cambridge, UK/Medford, MA: Polity Press.

Brunton, F. (2013). *Spam: a shadow history of the Internet*. Infrastructures. Cambridge, Massachusetts: The MIT Press.

Brunton, F., & Nissenbaum, H. F. (2015). *Obfuscation: a user's guide for privacy and protest*. Cambridge, Massachusetts: The MIT Press.

Bucher, T. (2012). A Technicity of Attention: How Software »Makes Sense«. *Culture Machine*, *13*, 1–23.

Bucher, T. (2013). The Friendship Assemblage: Investigating Programmed Sociality on Facebook. *Television & New Media*, *14*(6), 479–493.

Bucher, T., & Helmond, A. (2017). The Affordances of Social Media Platforms. In J. Burgess, T. Poell, & A. E. Marwick (Eds.) *The SAGE Handbook of Social Media*, (pp. 233–253). London/New York: SAGE Publications.

Bundesverfassungsgericht (1983). Zur Verfassungsmäßigkeit des Volkszählungsgesetzes 1983. URL https://www.bundesverfassungsgericht.de/SharedDocs/Entscheidungen/DE/1983/12/rs19831215_1bvr020983.html

Buolamwini, J., & Gebru, T. (2018). Gender Shades: Intersectional Accuracy Disparities in Commercial Gender Classification. In *Proceedings of Machine Learning Research*, vol. 81, (pp. 1–15).

Burrell, J. (2009). The Field Site as a Network: A Strategy for Locating Ethnographic Research. *Field Methods*, *21*(2), 181–199.

Burrell, J. (2016). How the machine »thinks«: Understanding opacity in machine learning algorithms. *Big Data & Society*, *3*(1), 1–12.

Bush, V. (1945). As We May Think. *The Atlantic*. URL https://www.theatlantic.com/magazine/archive/1945/07/as-we-may-think/303881/

Cardon, D. (2016). Deconstructing the algorithm: four types of digital information calculations. In R. Seyfert, & J. Roberge (Eds.) *Algorithmic cultures: Essays on meaning, performance and new technologies*, vol. 189 of *Routledge advances in sociology*, (pp. 95–110). London/New York: Routledge.

Cardon, D. (2017). How to rank the web? Competition among metrics of digital information. In N. Douay, & A. Wan (Eds.) *Big Data & Civic Engagement*, (pp. 55–61). Roma/Milano: Planum.

Charitsis, V., Zwick, D., & Bradshaw, A. (2018). Creating Worlds that Create Audiences: Theorising Personal Data Markets in the Age of Communicative Capitalism. *tripleC: Communication, Capitalism & Critique. Open Access Journal for a Global Sustainable Information Society*, *16*(2), 820–834.

Chayka, K. (2019). Does monoculture still exist on the internet? *Vox*. URL https://www.vox.com/the-goods/2019/12/17/21024439/monoculture-algorithm-netflix-spotify

Cheney-Lippold, J. (2011). A New Algorithmic Identity: Soft Biopolitics and the Modulation of Control. *Theory, Culture & Society*, *28*(6), 164–181.

Cheney-Lippold, J. (2017). *We Are Data: Algorithms and The Making of Our Digital Selves*. New York: NYU Press.

Chernev, A., Böckenholt, U., & Goodman, J. (2015). Choice overload: A conceptual review and meta-analysis. *Journal of Consumer Psychology*, *25*(2), 333–358.

Chesnais, P., Mucklo, M., & Sheena, J. (1995). The Fishwrap personalized news system. In *Proceedings of the Second International Workshop on Community Networking »Integrated Multimedia Services to the Home«*, (pp. 275–282). Princeton: IEEE.

Chong, D. (2020). Deep Dive into Netflix's Recommender System. URL https://towardsdatascience.com/deep-dive-into-netflixs-recommender-system-341806ae3b48

Christin, A. (2018). Counting Clicks: Quantification and Variation in Web Journalism in the United States and France. *American Journal of Sociology, 123*(5), 1382–1415.

Christl, W., & Spiekermann, S. (2016). *Networks of control: a report on corporate surveillance, digital tracking, big data & privacy*. Wien: Facultas.

Chun, W. H. K. (2016). *Updating to remain the same: habitual new media*. Cambridge, MA: The MIT Press.

Cluley, R., & Brown, S. D. (2015). The dividualised consumer: sketching the new mask of the consumer. *Journal of Marketing Management, 31*(1-2), 107–122.

Cochoy, F. (2007). A Brief Theory of the »Captation« of Publics: Understanding the market with Little Red Riding Hood. *Theory, Culture & Society*, 24(7-8), 203–223.

Cochoy, F. (2016). *On curiosity: the art of market seduction*. Manchester: Mattering Press.

Cochoy, F., Deville, J., & McFall, E. R. (2017). *Markets and the arts of attachment*. Abingdon/New York: Routledge.

Cockburn, C., & Ormrod, S. (1993). *Gender and technology in the making*. London/Thousand Oaks: Sage.

Cohn, J. (2019). *The burden of choice: recommendations, subversion, and algorithmic culture*. New Brunswick: Rutgers University Press.

Coll, S. (2013). Consumption as biopower: Governing bodies with loyalty cards. *Journal of Consumer Culture, 13*(3), 201–220.

Coll, S. (2015). *Surveiller et récompenser: les cartes de fidélité qui nous gouvernent*. Zürich/Genf: Seismo.

Coll, S. (2016). Discipline and Reward: The Surveillance of Consumers through Loyalty Cards. *Geschichte und Gesellschaft*, 42(1), 113–143.

Couldry, N., & Mejias, U. A. (2019a). *The costs of connection: how data is colonizing human life and appropriating it for capitalism*. Culture and economic life. Stanford, California: Stanford University Press.

Couldry, N., & Mejias, U. A. (2019b). Data Colonialism: Rethinking Big Data's Relation to the Contemporary Subject. *Television & New Media*, 20(4), 336–349.

Couldry, N., & Turow, J. (2014). Advertising, Big Data and the Clearance of the Public Realm: Marketers' New Approaches to the Content Subsidy. *International Journal of Communication*, 8(1), 1710–1726.

Coursera (2017). Introduction to recommender systems. URL https://www.coursera.org/specializations/recommender-systems

Crain, M. (2018). The limits of transparency: Data brokers and commodification. *New Media & Society*, 20(1), 88–104.

Crawford, K., & Paglen, T. (2019). Excavating AI. URL https://www.excavating.ai

Darr, A., & Pinch, T. (2013). Performing Sales: Material Scripts and the Social Organization of Obligation. *Organization Studies*, 34(11), 1601–1621.

Degeling, M. (2017). Googles Interessenprofiling. In M. Degeling, J. Othmer, A. Weich, & B. Westermann (Eds.) *Profile: interdisziplinäre Beiträge*, Digital cultures series, (pp. 115–128). Lüneburg: meson press.

Deloitte (2018). Drowning in data, but starving for insights. URL https://www2.deloitte.com/ro/en/pages/strategy/articles/drowning-in-data-but-starving-for-insights.html

Desrosiers, C., & Karypis, G. (2011). A Comprehensive Survey of Neighborhood-based Recommendation Methods. In F. Ricci, L. Rokach, B. Shapira, & P. B. Kantor (Eds.) *Recommender Systems Handbook*, (pp. 107–144). Boston, MA: Springer US.

Desrosières, A. (1998). *The Politics of Large Numbers: A History of Statistical Reasoning*. Cambridge, Massachusetts: Harvard University Press.

Deutschmann, C. (2000). Geld als »absolutes Mittel«. *Berliner Journal für Soziologie*, *10*(3), 301–313.

Dewey, C. (2015). When did we stop »surfing« the Web? *Washington Post*. URL https://www.washingtonpost.com/news/the-intersect/wp/2015/01/30/when-did-we-stop-surfing-the-web/

Dholakia, N., Dholakia, R. R., & Fırat, A. F. (2019). Choice and Choicelessness in Consumer Practice. In M. Tadajewski, M. Higgins, J. Denegri-Knott, & R. Varman (Eds.) *The Routledge Companion to Critical Marketing*, (pp. 337–352). Abingdon/New York: Routledge.

Dixon, P., & Gellman, R. (2014). The Scoring of America: How Secret Consumer Scores Threaten Your Privacy and Your Future. Tech. rep., World Privacy Forum. URL https://www.worldprivacyforum.org/2014/04/wpf-report-the-scoring-of-america-how-secret-consumer-scores-threaten-your-privacy-and-your-future/

Doctorow, C. (2020). How to Destroy »Surveillance Capitalism«. URL https://onezero.medium.com/how-to-destroy-surveillance-capitalism-8135e6744d59

Douglas, M. (1990). No Free Gifts. In M. Mauss (Ed.) *The gift: the form and reason for exchange in archaic societies*, (pp. ix–xxiii). London: Routledge.

Dourish, P., & Gómez Cruz, E. (2018). Datafication and data fiction: Narrating data and narrating with data. *Big Data & Society*, *5*(2), 1–10.

Draper, N. A., & Turow, J. (2019). The corporate cultivation of digital resignation. *New Media & Society*, *21*(8), 1824–1839.

Driscoll, K. (2012). From Punched Cards to »Big Data«: A Social History of Database Populism. *communication+1*, *1*(1), 1–33.

Duhigg, C. (2012). How Companies Learn Your Secrets. *The New York Times*. URL https://www.nytimes.com/2012/02/19/magazine/shopping-habits.html

Dörre, K., Lessenich, S., & Rosa, H. (2013). *Soziologie - Kapitalismus - Kritik Eine Debatte*. Berlin: Suhrkamp.

Ebeling, M. F. E. (2016). *Healthcare and big data: digital specters and phantom objects*. New York: Palgrave Macmillan.

Edmunds, A., & Morris, A. (2000). The problem of information overload in business organisations: a review of the literature. *International Journal of Information Management*, 20(1), 17–28.

Ekbia, H. R., & Nardi, B. A. (2017). *Heteromation, and other stories of computing and capitalism*. Cambridge, Massachusetts: The MIT Press.

Ekstrand, M. D. (2013). Similarity Functions for User-User Collaborative Filtering. URL https://grouplens.org/blog/similarity-functions-for-user-user-collaborative-filtering/

Ekstrand, M. D., Riedl, J., & Konstan, J. A. (2011). Collaborative Filtering Recommender Systems. *Foundations and Trends in Human–Computer Interaction*, 4(2), 81–173.

Ekstrand, M. D., & Willemsen, M. C. (2016). Behaviorism is Not Enough: Better Recommendations through Listening to Users. In *Proceedings of the 10th ACM Conference on Recommender Systems - RecSys '16*, (pp. 221–224). Boston, Massachusetts: ACM Press.

Elder-Vass, D. (2015). Does Google give gifts? URL https://eldervass.com/2015/10/does-google-give-gifts-2/

Elder-Vass, D. (2016). *Profit and gift in the digital economy*. Cambridge; New York: Cambridge University Press.

Elish, M. C., & boyd, d. (2018). Situating methods in the magic of Big Data and AI. *Communication Monographs*, 85(1), 57–80.

Elmer, G. (2004). *Profiling machines: Mapping the personal information economy*. Cambridge, MA: The MIT Press.

Emerson, R. M., Fretz, R. I., & Shaw, L. L. (2011). *Writing ethnographic fieldnotes*. Chicago guides to writing, editing, and publishing. Chicago: The University of Chicago Press.

Ensmenger, N. (2014). When good software goes bad. In *MICE (Mistakes, Ignorance, Contingency, and Error) Conference*. Fürstenfeldbruck: TU München. URL http://homes.sice.indiana.edu/nensmeng/files/ensmenger-mice.pdf

Eriksson, M., Fleischer, R., Johansson, A., Snickars, P., & Vonderau, P. (2019). *Spotify teardown: inside the black box of streaming music*. Cambridge, Massachusetts: The MIT Press.

Eriksson, M., & Johansson, A. (2017). Keep Smiling: Time, Functionality and Intimacy in Spotify's Featured Playlists. *Cultural Analysis*, *16*(1), 67–82.

Eslami, M., Karahalios, K., Sandvig, C., Vaccaro, K., Rickman, A., Hamilton, K., & Kirlik, A. (2016). First I llikeït, then I hide it: Folk Theories of Social Feeds. In *Proceedings of the 2016 CHI Conference on Human Factors in Computing Systems*, (pp. 2371–2382). San Jose: ACM.

Espeland, W., & Sauder, M. (2007). Rankings and Reactivity: How Public Measures Recreate Social Worlds. *American Journal of Sociology*, *113*(1), 1–40.

Espeland, W. N., & Stevens, M. L. (1998). Commensuration as a Social Process. *Annual Review of Sociology*, *24*(1), 313–343.

Espeland, W. N., & Stevens, M. L. (2008). A Sociology of Quantification. *European Journal of Sociology*, *49*(03), 401–436.

Fisher, E., & Mehozay, Y. (2019). How algorithms see their audience: media epistemes and the changing conception of the individual. *Media, Culture & Society*, *41*(8), 1176–1191.

Flaxman, S., Goel, S., & Rao, J. M. (2016). Filter Bubbles, Echo Chambers, and Online News Consumption. *Public Opinion Quarterly*, *80*(S1), 298–320.

Fortunati, L. (1995). *The arcane of reproduction: housework, prostitution, labor and capital*. Brooklyn, N.Y.: Autonomedia.

Fourcade, M. (2016a). Earmarking, Matching and Social Order. URL http://www.booksandideas.net/Twenty-Years-After-The-Social-Meaning-of-Money.html

Fourcade, M. (2016b). Ordinalization: Lewis A. Coser Memorial Award for Theoretical Agenda Setting 2014. *Sociological Theory*, *34*(3), 175–195.

Fourcade, M., & Healy, K. (2016). Seeing like a market. *Socio-Economic Review*, *15*(1), 9–29.

Fourcade, M., & Healy, K. (2017a). Categories All the Way Down. *Historical Social Research*, *42*(1), 286–296.

Fourcade, M., & Healy, K. (2017b). Classification Situations: Life-Chances in the Neoliberal Era. *Historical Social Research*, *42*(1), 23–51.

Fourcade, M., & Kluttz, D. N. (2020). A Maussian bargain: Accumulation by gift in the digital economy. *Big Data & Society*, *7*(1), 1–16.

Fuchs, C. (2014). *Digital labour and Karl Marx*. New York: Routledge/Taylor & Francis.

Gabriel, Y., & Lang, T. (2015). *The unmanageable consumer*. London/Thousand Oaks: SAGE.

Gabrilovich, E., & Markovitch, S. (2007). Computing semantic relatedness using Wikipedia-based explicit semantic analysis. In *Proceedings of the 20th international joint conference on Artifical intelligence*, IJCAI'07, (pp. 1606–1611). San Francisco: Morgan Kaufmann Publishers Inc.

Gandy, O. H. (1993). *The Panoptic Sort: A Political Economy of Personal Information*. Boulder, CO: Westview Press.

Gell, A. (1996). Vogel's net: Traps as artworks and artworks as traps. *Journal of Material Culture*, *1*(1), 15–38.

Gerlitz, C. (2017). Data Point Critique. In M. T. Schäfer, & K. Van Es (Eds.) *The Datafied Society - Studying Culture Through Data*, (pp. 241–244). Amsterdam: Amsterdam University Press.

Gerlitz, C., & Helmond, A. (2013). The like economy: Social buttons and the data-intensive web. *New Media & Society*, *15*(8), 1348–1365.

Gillespie, T. (2010). The politics of »platforms.« *New Media & Society*, *12*(3), 347–364.

Gillespie, T. (2012). Can an Algorithm be Wrong? *Limn*, *1*(2). URL http://escholarship.org/uc/item/0jk9k4hj

Gillespie, T. (2014). The Relevance of Algorithms. In T. Gillespie, P. J. Boczkowski, & K. A. Foot (Eds.) *Media Technologies*, (pp. 167–194). Cambridge, Massachusetts: The MIT Press.

Gillespie, T. (2016). Algorithm. In B. Peters (Ed.) *Digital keywords: a vocabulary of information society and culture*, (pp. 18–30). Princeton/Oxford: Princeton University Press.

Gillespie, T. (2017). #trendingistrending. Wenn Algorithmen zu Kultur werden. In R. Seyfert, & J. Roberge (Eds.) *Algorithmuskulturen. Über die rechnerische Konstruktion der Wirklichkeit.*, (pp. 75–106). Bielefeld: transcript.

Gillespie, T., & Seaver, N. (2015). Critical Algorithm Studies: a Reading List. URL https://socialmediacollective.org/reading-lists/critical-algorithm-studies/

Gitelman, L. (Ed.) (2013). *Raw data is an oxymoron*. Cambridge, Massachusetts: The MIT Press.

Gitelman, L., & Jackson, V. (2013). Introduction. In L. Gitelman (Ed.) *Raw data is an oxymoron*, (pp. 1–14). Cambridge, Massachusetts: The MIT Press.

Gladwell, M. (1999). The Science of the Sleeper. URL https://web.archive.org/web/20140219174614/http://gladwell.com/the-science-of-the-sleeper/

Goldberg, D., Nichols, D., Oki, B. M., & Terry, D. (1992). Using collaborative filtering to weave an information tapestry. *Communications of the ACM*, *35*(12), 61–70.

Graeber, D. (2001). *Toward an anthropological theory of value: the false coin of our own dreams*. New York: Palgrave.

Graeber, D. (2011). *Debt: the first 5,000 years*. Brooklyn, N.Y.: Melville House.

Graeber, D. (2015). *The utopia of rules: on technology, stupidity, and the secret joys of bureaucracy*. Brooklyn/London: Melville House.

Granovetter, M. (1985). Economic Action and Social Structure: The Problem of Embeddedness. *American Journal of Sociology*, *91*(3), 481–510.

Gregg, M. (2015). The Gift that Is Not Given. In T. Boellstorff, & B. Maurer (Eds.) *Data: now bigger and better!*, (pp. 47–66). Chicago, IL: Prickly Paradigm Press.

Gugerli, D. (2018). *Wie die Welt in den Computer kam: zur Entstehung digitaler Wirklichkeit*. S. Fischer Geschichte. Frankfurt am Main: S. Fischer.

Hacking, I. (2001). *The social construction of what?*. Cambridge, Massachusetts: Harvard University Press.

Hallinan, B., & Striphas, T. (2016). Recommended for you: The Netflix Prize and the production of algorithmic culture. *New Media & Society*, *18*(1), 117–137.

Haraway, D. (1988). Situated Knowledges: The Science Question in Feminism and the Privilege of Partial Perspective. *Feminist Studies*, *14*(3), 575–599.

Hargittai, E., & Marwick, A. (2016). What Can I Really Do? Explaining the Privacy Paradox with Online Apathy. *International Journal of Communication*, *10*, 3737–3757.

Hargittai, E., Neuman, W. R., & Curry, O. (2012). Taming the Information Tide: Perceptions of Information Overload in the American Home. *The Information Society*, *28*(3), 161–173.

Hargittai, E., & Shaw, A. (2015). Mind the skills gap: the role of Internet know-how and gender in differentiated contributions to Wikipedia. *Information, Communication & Society*, *18*(4), 424–442.

Harper, C. (2009). The Daily Me. URL https://web.archive.org/web/20090328114708/http://www.ajr.org/Article.asp?id=268

Hart, K. (2001). Money in an unequal world. *Anthropological Theory*, *1*(3), 307–330.

Hart, K. (2005). *The hitman's dilemma: or, business, personal and impersonal*. Chicago: Prickly Paradigm Press.

Harvey, D. (2003). *The New Imperialism*. Oxford; New York: Oxford University Press.

Heintz, B. (2010). Numerische Differenz. Überlegungen zu einer Soziologie des (quantitativen) Vergleichs / Numerical Difference. Toward a Sociology of (Quantitative) Comparisons. *Zeitschrift für Soziologie*, *39*(3), 162–181.

Heintz, B. (2016). »Wir leben im Zeitalter der Vergleichung.« Perspektiven einer Soziologie des Vergleichs. *Zeitschrift für Soziologie*, *45*(5), 305–323.

Heintz, B. (2018). Von der Allmacht der Zahlen und der Allgegenwart des Bewertens. *Soziologische Revue*, *41*(4), 629–642.

Heintz, B. (2019). Vom Komparativ zum Superlativ. In S. Nicolae, M. Endreß, O. Berli, & D. Bischur (Eds.) *(Be)Werten. Beiträge zur sozialen Konstruktion von Wertigkeit*, Soziologie des Wertens und Bewertens, (pp. 45–79). Wiesbaden: Springer.

Heintz, B. (2021). Big Observation – Ein Vergleich moderner Beobachtungsformate am Beispiel von amtlicher Statistik und Recommendersystemen. *Sonderheft Kölner Zeitschrift für Soziologie und Sozialpsychologie*, *73*(Suppl 1), 137–167.

Helmond, A. (2015). The Platformization of the Web: Making Web Data Platform Ready. *Social Media + Society*, *1*(2), 1–11.

Herlocker, J. L., Konstan, J. A., Borchers, A., & Riedl, J. (1999). An algorithmic framework for performing collaborative filtering. In *Proceedings of the 22nd annual international ACM SIGIR conference on Research and development in information retrieval*, (pp. 230–237). ACM.

Herrman, J. (2019). How TikTok Is Rewriting the World. *The New York Times*. URL https://www.nytimes.com/2019/03/10/style/what-is-tik-tok.html

Hine, C. (2017). From Virtual Ethnography to the Embedded, Embodied, Everyday Internet. In L. Hjorth, H. A. Horst, A. Galloway, & G. Bell (Eds.) *The Routledge Companion to Digital Ethnography*, (pp. 21–28). London: Routledge.

Holbrook, M. B., & Hulbert, J. M. (2002). Elegy on the death of marketing. *European Journal of Marketing*, *36*(5/6), 706–732.

Holson, L. M. (2009). Putting a Bolder Face on Google. *The New York Times*. URL https://www.nytimes.com/2009/03/01/business/01marissa.html

Hulsey, N., & Reeves, J. (2014). The Gift that Keeps on Giving: Google, Ingress, and the Gift of Surveillance. *Surveillance & Society*, *12*(3), 389–400.

Hwang, T. (2020). *Subprime attention crisis: advertising and the time bomb at the heart of the Internet*. New York: FSG Originals.

Häußling, R. (2019). *Techniksoziologie: eine Einführung*. Leverkusen-Opladen: Verlag Barbara Budrich.

Introna, L. D. (2007). Maintaining the reversibility of foldings: Making the ethics (politics) of information technology visible. *Ethics and Information Technology*, *9*(1), 11–25.

Iyengar, S. S., & Lepper, M. R. (2000). When choice is demotivating: Can one desire too much of a good thing? *Journal of Personality and Social Psychology*, *79*(6), 995–1006.

Jannach, D., Zanker, M., Felfernig, A., & Friedrich, G. (2011). *Recommender systems: an introduction*. New York: Cambridge University Press.

Jarrett, K. (2014). The Relevance of »Women's Work«: Social Reproduction and Immaterial Labor in Digital Media. *Television & New Media*, *15*(1), 14–29.

Jarrett, K. (2015). »Let's Express Our Friendship by Sending Each Other Funny Links instead of Actually Talking«. In K. Hillis, S. Paasonen, & M. Petit (Eds.) *Networked Affect*, (pp. 203–219). Cambridge, MA: The MIT Press.

Jehan, T., & DesRoches, D. (2014). The Echo Nest Analyzer Documentation. URL https://web.archive.org/web/20180716163205/http://docs.echonest.com.s3-website-us-east-1.amazonaws.com/_static/AnalyzeDocumentation.pdf

Just, N., & Latzer, M. (2017). Governance by algorithms: Reality construction by algorithmic selection on the Internet. *Media, Culture & Society*, *39*(2), 238–258.

Kallinikos, J., & Alaimo, C. (2019). Recommender System as a mediating technology of organization. In T. Beyes, R. Holt, & C. Pias (Eds.) *The Oxford Handbook of Media, Technology, and Organization Studies*, (pp. 400–411). New York: Oxford University Press.

Kant, T. (2020). *Making it personal: algorithmic personalization, identity, and everyday life*. New York: Oxford University Press.

Karpik, L. (2010). *Valuing the unique: the economics of singularities*. Princeton: Princeton University Press.

Kent, W. (2012). *Data and reality a timeless perspective on perceiving and managing information in our imprecise world*. Westfield: Technics publications.

Keshet, Y. (2011). Classification systems in the light of sociology of knowledge. *Journal of Documentation*, *67*(1), 144–158.

Kirchner, S., & Beyer, J. (2016). Die Plattformlogik als digitale Marktordnung Wie die Digitalisierung Kopplungen von Unternehmen löst und Märkte transformiert. *Zeitschrift für Soziologie*, 45(5), 324–339.

Kitchin, R. (2014). *The Data Revolution: Big Data, Open Data, Data Infrastructures & Their Consequences*. London: SAGE.

Kitchin, R. (2016). Thinking critically about and researching algorithms. *Information, Communication & Society*, 20(1), 14–29.

Kockelman, P. (2013). The anthropology of an equation. Sieves, spam filters, agentive algorithms, and ontologies of transformation. *HAU: Journal of Ethnographic Theory*, 3(3), 33–61.

Konstan, J. (2012). Recommender Systems: The Power of Personalization with Joseph Konstan. URL https://learning.acm.org/techtalks/recommender

Kopytoff, I. (1986). The cultural biography of things: commoditization as process. In A. Appadurai (Ed.) *The Social Life of Things: Commodities in Cultural Perspective*, (pp. 64–92). Cambridge: Cambridge University Press.

Kornberger, M., Bowker, G. C., Elyachar, J., Mennicken, A., Miller, P., Nucho, J., & Pollock, N. (Eds.) (2019). *Thinking infrastructures*. Bingley: Emerald Publishing.

Kornberger, M., Pflueger, D., & Mouritsen, J. (2017). Evaluative infrastructures: Accounting for platform organization. *Accounting, Organizations and Society*, 60, 79–95.

Kotler, P. (2003). *Marketing insights from A to Z: 80 concepts every manager needs to know*. Hoboken, N.J: John Wiley & Sons.

Kotler, P., & Keller, K. L. (2006). *Marketing management*. Upper Saddle River, NJ: Pearson Prentice Hall.

Krämer, S., Kogge, W., & Grube, G. (Eds.) (2007). *Spur: Spurenlesen als Orientierungstechnik und Wissenskunst*. Frankfurt am Main: Suhrkamp.

Lamere, P. (2008). Social Tagging and Music Information Retrieval. *Journal of New Music Research*, 37(2), 101–114.

Lamere, P. ([o.D.]a). The Eternal Jukebox. URL https://www.eternalboxmirror.xyz/jukebox_index.html

Lamere, P. ([o.D.]b). Sort Your Music. URL http://sortyourmusic.playlistmachinery.com/

Lampland, M., & Star, S. L. (Eds.) (2009). *Standards and their stories: how quantifying, classifying, and formalizing practices shape everyday life*. Ithaca: Cornell University Press.

Langley, P., & Leyshon, A. (2017). Platform capitalism: The intermediation and capitalization of digital economic circulation. *Finance and Society*, 3(1), 11–31.

Lanier, J. (2014). *Who owns the future?*. New York: Simon & Schuster.

Lanier, J. (2018). *Ten arguments for deleting your social media accounts right now*. New York: Random House.

Latour, B. (2011). Drawing Things Together. In M. Dodge, R. Kitchin, & C. Perkins (Eds.) *The Map Reader*, (pp. 65–72). Chichester, UK: John Wiley & Sons, Ltd.

Latour, B., & Callon, M. (1997). Tu ne calculeras pas! Ou comment symétriser le don et le capital (»Thou shall not calculate!« or How To Symmetricalize Gift and Capital). *La Revue du M.A.U.S.S.*, 9(1), 45–70. URL http://www.bruno-latour.fr/sites/default/files/downloads/P-71%20CAPITALISME-MAUSS-GB.pdf

Lauer, J. (2020). Plastic surveillance: Payment cards and the history of transactional data, 1888 to present. *Big Data & Society*, 7(1), 1–14.

Law, J. (2009). Seeing Like a Survey. *Cultural Sociology*, 3(2), 239–256.

Lee, F., Bier, J., Christensen, J., Engelmann, L., Helgesson, C.-F., & Williams, R. (2019). Algorithms as folding: Reframing the analytical focus. *Big Data & Society*, 6(2), 1–12.

Leonelli, S. (2019). Data — from objects to assets. *Nature*, 574(7778), 317–320.

Levy, D. M. (2008). Information Overload. In K. E. Himma, & H. T. Tavani (Eds.) *The Handbook of Information and Computer Ethics*, (pp. 497–515). Hoboken: John Wiley & Sons.

Levy, K. (2013). Relational Big Data. *Stanford Law Review*, 66, 73–79.

Lien, M. (2000). Imagined Cuisines: »Nation« and »Market« as Organizing Structures in Norwegian Food Marketing. In M. Lowe, D. Miller, F. Mort, & P. Jackson (Eds.) *Commercial Cultures: Economies, Practices, Spaces*, (pp. 153–173). Oxford: Berg.

Livant, B. (2008). I'll Make You an Offer You Can't Refuse. In B. Ollman, & T. Smith (Eds.) *Dialectics for the New Century*, (pp. 83–84). London: Palgrave Macmillan UK.

Lops, P., de Gemmis, M., & Semeraro, G. (2011). Content-based Recommender Systems: State of the Art and Trends. In F. Ricci, L. Rokach, B. Shapira, & P. B. Kantor (Eds.) *Recommender Systems Handbook*, (pp. 73–106). Boston, MA: Springer US.

Lotan, G. (2011). Data Reveals That »Occupying« Twitter Trending Topics is Harder Than it Looks! | SocialFlow Blog. URL https://web.archive.org/web/20111014095400/http://blog.socialflow.com/post/7120244374/data-reveals-that-occupying-twitter-trending-topics-is-harder-than-it-looks

Loukissas, Y. A. (2019). *All data are local: thinking critically in a data-driven society*. Cambridge, Massachusetts: The MIT Press.

Lupton, D. (2014). Liquid metaphors for Big Data seek to familiarise technology. URL https://blogs.lse.ac.uk/impactofsocialsciences/2014/07/11/philosophy-of-data-science-series-deborah-lupton/

Lupton, D. (2016). *The quantified self: a sociology of self-tracking*. Cambridge, UK: Polity.

Lury, C., & Day, S. (2019). Algorithmic Personalization as a Mode of Individuation. *Theory, Culture & Society*, *36*(2), 17–37.

Lury, C., Parisi, L., & Terranova, T. (2012). Introduction: The Becoming Topological of Culture. *Theory, Culture & Society*, *29*(4-5), 3–35.

Lynch, M. (1992). From the 'Will to Theory 'to the Discursive Collage: A Reply to Bloor's' Left and Right Wittgensteinians'. In A. Pickering (Ed.) *Science as Practice and Culture*, (pp. 283–300). Chicago: University of Chicago Press.

Lyon, D. (2003). Surveillance as Social Sorting: Computer Codes and Mobile Bodies. In D. Lyon (Ed.) *Surveillance as social sorting: privacy, risk, and digital discrimination*, (pp. 13–30). London/New York: Routledge.

Machlup, F. (1972). *The production and distribution of knowledge in the United States*. Princeton: Princeton University Press.

Mackenzie, A. (2017). *Machine learners: archaeology of a data practice*. Cambridge, MA: The MIT Press.

Mackenzie, A. (2018). Personalization and probabilities: Impersonal propensities in online grocery shopping. *Big Data & Society*, *5*(1), 1–15.

MacKenzie, D. A. (2006). *An engine, not a camera: how financial models shape markets*. Inside technology. Cambridge, MA: MIT Press.

Madrigal, A. C. (2014). How Netflix Reverse-Engineered Hollywood. *The Atlantic*. URL https://www.theatlantic.com/technology/archive/2014/01/how-netflix-reverse-engineered-hollywood/282679/

Mai, J.-E. (2016). Big data privacy: The datafication of personal information. *The Information Society*, *32*(3), 192–199.

Marcus, G. E. (2010). *Ethnography through thick and thin*. Princeton: Princeton University Press.

Marr, B. (2018). What Is A Data Lake? A Super-Simple Explanation For Anyone. *Forbes*. URL https://www.forbes.com/sites/bernardmarr/2018/08/27/what-is-a-data-lake-a-super-simple-explanation-for-anyone/

Marres, N. (2017). *Digital sociology: the reinvention of social research*. Malden, MA: Polity.

Marwick, A. (2014). How Your Data Are Being Deeply Mined. *The New York Review of Books*, *January Issue*, 8.

Marx, K. (2018). *Das Kapital: Ungekürzte Ausgabe nach der zweiten Auflage von 1872, mit einem Geleitwort von Karl Kosch aus dem Jahre 1932*. Köln: Anaconda Verlag.

Mason, J. (2002). *Qualitative researching*. London; Thousand Oaks: Sage Publications.

Maurer, B. (2013). Transacting ontologies: Kockelman's sieves and a Bayesian anthropology. *HAU: Journal of Ethnographic Theory*, *3*(3), 63–75.

Maurer, B. (2015). Principles of Descent and Alliance for Big Data. In T. Boellstorff, & B. Maurer (Eds.) *Data: now bigger and better!*, (pp. 67–86). Chicago, IL: Prickly Paradigm Press.

Mauss, M. (1923). Essai sur le don. Forme et raison de l'échange dans les sociétés archaïquès. *L'Année sociologique, 1*, 30–186. URL https://www.jstor.org/stable/27883721

Mauss, M. (1990a). *Die Gabe. Form und Funktion des Austauschs in archaischen Gesellschaften*. Frankfurt a.M.: Suhrkamp.

Mauss, M. (1990b). *The gift: the form and reason for exchange in archaic societies*. London: Routledge.

Mayer-Schönberger, V., & Cukier, K. (2013). *Big data: A revolution that will transform how we live, work, and think*. Boston, MA: Houghton Mifflin Harcourt.

Mayntz, R. (2017). Zählen – Messen – Entscheiden. Wissen im politischen Prozess. In *MPIfG Discussion Paper 17/12*, vol. 12, (pp. 1–19). Köln: Max-Planck-Institut für Gesellschaftsforschung.

McKelvey, F., & Hunt, R. (2019). Discoverability: Toward a Definition of Content Discovery Through Platforms. *Social Media + Society, 5*(1), 1–15.

McLean, A. (2017). Algorave – algorithmic dance culture. URL https://www.youtube.com/watch?v=nAGjTYa95HM&ab_channel=TEDxTalks

Meier, F., Peetz, T., & Waibel, D. (2016). Bewertungskonstellationen. Theoretische Überlegungen zur Soziologie der Bewertung. *Berliner Journal für Soziologie, 26*(3-4), 307–328.

Mennicken, A., & Espeland, W. N. (2019). What's New with Numbers? Sociological Approaches to the Study of Quantification. *Annual Review of Sociology, 45*(1), 223–245.

Miller, D. (2000). The Fame of Trinis: Websites as Traps. *Journal of Material Culture, 5*(1), 5–24.

Miller, D. (2016). *How the world changed social media*. London: UCL Press.

Miller, E. (2009). How Not To Sort By Average Rating. URL https://www.evanmiller.org/how-not-to-sort-by-average-rating.html

Milner, G. (2019). They Really Don't Make Music Like They Used To. *The New York Times*. URL https://www.nytimes.com/2019/02/07/opinion/what-these-grammy-songs-tell-us-about-the-loudness-wars.html

Moor, L., & Lury, C. (2018). Price and the person: markets, discrimination, and personhood. *Journal of Cultural Economy*, *11*(6), 501–513.

Morozov, E. (2012). The Death of the Cyberflâneur. *The New York Times*. URL https://www.nytimes.com/2012/02/05/opinion/sunday/the-death-of-the-cyberflaneur.html

Morris, J., & Murray, S. (Eds.) (2018). *Appified: Culture in the Age of Apps*. Ann Arbor, MI: University of Michigan Press.

Morris, J. W. (2015). Curation by code: Infomediaries and the data mining of taste. *European Journal of Cultural Studies*, *18*(4-5), 446–463.

Morris, J. W., & Powers, D. (2015). Control, curation and musical experience in streaming music services. *Creative Industries Journal*, *8*(2), 106–122.

Muniesa, F., Millo, Y., & Callon, M. (2007). An Introduction to Market Devices. *The Sociological Review*, *55*(2), 1–12.

Munroe, R. (2009). Reddit's new comment sorting system. URL http://redditblog.blogspot.com/2009/10/reddits-new-comment-sorting-system.html

Mützel, S., Saner, P., & Unternährer, M. (2018). Schöne Daten! Konstruktion und Verarbeitung von digitalen Daten. In B. Prietl, & D. Houben (Eds.) *Datengesellschaft: Einsichten in die Datafizierung des Sozialen*, (pp. 111–132). Bielefeld: Transcript.

Nafus, D., & Sherman, J. (2014). Big Data, Big Questions - This One Does Not Go Up To 11: The Quantified Self Movement as an Alternative Big Data Practice. *International Journal of Communication*, 8, 1784–1794.

Napoli, P. M. (2012). Audience Evolution and the Future of Audience Research. *International Journal on Media Management*, *14*(2), 79–97.

Narayanan, A. (2023). Twitter showed us its algorithm. What does it tell us? URL http://knightcolumbia.org/blog/twitter-showed-us-its-algorithm-what-does-it-tell-us

Neff, G., & Nafus, D. (2016). *Self-tracking*. The MIT Press essential knowledge series. Cambridge, Massachusetts: The MIT Press.

Negroponte, N. (1996). *Being digital*. New York, NY: Vintage Books.

Nelms, T. C. (2014). Immersion: Four Beginnings for an Anthropology of Big Data. URL https://medium.com/@tnelms/immersion-4c103c0fcac5

Neuman, W. R. (2019). Three guys walk into a bar: an information theoretic analysis. *Information, Communication & Society*, 22(2), 193–212.

Nissenbaum, H. (2011). A Contextual Approach to Privacy Online. *Daedalus*, 140(4).

Noble, S. U. (2018). *Algorithms of oppression: how search engines reinforce racism*. New York: New York University Press.

Noyes, J. M., & Thomas, P. J. (1995). Information overload: An overview. In *Proc. IEE Colloquium »Information Overload«*, vol. 95/223.

Oliver, M. (2020). »You're not welcome«: rap's racial divide in France. *The Guardian*. URL https://www.theguardian.com/music/2020/apr/22/rap-music-racial-divide-france

O'Reilly, K. (2005). *Ethnographic methods*. London; New York: Routledge.

Oremus, W. (2018). It's Time to Stop Saying »If You're Not Paying, You're the Product«. *Slate Magazine*. URL https://slate.com/technology/2018/04/are-you-really-facebooks-product-the-history-of-a-dangerous-idea.html

Orlikowski, W. J., & Scott, S. V. (2014). What Happens When Evaluation Goes Online? Exploring Apparatuses of Valuation in the Travel Sector. *Organization Science*, 25(3), 868–891.

Paasonen, S. (2016). Fickle focus: Distraction, affect and the production of value in social media. *First Monday*, 21(10). URL https://firstmonday.org/ojs/index.php/fm/article/view/6949

Pariser, E. (2011). *The filter bubble: What the Internet is hiding from you*. London: Penguin UK.

Passoth, J.-H., Sutter, T., & Wehner, J. (2014). The Quantified Listener: Reshaping Providers and Audiences with Calculated Measurements. In A. Hepp, & F. Krotz (Eds.) *Mediatized Worlds: Culture and Society in a Media Age*, (pp. 271–287). New York: Palgrave Macmillan.

Paßmann, J., & Gerlitz, C. (2014). »Good« platform-political reasons for »bad« platform-data. Zur sozio-technischen Geschichte der Plattformaktivitäten Fav, Retweet und Like. *Mediale Kontrolle unter Beobachtung, 3.1*, 1–40.

Pentland, A. (2014). *Social Physics: How Social Networks Can Make Us Smarter*. New York: Penguin.

Peters, I., & Stock, W. G. (2008). Folksonomy and information retrieval. *Proceedings of the American Society for Information Science and Technology*, *44*(1), 1–28.

Pinch, T. J. (2012). Book Reviewing for Amazon.com - How Socio-technical Systems Struggle to Make Less from More. In Czarniawska (Ed.) *Managing Overflow in Affluent Societies*, (pp. 68–87). London: Routledge.

Pinch, T. J., & Bijker, W. E. (1984). The social construction of facts and artefacts: or how the sociology of science and the sociology of technology might benefit each other. *Social Studies of Science*, *14*(3), 399–441.

Pink, S., Horst, H. A., Postill, J., Hjorth, L., Lewis, T., & Tacchi, J. (Eds.) (2016). *Digital ethnography: principles and practice*. Los Angeles: SAGE.

Pink, S., Lanzeni, D., & Horst, H. (2018). Data anxieties: Finding trust in everyday digital mess. *Big Data & Society*, *5*(1), 1–14.

Plantin, J.-C., Lagoze, C., Edwards, P. N., & Sandvig, C. (2017). Infrastructure studies meet platform studies in the age of Google and Facebook. *New Media & Society*, *20*(1), 293–310.

Pomerantz, J. (2015). *Metadata*. The MIT Press essential knowledge series. Cambridge, Massachusetts; London, England: The MIT Press.

Porter, T. M. (2001). *Trust in Numbers: the Pursuit of Objectivity in Science and Public Life*. Princeton: Princeton University Press.

Prey, R. (2016). Musica analytica: the datafication of listening. In R. Nowak, & A. Whelan (Eds.) *Networked Music Cultures*, Pop music, culture and identity, (pp. 31–48). London: Palgrave Macmillan.

Prey, R. (2018). Nothing personal: algorithmic individuation on music streaming platforms. *Media, Culture & Society*, *40*(7), 1086–1100.

Pridmore, J. (2010). Reflexive marketing: The cultural circuit of loyalty programs. *Identity in the Information Society*, 3(3), 565–581.

Pridmore, J. (2012). Consumer surveillance. In K. Ball, K. Haggerty, & D. Lyon (Eds.) *Routledge Handbook of Surveillance Studies*, (pp. 321–329). London: Routledge.

Pridmore, J. (2013). Collaborative surveillance: Configuring contemporary marketing practice. In K. Ball, & L. Snider (Eds.) *The Surveillance-Industrial Complex - A Political Economy of Surveillance*, (pp. 107–122). London: Routledge.

Pridmore, J., & Hämäläinen, L. E. (2017). Market Segmentation in (In)Action: Marketing and »Yet to Be Installed« Role of Big and Social Media Data. *Historical Social Research*, 42(1), 103–122.

Pridmore, J., & Zwick, D. (2011). Editorial - Marketing and the Rise of Commercial Consumer Surveillance. *Surveillance & Society*, 8(3), 269–277.

Provost, F., & Fawcett, T. (2013). *Data science for business: what you need to know about data mining and data-analytic thinking*. Beijing: O'Reilly.

Puschmann, C., & Burgess, J. (2014). Big Data, Big Questions - Metaphors of Big Data. *International Journal of Communication*, 8, 1690–1709.

Reddit (2010). Everyone on team reddit would like to raise a toast to jedberg and the missus, in celebration of their embarkation into the exhilaration that is married life! URL www.reddit.com/r/blog/comments/d14xg/everyone_on_team_reddit_would_like_to_raise_a/

Reddit (2015). Reddit in 2015. URL https://redditblog.com/2015/12/31/reddit-in-2015/

Ricci, F., Rokach, L., Shapira, B., & Kantor, P. B. (Eds.) (2011). *Recommender Systems Handbook*. Boston, MA: Springer US.

Ridenour, L. N., & Brown, G. W. (1953). The Processing of Information-Containing Documents. In *Proceedings of the Western Computer Conference*, (pp. 80–95). Los Angeles.

Rieder, B. (2020). *Engines of order a mechanology of algorithmic techniques*. Amsterdam: Amsterdam University Press.

Riedl, J., & Konstan, J. (2002). *Word of mouse: the marketing power of collaborative filtering*. New York: Warner Books.

Ritzer, G., & Jurgenson, N. (2010). Production, Consumption, Prosumption: The nature of capitalism in the age of the digital »prosumer«. *Journal of Consumer Culture*, *10*(1), 13–36.

Roberge, J., & Melançon, L. (2017). Being the King Kong of algorithmic culture is a tough job after all: Google's regimes of justification and the meanings of Glass. *Convergence: The International Journal of Research into New Media Technologies*, *23*(3), 306–324.

Rogers, R. (2009). Post-Demographic Machines. In A. Dekker, & A. Wolfsberger (Eds.) *Walled Garden*, (pp. 29–39). Amsterdam: Virtuell Platform.

Romele, A., & Severo, M. (2016). The Economy of the Digital Gift: From Socialism to Sociality Online. *Theory, Culture & Society*, *33*(5), 43–63.

Rona-Tas, A. (2017). The Off-Label Use of Consumer Credit Ratings. *Historical Social Research / Historische Sozialforschung*, *42*(1 (159)), 52–76.

Rosenberg, D. (2003). Early Modern Information Overload. *Journal of the History of Ideas*, *64*(1), 1–9.

Rosenberg, D. (2013). Data Before the Fact. In L. Gitelman (Ed.) *Raw data is an oxymoron*, (pp. 15–40). Cambridge: The MIT Press.

Rouvroy, A. (2013). The end(s) of critique : data-behaviourism vs. due-process. In M. Hildebrandt, & K. De Vries (Eds.) *Privacy, Due Process and the Computational Turn - The Philosophy of Law Meets the Philosophy of Technology*, (pp. 143–168). New York: Routledge.

Ruckenstein, M., & Granroth, J. (2019). Algorithms, advertising and the intimacy of surveillance. *Journal of Cultural Economy*, *13*(1), 12–24.

Rudder, C. (2014). *Dataclysm: love, sex, race, and identity– what our online lives tell us about our offline selves*. New York: Crown.

Ruppert, E. (2012). Seeing population: census and surveillance by numbers. In K. Ball, K. Haggerty, & D. Lyon (Eds.) *Routledge International Handbook of Surveillance Studies*, (pp. 209–216). London: Routledge.

Sadowski, J. (2019). When data is capital: Datafication, accumulation, and extraction. *Big Data & Society*, *6*(1), 1–12.

Salihefendic, A. (2015). How Hacker News ranking algorithm works. URL https://medium.com/hacking-and-gonzo/how-hacker-news-ranking-algorithm-works-1d9b0cf2c08d

Salton, G., Wong, A., & Yang, C.-S. (1975). A vector space model for automatic indexing. *Communications of the ACM*, *18*(11), 613–620.

Sandvig, C. (2014). Corrupt Personalization. URL https://socialmediacollective.org/2014/06/26/corrupt-personalization/

Schein, A. I., Popescul, A., Ungar, L. H., & Pennock, D. M. (2002). Methods and Metrics for Cold-start Recommendations. In *Proceedings of the 25th Annual International ACM SIGIR Conference on Research and Development in Information Retrieval*, SIGIR '02, (pp. 253–260). New York: ACM.

Schröter, J. (2004). 8448 verschiedene Jeans: Zur Wahl und Selektion im Internet. In F. Balke, G. Schwerin, & U. Stäheli (Eds.) *Paradoxien der Entscheidung: Wahl/Selektion in Kunst, Literatur und Medien*, (pp. 117–138). Bielefeld: transcript.

Schutt, R., & O'Neil, C. (2013). *Doing data science*. Beijing/Sebastopol: O'Reilly.

Schwab, K. (2011). Personal Data: The Emergence of a New Asset Class. Tech. rep., World Economic Forum. URL https://www.weforum.org/reports/personal-data-emergence-new-asset-class/

Schäfer, M. T., & Van Es, K. (2017). *The datafied society: Studying culture through data*. Amsterdam: Amsterdam University Press.

Schüll, N. D. (2012). *Addiction by design: machine gambling in Las Vegas*. Princeton, NJ: Princeton University Press.

Seaver, N. (2012). Algorithmic Recommendations and Synaptic Functions. *Limn*, 2. URL https://limn.it/articles/algorithmic-recommendations-and-synaptic-functions/

Seaver, N. (2015). The nice thing about context is that everyone has it. *Media, Culture & Society*, *37*(7), 1101–1109.

Seaver, N. (2017). Algorithms as culture: Some tactics for the ethnography of algorithmic systems. *Big Data & Society*, 4(2), 1–12.

Seaver, N. (2018). Captivating algorithms: Recommender systems as traps. *Journal of Material Culture*, 24(4), 1–16.

Seaver, N. (2019). Knowing Algorithms. In J. Vertesi, D. Ribes, C. DiSalvo, Y. Loukissas, L. Forlano, D. K. Rosner, S. J. Jackson, & H. R. Shell (Eds.) *digitalSTS: A Field Guide for Science & Technology Studies*, (pp. 412–422). Princeton: Princeton University Press.

Shardanand, U., & Maes, P. (1995). Social information filtering: algorithms for automating "word of mouth". In *Proceedings of the SIGCHI conference on Human factors in computing systems - CHI '95*, (pp. 210–217). Denver: ACM Press.

Shenk, D. (1997). *Data smog: surviving the information glut*. San Francisco: Harper Edge.

Simmel, G. (1903). Die Grossstädte und das Geistesleben. In T. Petermann (Ed.) *Die Grossstadt. Vorträge und Aufsätze zur Städteausstellung*, Band 9, (pp. 185–206). Dresden: v. Zahn & Jaensch.

Simsion, G. C. (2007). *Data Modeling: theory and Practice*. Bradley Beach: Technics Publications.

Simsion, G. C. (2013). *Data Modeling Essentials*. London/New York: Elsevier.

Singhal, A., Buckley, C., & Mitra, M. (2017). Pivoted Document Length Normalization. *ACM SIGIR Forum*, 51(2), 176–184.

Smythe, D. W. (1977). Communications: Blindspot of Western Marxism. *Canadian Journal of Political and Social Theory*, 1(3), 1–27.

Snickars, P. (2016). More music is better music. In P. Wikström, & R. DeFillippi (Eds.) *Business Innovation and Disruption in the Music Industry*, (pp. 191–210). Cheltenham: Edward Elgar Publishing.

Solove, D. J. (2008). *Understanding privacy*. Cambridge: Harvard University Press.

Solsman, J. E. (2018). Ever get caught in an unexpected hourlong YouTube binge? Thank YouTube AI for that. URL https://www.cnet.com/news/youtube-ces-2018-neal-mohan/

Spotify Community (2013). How does the numbers work on Popular songs by an artist? URL https://community.spotify.com/t5/Desktop-Windows/How-does-the-numbers-work-on-Popular-songs-by-an-artist/m-p/557352#M8057

Spärck Jones, K. (1972). A Statistical Interpretation of Term Specificity and Its Application in Retrieval. *Journal of Documentation*, *28*(1), 11–21.

Srnicek, N. (2017). *Platform capitalism*. Theory redux. Cambridge, UK ; Malden, MA: Polity.

Stalder, F. (2016). *Kultur der Digitalität*. Berlin: Suhrkamp.

Stanley, A. J., & Clipsham, P. S. (1997). Information overload - myth or reality? In *IEE Colloquium on IT Strategies for Information Overload*, (pp. 1–4). London: IEE.

Star, S. L. (1999). The Ethnography of Infrastructure. *American Behavioral Scientist*, *43*(3), 377–391.

Sterne, J. (2012). *MP3: the meaning of a format*. Sign, storage, transmission. Durham: Duke University Press.

Stäheli, U. (2016). Indexing – The politics of invisibility. *Environment and Planning D: Society and Space*, *34*(1), 14–29.

Sunstein, C. (2017). *#Republic*. Princeton: Princeton University Press.

Sunstein, C. R. (2009). *Republic.com 2.0*. Princeton: Princeton University Press.

Swift, B., Sorensen, A., Martin, M., & Gardner, H. (2014). Coding livecoding. In *Proceedings of the SIGCHI Conference on Human Factors in Computing Systems*, CHI '14, (pp. 1021–1024). New York: Association for Computing Machinery.

Tanweer, A., Fiore-Gartland, B., & Aragon, C. (2016). Impediment to insight to innovation: understanding data assemblages through the breakdown–repair process. *Information, Communication & Society*, *19*(6), 736–752.

Tedlow, R. S. (1996). *New and improved: the story of mass marketing in America*. Boston, Mass: Harvard Business School Press.

Terranova, T. (2000). Free Labor: Producing Culture for the Digital Economy. *Social Text*, *18*(2), 33–58.

Thaler, R. H., & Sunstein, C. R. (2009). *Nudge: improving decisions about health, wealth, and happiness*. New York: Penguin Books.

Thatcher, J., O'Sullivan, D., & Mahmoudi, D. (2016). Data colonialism through accumulation by dispossession: New metaphors for daily data. *Environment and Planning D: Society and Space*, *34*(6), 990–1006.

The Onion (2014). Netflix Introduces New »Browse Endlessly« Plan. URL https://www.theonion.com/netflix-introduces-new-browse-endlessly-plan-1819595604

Thomas, N. (1991). *Entangled objects: exchange, material culture, and colonialism in the Pacific*. Cambridge, MA: Harvard University Press.

Thurman, N., & Schifferes, S. (2012). The Future of Personalization at News Websites: Lessons from a longitudinal study. *Journalism Studies*, *13*(5-6), 775–790.

Tolentino, J. (2019). How TikTok Holds Our Attention. *The New Yorker*. URL https://www.newyorker.com/magazine/2019/09/30/how-tiktok-holds-our-attention

Tsing, A. L. (2013). Sorting out commodities: How capitalist value is made through gifts. *HAU: Journal of Ethnographic Theory*, *3*(1), 21–43.

Tsing, A. L. (2015). Salvage Accumulation, or the Structural Effects of Capitalist Generativity. URL https://culanth.org/fieldsights/salvage-accumulation-or-the-structural-effects-of-capitalist-generativity

Tsing, A. L. (2018). *Der Pilz am Ende der Welt: über das Leben in den Ruinen des Kapitalismus*. Berlin: Matthes & Seitz.

Tufekci, Z. (2014). Big Questions for Social Media Big Data: Representativeness, Validity and Other Methodological Pitfalls. *ICWSM '14: Proceedings of the 8th International AAAI Conference on Weblogs and Social Media*, *14*, 505–514.

Tufekci, Z. (2017). *Twitter and tear gas: The power and fragility of networked protest*. New Haven; London: Yale University Press.

Tufekci, Z. (2018). YouTube, the Great Radicalizer. *The New York Times*. URL https://www.nytimes.com/2018/03/10/opinion/sunday/youtube-politics-radical.html

Turow, J. (2000). Segmenting, Signalling and Tailoring: Probing the Dark Side of Target Marketing. In R. Anderson, & K. Strate (Eds.) *Critical studies in media commercialism*, (pp. 239–249). New York: Oxford University Press.

Turow, J. (2003). *Breaking up America: advertisers and the new media world*. Chicago: University of Chicago Press.

Turow, J. (2008). *Niche envy: marketing discrimination in the digital age*. Cambridge, MA: The MIT Press.

Turow, J. (2010). Segment-Making and Society-Making Media: What Is a Good Balance? *Procedia - Social and Behavioral Sciences*, 2(5), 6928–6936.

Turow, J. (2017). Personalization. In L. Ouellett, & J. Gray (Eds.) *Keywords in Media Studies*, (pp. 135–137). New York: NYU Press.

Turow, J., & Draper, N. (2014). Industry Conceptions of Audience in the Digital Space. *Cultural Studies*, 28(4), 643–656.

Turow, J., Hennessy, M., & Draper, N. (2015). The Tradeoff Fallacy: How Marketers Are Misrepresenting American Consumers and Opening Them Up to Exploitation. Tech. rep., Annenberg School for Communication. URL https://dx.doi.org/10.2139/ssrn.2820060

Unternährer, M. (2016). Selbstquantifizierung als numerische Form der Selbstthematisierung. In S. Duttweiler, R. Gugutzer, J.-H. Passoth, & J. Strübing (Eds.) *Leben nach Zahlen: Self-Tracking als Optimierungsprojekt?*, vol. 10 of *Digitale Gesellschaft*, (pp. 201–220). Bielefeld: transcript.

Unternährer, M. (2020a). Pop die Bubble Bubble. *Megafon*, *455*, 1–2.

Unternährer, M. (2020b). »user item item user« - Zur Vergleichspraxis von Recommender Systemen. In H. Bennani, M. Bühler, S. Cramer, & A. Glauser (Eds.) *Global beobachten und vergleichen: Soziologische Analysen zur Weltgesellschaft*, (pp. 381–408). Frankfurt/New York: transcript.

Unternährer, M. (2021). Die Ordnung der Empfehlung. *KZfSS Kölner Zeitschrift für Soziologie und Sozialpsychologie*, *73*(Suppl 1), 397–423.

Vaidhyanathan, S. (2011). *The Googlization of everything: and why we should worry*. Berkeley: University of California Press.

Van Couvering, E. (2007). Is Relevance Relevant? Market, Science, and War: Discourses of Search Engine Quality. *Journal of Computer-Mediated Communication*, *12*(3), 866–887.

Van Dijck, J. (2014). Datafication, dataism and dataveillance: Big Data between scientific paradigm and ideology. *Surveillance & Society*, *12*(2), 197–208.

Van Dijck, J., Poell, T., & Waal, M. d. (2018). *The Platform Society: Public Values in a Connective World*. Oxford; New York: Oxford University Press.

Vatin, F. (2013). Valuation as Evaluating and Valorizing. *Valuation Studies*, *1*(1), 31–50.

Wang, Y., & Kosinski, M. (2018). Deep neural networks are more accurate than humans at detecting sexual orientation from facial images. *Journal of Personality and Social Psychology*, *114*(2), 246–257.

Wehner, J. (2010). Numerische Inklusion – Wie die Medien ihr Publikum beobachten. In T. Sutter, & A. Mehler (Eds.) *Medienwandel als Wandel von Interaktionsformen*, (pp. 183–210). Wiesbaden: VS Verlag für Sozialwissenschaften.

Weinberger, D. (2007). *Everything is miscellaneous: The power of the new digital disorder*. Basingstoke: Macmillan.

West, S. M. (2017). Data capitalism: Redefining the logics of surveillance and privacy. *Business & Society*, *58*(1), 20–41.

Willson, M. (2017). Algorithms (and the) everyday. *Information, Communication & Society*, *20*(1), 137–150.

Yeung, K. (2017). »Hypernudge«: Big Data as a mode of regulation by design. *Information, Communication & Society*, *20*(1), 118–136.

Zelizer, V. (2006). Money, Power, and Sex. *Yale Journal of Law and Feminism*, *18*(1), 303–315.

Zelizer, V. A. (1994). *The social meaning of money*. Princeton, New Jersey: Princeton University Press.

Zelizer, V. A. (2011). *Economic Lives*. Princeton: Princeton University Press.

Zelizer, V. A. (2012). How I Became a Relational Economic Sociologist and What Does That Mean? *Politics & Society*, 40(2), 145–174.

Zerubavel, E. (1996). Lumping and splitting: Notes on social classification. *Sociological Forum*, 11(3), 421–433.

Ziewitz, M. (2016). Governing Algorithms: Myth, Mess, and Methods. *Science, Technology, & Human Values*, 41(1), 3–16.

Ziewitz, M. (2017). A not quite random walk: Experimenting with the ethnomethods of the algorithm. *Big Data & Society*, 4(2), 1–13.

Zittrain, J. (2006). A History of Online Gatekeeping. *Harvard Journal of Law & Technology*, 19(2), 253–298.

Zuboff, S. (2015). Big other: surveillance capitalism and the prospects of an information civilization. *Journal of Information Technology*, 30(1), 75–89.

Zuboff, S. (2018). *Das Zeitalter des Überwachungskapitalismus*. Frankfurt/New York: Campus Verlag.

Zwick, D., Bonsu, S. K., & Darmody, A. (2008). Putting Consumers to Work: »Co-creation« and new marketing govern-mentality. *Journal of Consumer Culture*, 8(2), 163–196.

Zwick, D., & Denegri Knott, J. (2009). Manufacturing Customers: The database as new means of production. *Journal of Consumer Culture*, 9(2), 221–247.